Sandra Gladow
SCHNEETREIBEN

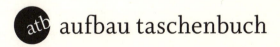 aufbau taschenbuch

Sandra Gladow, Jahrgang 1970, arbeitet als Staatsanwältin in Hamburg.

Bisher hat sie drei Romane veröffentlicht: »Glücks-Fall«, »Eiswind« und »Gewitterstille«.

Als eine Frau vom Balkon eines Hauses stürzt, beginnen die Kommissare Braun und Bendt routinemäßig zu ermitteln. Alles deutet auf Selbstmord hin. Von Carla, der Zwillingsschwester der Toten, erfahren die Kommissare, dass die Tote psychisch krank war. Bendt ist froh, so kurz vor Weihnachten keinen schwierigen Fall lösen zu müssen. Er hat genug damit zu tun, seine Beziehung zur Staatsanwältin Anna Lorenz zu ordnen. Anna steckt in den Ermittlungen im Zusammenhang mit einem Abrechnungsskandal in einer Röntgenpraxis. Der Arzt, gegen den ermittelt wird, ist der Ehemann der Zwillingsschwester der vermögenden Toten. Auch Carla leidet plötzlich unter Angstzuständen. Das Schicksal ihrer Schwester scheint sie einzuholen. In einer verhängnisvollen Nacht verletzt Carla im Wahn einen ihr nahestehenden Menschen und wird selbst zur Tatverdächtigen. Anna beginnt zu ahnen, dass jemand ein böses Spiel mit der Frau spielt.

Sandra Gladow

SCHNEETREIBEN

Kriminalroman

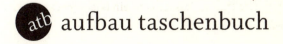 aufbau taschenbuch

FSC
MIX
Papier aus ver-
antwortungsvollen
Quellen
FSC® C083411

ISBN 978-3-7466-2996-4

Aufbau Taschenbuch ist eine Marke
der Aufbau Verlag GmbH & Co. KG

1. Auflage 2013
© Aufbau Verlag GmbH & Co. KG, Berlin 2013
Umschlaggestaltung Mediabureau Di Stefano, Berlin
unter Verwendung eines Motivs von Esta/plainpicture
Druck und Binden CPI – Clausen & Bosse, Leck
Printed in Germany

www.aufbau-verlag.de

Für Ami und Apa

So unvermeidbar ein Geschick dir scheine,
neig ihm dein Haupt in frommer Demut nie.
Was heute sich des Schicksals Maske lieh,
war gestern vieler Möglichkeiten eine,
und wird heut ohne dich die Wahl gefällt –
morgen die ist dir anheimgestellt.

Arthur Schnitzler

Prolog

»Wach auf! Um Gottes willen, bitte, wach auf!«

Carla spürte, wie zwei Hände sich an ihren Schultern festkrallten und sie heftig schüttelten. Sie war sofort hellwach.

»Hanna, was …?«

»Pssst!« Hanna presste Carla augenblicklich die Hand auf den Mund. »Sei leise«, zischte sie kaum hörbar und blickte sich gehetzt um. Durch den Spalt der angelehnten Schlafzimmertür fiel nur ein schmaler Lichtkegel. Carla schlug das Herz bis zum Hals hinauf, und die Angst, die sie in den Augen ihrer Zwillingsschwester lesen konnte, schnürte ihr die Kehle zu. Für einen Moment lang regten sie sich beide nicht, sondern lauschten auf den Flur hinaus. Carla lief ein kalter Schauer über den Rücken, denn im fahlen Mondlicht, das durch das Schlafzimmerfenster schien, sah das Gesicht ihrer Schwester nahezu gespenstisch aus. Hannas ganzer Körper zitterte, und das Haar fiel ihr wirr und strähnig in die Stirn. Sie bot in ihrem offenen Bademantel, unter dem ein nur notdürftig zugeknöpftes rosa Nachthemd hervorlugte, ein so hilfloses Bild, dass sich Carlas Herz zusammenzog.

»Er ist im Haus«, wisperte Hanna, »ich schwör dir, er ist im Haus. Diesmal wird er mich umbringen. Vielleicht bringt er auch uns beide um, oder …«

Carla griff nach Hannas eiskalten Händen und umschloss sie fest. Seit Monaten war sie nur noch ein Schatten ihrer selbst.

»Das ist unmöglich, Hanna!« Carla versuchte, ihrer Stim-

me so viel Festigkeit wie möglich zu verleihen, und blickte Hanna direkt in die Augen. »Niemand ist im Haus. Hör doch, es ist ganz still.«

»Eben habe ich ihn gehört«, *wisperte Hanna.* »Er ist hier, ich spüre es.« *Wieder schaute sie sich um, als erwarte sie jeden Moment ihre Hinrichtung.*

Carla versuchte, die Geräusche der Nacht zu sondieren. Es hatte tagelang geschneit, und die Wiesen und Felder rund um das abgelegene Gehöft lagen unter einer weißen Decke aus Schnee begraben, die jeden Laut zu ersticken schien. Seit die Angst das Leben ihrer Schwester bestimmte, hatte sie es sich zur Gewohnheit gemacht, die schweren Vorhänge vor den Fenstern offenzulassen, und war jeden Morgen aufs Neue dankbar, wenn die Dämmerung hereinbrach und ein neuer Tag die Dämonen der Nacht vertrieb. Jetzt blickte sie hinaus auf die schweren Äste der gewaltigen Eiche, die sich unter dem Gewicht der Schneelast bogen und im grauen Licht des Mondes wie erstarrt wirkten.

»Wovon redest du?«, *flüsterte Carla ganz leise.* »Wie sollte jemand – wie sollte er denn hier ins Haus gekommen sein? Die Alarmanlage ist eingeschaltet, und Smilla schlägt auch nicht an. Du hast geträumt.«

»Ich irre mich nicht!« *Hannas scharfe Fingernägel bohrten sich schmerzhaft in Carlas Handflächen, und ihre Stimme überschlug sich fast.* »Warum sollte der Hund anschlagen? Smilla kennt ihn. Ich habe gehört, dass da unten jemand ist. Ich glaube, das waren sogar Schritte – Schritte, Carla.« *Hanna begann, leise zu weinen.* »Wir müssen sofort die Polizei rufen.«

Carla fasste Hanna jetzt bei den Schultern und zog sie so dicht zu sich heran, dass sich ihre Nasen fast berührten.

»Hanna, du kannst nicht schon wieder die Polizei rufen. Jedes Mal war es falscher Alarm.«

»Es war kein falscher Alarm«, zischte Hanna. »Uns ist doch beiden klar, dass er jeweils abgehauen ist, bevor sie ihn erwischt haben.« Ihr Atem ging stoßweise, und ihre Brust hob und senkte sich im schnellen Rhythmus der immer größer werdenden Angst.

»Wir haben gerade erst alle Schlösser ausgetauscht, Hanna. Niemand wird uns heute Nacht umbringen und er schon gar nicht, hörst du.« Carla fuhr mit den Fingerkuppen über Hannas Stirn, die im Gegensatz zu ihren Händen glühend heiß war.

»Lass uns ganz leise nach unten gehen und nachsehen. Ich bin sicher, du täuschst dich.«

Hanna schien zu zögern, doch dann fischte sie plötzlich hinter ihrem Rücken einen Gegenstand hervor und legte ihn auf die Decke, direkt in Carlas Schoß. Carla brauchte einen Moment, um zu begreifen, was dort im diffusen Nachtlicht vor ihr lag. Sie starrte eine Weile ungläubig auf den schwarzen glatten Lauf der Pistole.

»Hanna, bist du verrückt! Woher hast du die?«

Hanna sprach kein Wort, sondern schaute Carla einfach nur aus ihren verzweifelten Augen an, und Carla erstarrte angesichts der Entschlossenheit, die sie jetzt darin erblickte.

»Mein Gott!« Jetzt begann Carla, ihrerseits zu zittern.

»Ich bringe ihn um, Carla! Ich halte das nicht mehr aus. Ich bringe ihn um, bevor er mich umbringen kann.« Obwohl Hanna flüsterte, hallten ihre Worte dumpf und laut in Carlas Kopf wider. Erstmals wurde ihr bewusst, dass nicht nur Hannas Leben in Gefahr war.

»Die nehme ich«, sagte Carla, griff blitzschnell nach der

Waffe und huschte, noch bevor Hanna protestieren konnte, aus ihrem Bett zur Tür hinüber. Es war empfindlich kalt in dieser Nacht, und Carla fröstelte. Zögerlich folgte ihr Hanna auf den nur schwach beleuchteten Flur.

»*Ich gehe besser vor, du bist viel zu nervös!*«, *erklärte Carla und schlich ihrer Schwester voraus auf Zehenspitzen über den Pitchpineboden auf die breite Treppe des Gutshauses zu, die nach unten in die Halle führte. Hanna blieb ganz dicht hinter ihr und klammerte sich am Saum ihres Schlafanzuges fest. Jedes Mal, wenn eine der alten Dielen der Treppe unter ihren nackten Füßen knarrte, blieb Hanna wie angewurzelt stehen.*

Smilla lag zusammengerollt und reglos in ihrem Hundekorb vor der Haustür.

»*Siehst du, sie schläft, hier ist nichts*«, *stellte Carla fest.*

»*Vielleicht ist sie tot*«, *mutmaßte Hanna und fuhr gleichzeitig zusammen, als Smilla den Kopf hob und sie aus ihren treuen schwarzen Labradoraugen müde anblickte. Carla trat an die Haustür heran und drückte lautlos die Klinke herunter. Der Schließbolzen saß fest in seiner Verankerung.*

»*Siehst du, alles zu. Und Smilla geht es auch gut.*« *Sie gingen weiter zur Küche. Drinnen war es stockdunkel.*

»*Mach auf keinen Fall das große Licht an*«, *flüsterte Hanna.* »*Nimm die Taschenlampe.*«

Carla setzte ihren Fuß über die Schwelle, und Hanna schrie laut auf, als etwas über den Boden der Fliesen schrammte und mit einem vernehmlichen »*Klong*« *irgendwo im Raum von einem der Küchenschränke gebremst wurde.*

»*Nur Smillas Hundeknochen*«, *zischte Carla und rieb sich den schmerzenden großen Zeh, bevor sie sich zum Küchenschrank vortastete und die Taschenlampe herausfischte. Im zuckenden Schein der Lampe, die gespenstische Schatten an die Wände warf, schlichen sie weiter. Mit Ausnahme des monotonen Tickens der Wanduhr war kein Laut zu hören. Als der Lichtkegel den großen goldumrahmten Spiegel im Esszimmer streifte, fuhr auch Carla der Schreck in die Glieder. Denn für den Bruchteil einer Sekunde glaubte auch sie, jemand anderem als ihrem eigenen Spiegelbild gegenüberzustehen. Sie erreichten die Veranda, und Carla leuchtete das schneebedeckte Glasdach und die breite Terrassenfront ab. Nichts mit Ausnahme einiger winzig kleiner Abdrücke wies darauf hin, dass ein anderes Lebewesen als ein Vogel oder eine Maus sich hier vor der Tür aufgehalten und seine Spuren hinterlassen hatte.*

»Es ist drei Uhr morgens, Hanna, bitte lass uns schlafen gehen«, sagte Carla gähnend, als sie ihren Rundgang im Erdgeschoss endlich beendet hatten. »Ich bin wirklich hundemüde.«

Sie war schon auf der Treppe, als Hanna sie am Saum ihres Schlafanzuges zurückzog. Beim Anblick der angstgeweiteten Augen ihrer Zwillingsschwester wurde Carla ganz schlecht. Ganz langsam hob Hanna ihren Arm und deutete mit ihrer zitternden Hand auf die Tür der Gästetoilette, die nur angelehnt war.

»Was ist?«

»Die Tür!«, hauchte Hanna. »Sie war vorhin nicht angelehnt, sie war zu.«

»Ach wirklich, Hanna, das bildest du dir nur ein. Wie sollte denn durch das kleine verriegelte Fenster überhaupt jemand ins Haus kommen?«

»Doch, er ist hier, ich kann es spüren. Er ist bestimmt da drin.«

Carla zögerte keinen Augenblick. Schnellen Schrittes lief

sie zur Toilettentür hinüber, riss sie auf und schaltete das Oberlicht an.

»Siehst du, kein Mensch da drin«, sagte sie und knipste das Licht wieder aus.

»Ich möchte jetzt wirklich schlafen, Hanna.«

Hanna stand wie erstarrt am Treppenabsatz und presste sich eine Hand vor den Mund.

»Hast du nicht gehört, es ist alles in Ordnung.«

Wie in Zeitlupe löste Hanna ihre Hand von ihren Lippen. Es fiel ihr sichtlich schwer, einen Ton herauszubringen.

»Carla«, krächzte sie heiser, »Carla, er ist direkt hinter dir, und er hat ein Messer in der Hand.«

1

Anna stellte den Gebäckteller in der Mitte des Tisches neben dem Adventskranz ab, strich noch einmal die weiße Tischdecke auf dem massiven Holztisch glatt und begann, das bereitgestellte Kaffeegeschirr und Besteck zu verteilen. Das ganze Haus und der durch die Terrassenfront einsehbare Garten waren weihnachtlich geschmückt. Auf den Fensterbänken und dem alten Sekretär funkelten mit Lichterketten und Schmuck dekorierte Tannengirlanden, und auch die vielen kleinen Lichter auf den Buchsbaumsträuchern im rückseitigen Garten trugen nach Einbruch der Dunkelheit zur Wohnlichkeit des Hauses bei. Nichts in dem gemütlichen kleinen Haus erinnerte mehr an den Dreck und das Chaos der vergangenen zwei Monate. Hinter Anna, wo noch vor vier Wochen die Wand zwischen der alten Küche und dem Wohnzimmer gestanden hatte, fand sich jetzt eine moderne cremeweiße Küche im Apothekerstil, deren offener Kochtresen an das mit Holzdielen versehene kombinierte Ess- und Wohnzimmer angrenzte. Anna war hochzufrieden mit dem Ergebnis des Umbaus, der trotz der damit verbundenen Unannehmlichkeiten und der höher als gedacht ausgefallenen Kosten alle Mühe wert gewesen war. Jetzt war sie allerdings dankbar, sich in Zukunft neben ihrer Halbtagsstelle bei der Staatsanwaltschaft in der Hauptsache wieder voll auf ihre kleine Tochter Emily konzentrieren zu können.

Die Dreijährige kniete mit einigen Puppen und ihrem

Buggy neben dem Sofa und schien ganz vertieft in ihr Spiel, nachdem sie Anna zuvor beim Kuchenbacken unterstützt und sich dabei in erster Linie hingebungsvoll dem rückstandlosen Auslöffeln der Rührschüssel gewidmet hatte. Während Anna den Tisch deckte, beobachtete sie ihre Tochter aus dem Augenwinkel und amüsierte sich über die von dem Mädchen mit ihren Puppen geführte rege Unterhaltung. Das Lächeln verging Anna allerdings in dem Moment, als ihr Freund ins Zimmer trat. Denn Bendt streifte gerade seine Daunenjacke über, hatte sich außerdem bereits einen dicken Schal um den Hals geschlungen, und aus seiner Jackentasche lugten seine braunen Lederhandschuhe hervor. Sie blickte zur Uhr.

»Es ist nicht dein Ernst, dass du jetzt noch einmal wegwillst. Meine Eltern kommen in spätestens einer halben Stunde.«

»Ich muss!«, entschuldigte sich Bendt, dem deutlich anzusehen war, dass er sich besser jetzt als gleich aus dem Staub machen wollte. Er zog den Reißverschluss seiner Jacke zu. »Ich muss zum Dienst.«

»Das glaub ich jetzt nicht.« Anna war so verärgert und enttäuscht, dass sie sich zusammenreißen musste, um nicht aus der Haut zu fahren. »Ich habe sogar gebacken.«

Anstatt Anna anzusehen, heftete Bendt seinen Blick an die Keksschale, angelte sich einen Zimtstern heraus und schob ihn in den Mund. »Und die schmecken auch echt lecker«, lobte er kauend.

Anna holte einmal tief Luft und stemmte ihre Hände in die Hüften.

»Der Keks war von Aldi«, fauchte sie wütend.

»Oh, die sind aber trotzdem sehr lecker.« Bendt lächelte

etwas schief, wie er es immer tat, wenn er ein schlechtes Gewissen hatte, und langte ein weiteres Mal ins Gebäck, um diesmal ein paar Schokokekse herauszunehmen. »Teddy holt mich jeden Moment ab. Ich versuche aber, so schnell, wie es irgend geht, wieder hier zu sein.«

»Ich wusste gar nicht, dass du heute Bereitschaft hast. Wir haben den Termin mit meinen Eltern doch schon vor Wochen verabredet.«

»Oh«, sagte Bendt, kratzte sich am Kopf und setzte dazu einen überrascht wirkenden Gesichtsausdruck auf, der Anna an ein schlechtes Laienschauspiel erinnerte und sie verächtlich auflachen ließ. »Ich dachte, du wüsstest, dass ich vielleicht zum Dienst muss. Wir haben eine Leiche in der Innenstadt.«

»Du brauchst gar nicht so unschuldig zu tun«, schimpfte Anna. »Das hättest du mir doch früher sagen können oder nicht? Dann hätte sich ein anderes Wochenende für ein Kaffeetrinken mit meinen Eltern gefunden. Jetzt muss ich wieder erklären, weshalb du dich nicht blicken lässt.« Bendt wusste offenbar nichts zu entgegnen, zuckte mit den Schultern und blickte drein wie ein begossener Pudel.

»Da schmilzt übrigens gerade ein Schokokeks«, bemerkte Anna dann und deutete auf seine rechte Hand.

»Ach Mist!« Bendt eilte zur Spüle, legte die Kekse ab und riss ein Stück Haushaltspapier von dem dort abgestellten Chromständer ab, bevor er begann, umständlich seine Hand abzuwischen.

»Du nutzt jede auch nur erdenkliche Ausrede, um meinen Eltern aus dem Weg zu gehen, was ich ehrlich gesagt nicht mehr witzig finde«, motzte Anna weiter, während sie nach ihrem Kuchenmesser suchte. Dabei schloss sie die jeweils geöffneten Schubladen demonstrativ etwas schwungvoller als nötig.

»Das ist ein Notfall, ehrlich. Ich musste ganz spontan für einen Kollegen einspringen, der krank geworden ist.«

»Hattest du nicht eben noch gesagt, du hättest mir das mit dem Dienst schon gesagt?« Anna hatte das Messer inzwischen gefunden und ging jetzt, die Klinge auf Bendt gerichtet, auf ihn zu. Sie verzog ihre Augen zu schmalen Schlitzen und drehte das Messer bedrohlich in ihrer Hand hin und her, als sie ihn erreicht hatte. »Du bist ein erbärmlicher Lügner, weißt du das?«

»Du willst mich damit jetzt aber hoffentlich nicht ermorden, nur weil ich nicht mit euch Kaffee trinke, oder?« Bendt hob seine Hände in einer Geste der Kapitulation und wich einen Schritt zurück.

»Sagen wir mal so, ich denke gerade ernsthaft darüber nach.« Gegen ihren Willen musste Anna über die Grimasse, die Bendt zog, lachen.

»Gut, dann erinnere ich dich aber rein vorsorglich mal daran, dass du deine weitere Karriere als Staatsanwältin vergessen kannst, wenn du mir etwas antust, und deine Füße muss dann auch ein anderer massieren. Du solltest dir also ganz genau überlegen, ob das eine gute Idee ist, wenn du ausgerechnet mich umbringst.«

Anna fand sein Lächeln mal wieder so bestechend, dass ihr Ärger zu verrauchen drohte. Es war wohl Bendts Charme zu verdanken, dass sie ihm nie lange ernsthaft böse sein konnte. Beide mussten lachen, als er ihr das Messer aus der Hand nahm und augenzwinkernd sagte: »Ich nehme das vorsichtshalber mal an mich.« Dann schlang er seine Arme um ihre Taille und hauchte ihr einen Kuss auf die Nase.

»Nicht sauer sein«, bat er und strich ihr eine Haarsträhne aus dem Gesicht, die sich aus dem lose gebundenen Zopf ihrer dunklen Locken gelöst hatte und ihr ins Gesicht gefallen war. Er zog sie noch ein Stück zu sich heran, und Anna wusste genau, dass er sie nur allzu gern geküsst hätte. Sie löste sich aber aus seiner Umarmung, denn allzu versöhnlich wollte sie sich ihm jetzt doch noch nicht präsentieren. Für ihren Geschmack grinste er dafür, dass er ein schlechtes Gewissen haben musste, schon wieder ganz schön frech.

Bendt streckte die Nase in die Luft und sog den verlockenden Duft des Apfelkuchens ein, den Anna in den Ofen geschoben hatte.

»Ach herrje, mein Kuchen«, rief Anna alarmiert. Es war allerhöchste Zeit, zum Ofen zu eilen, wenn sie kein Brikett zu backen gedachte. Sie streifte sofort ihre Backhandschuhe über und beeilte sich, das heiße Blech auf die Arbeitsplatte hinüberzujonglieren.

»Apropos Mord – wer ist überhaupt tot?«, erinnerte sie sich jetzt an den Grund für Bendts angekündigten Aufbruch und stieß ihn mit der Hüfte ein Stück zur Seite, weil er ihr im Weg stand.

»Eine Frau ist in der Königstraße von einem Balkon gestürzt: Die Spurensicherung wird schon vor Ort sein. Teddy holt mich jeden Moment hier ab, damit wir rüberfahren können.«

»In der Königstraße, mitten am Nachmittag?« Bei dem Gedanken an die schmale Einkaufsstraße, in der am Samstagnachmittag die Geschäfte geöffnet hatten und mit Sicherheit viele Leute unterwegs gewesen waren, lief Anna ein kalter Schauer über den Rücken. »Die muss den Passanten ja direkt vor die Füße gefallen sein.«

»Ist sie wohl auch«, bestätigte Bendt. »Wenn ich das richtig verstanden habe, dann liegt das Haus, von dem die Frau gestürzt ist, ganz in der Nähe vom Kohlmarkt. Stell dir vor, du hättest dir auf dem Weihnachtsmarkt gerade noch eine Bratwurst gekauft und läufst fröhlich kauend die Königstraße runter, und dann klatscht vor dir jemand aufs Pflaster.«

»Hör bitte auf!« Anna schüttelte sich angesichts der Bilder, die sich gerade vor ihrem inneren Auge abspielten, und verzog angewidert das Gesicht, zumal Bendt sich scheinbar gänzlich ungerührt einen Keks in den Mund schob. »Ich mag mir das gar nicht ausmalen, mit Emily unterwegs zu sein – und. ...«

»Da hätte wirklich ernsthaft jemand zu Schaden kommen können«, sagte Bendt. »Also noch jemand außer ihr.«

»Schrecklich.« Anna versuchte die Bilder aus ihrem Kopf zu vertreiben. Sie holte die Sahneschüssel und das Rührgerät aus dem Schrank und kramte dann den Vanillezucker aus dem Vorratsschrank hervor. »Und – von wem wurde sie vom Balkon geworfen? Von ihrem Mann, stimmt's?«

»Typisch! Bei dir war es natürlich gleich mal wieder der böse Ehemann und im Zweifel eine Beziehungstat.«

»Stimmt ja auch oft. Woran denkst du denn spontan, wenn eine Frau vom Balkon gestoßen wird?« Anna streifte Bendt mit einem ironischen Seitenblick. »An einen Mafiamord oder einen Bandenkrieg der Hells Angels vielleicht? Kommt ja in der Lübecker Innenstadt gerade in dieser Form total häufig vor.«

»Nee, ich denke vor allem mal – anders als du – nicht gleich an das Schlimmste.« Bendt hob die Brauen und sah Anna herausfordernd an. »Vielleicht auch schon mal an so etwas Harmloses wie einen Unfall oder einen Selbstmord gedacht, Frau Staatsanwältin?«

Anna guckte etwas verdutzt, denn sie hatte diese Möglichkeit tatsächlich nicht in Betracht gezogen. »Habe ich was verpasst, oder bist du nicht mehr bei der Mordkommission? Warum sollten die euch denn sonst gerufen haben?«

»Weil wir so unheimlich schlau sind. Mal im Ernst. Ich habe keine Ahnung. Mag sein, dass du recht hast, aber offenbar ist die Lage am Tatort nicht ganz so eindeutig. Auf jeden Fall hat Braun schon, nachdem er telefonisch von der Streife informiert worden war, die Spurensicherung veranlasst, und wir sind so spät dran, weil er selbst von einem anderen Tatort kommt. Kann gut sein, dass ich pünktlich zum Abendessen wieder hier sein werde.« Bendt stieß Anna freundschaftlich in die Seite. »Ich verspreche, dass ich mein Möglichstes tue.«

Anna maß ihn mit einem vorwurfsvollen Seitenblick. »Und wenn – ich glaube dir kein Wort. Ich verstehe auch nicht, weshalb du wegen meiner Eltern immer so ein Theater machst. Sie sind doch wirklich ganz nett.«

»Sogar sehr nett«, sagte Bendt mit Nachdruck, »wenn man mal von der geringfügigen Kleinigkeit absieht, dass deine Mutter keine Gelegenheit auslässt, mich daran zu erinnern, dass ihre großartige Frau Tochter etwas Besseres verdient hätte als einen schlecht bezahlten Kommissar.«

Anna legte die Aufsätze des Rührgerätes, die sie gerade einsetzen wollte, noch einmal auf der Arbeitsfläche ab und atmete betont laut aus. Sie kannte ihren Freund gut genug, um in seiner Stimme neben der Ironie eine Verletzlichkeit auszumachen, für die sie nur bedingtes Verständnis aufbringen konnte. Zwar konnte sie einerseits nachfühlen, dass er sich über die eine oder andere Spitze ihrer Mutter ärgerte, die tatsächlich zumeist Annas höhere Bildung und bessere Stellung betraf. Auf der anderen Seite machte er es sich mit seinen ständigen Dienstausreden ein bisschen einfach. Denn bisher hatte Bendt ihren Eltern erdenklich wenig Gelegenheit gegeben, ihn richtig kennenzulernen. Und das, obwohl er inzwischen mehr bei ihr als in seiner eigenen Wohnung wohnte, in der das schlimmste Junggesellenchaos herrschte und die Anna deshalb nicht freiwillig betrat. Was ihre Eltern anging, stand er sich – aus ihrer Sicht – ein wenig selbst im Weg.

»Du darfst das, was meine Mutter sagt, nicht persönlich nehmen. Sie fände dich wahrscheinlich gerade dann mal gut genug für mich, wenn du der Fürst von Monaco wärest oder so ...«

»Oder der fantastische Vater deiner Tochter, versteht sich.«

Anna verdrehte die Augen und seufzte genervt.

»O bitte, verschone mich damit. Georg ist nun einmal Emilys Vater, und ich bin froh darüber, dass er sich so viel um sie kümmert. Dass meine Eltern ihn mögen und sich gewünscht hätten, dass ich mit dem Vater ihres Enkelkindes auch zusammenlebe, ist doch nur normal. Denk doch mal daran, wie lange sie ihn schon kennen.«

Das Läuten an der Tür ersparte es Anna, sich weiter mit diesem leidigen Thema zu beschäftigen.

»Oma!«, schrie Emily aus dem Wohnzimmer, und das dann prompt wahrzunehmende Poltern, das von einem lauten Getrappel auf dem Flur abgelöst wurde, ließ Anna mehr als nur vermuten, dass ihre Tochter alles stehen und liegen gelassen hatte und zur Tür gerannt war. Bendt und Anna folgten ihr in kurzem Abstand, kamen aber trotzdem zu spät, um zu verhindern, dass Emily die Tür, kaum dass sie einen Blick über die Schwelle geworfen hatte, wieder zuschlug.

»Du hast Glück, es sind jedenfalls nicht meine Eltern«, sagte Anna trocken. »Eigentlich hätte ich es dir gegönnt, dass sie es sind.« Sie hob Emily hoch, die sich offenbar erschreckt und in ihre Arme geflüchtet hatte. Als Anna die Tür wieder aufmachte, vergrub Emily ihren Kopf an Annas Schulter. Wie erwartet, stand der regelmäßig etwas derangiert und zerzaust wirkende Hauptkommissar Braun vor der Tür, dessen untersetzte Statur seinem Spitznamen Teddy alle Ehre machte. Er war mit seinen knapp 1,75 Meter kaum größer als Anna, und man brauchte weder Kommissar noch sonst ein erfahrener Ermittler zu sein, um von Theodor Brauns Bäuchlein auf eine gewisse Leidenschaft für Currywurst und deftiges Essen zu schließen.

»Ich gebe zu, schon freundlicher begrüßt worden zu sein«, sagte der Hauptkommissar amüsiert und drückte Anna und Bendt nacheinander die Hand.

»Das Kind hat eben Menschenkenntnis«, bemerkte Bendt grinsend und kassierte dafür einen leichten Seitenhieb seines Vorgesetzten mit dem Ellbogen.

»Aua, das ist Körperverletzung«, rügte er und drückte erst Emily, die sich wie ein kleines Äffchen an ihrer Mutter festklammerte und offensichtlich schämte, und dann Anna zum Abschied einen Kuss auf die Wange.

Als Anna die Kommissare vor sich auf der Treppe stehen sah, stellte sie mal wieder fest, welch ungleiches Paar die beiden nebeneinander abgaben. Denn Bendt, der im Gegensatz zu Braun regelmäßig Sport trieb und zudem ungleich schlanker und jünger war als sein Chef, überragte ihn auch noch um eine gute Kopflänge.

»Ich hoffe, Sie sind mir nicht allzu böse, Frau Lorenz, dass ich Ihnen Ihren Freund heute am Samstag entführen muss, aber Sie kennen das ja. Ein Notfall.«

Anna maß Braun mit einem vorwurfsvollen Blick und versuchte, in seinen freundlichen Augen zu ergründen, ob er Bendt einen Gefallen getan und ganz bewusst durch seine Diensteinteilungen die unliebsame Verabredung mit ihren Eltern erspart hatte. Die Tatsache, dass der nette Hauptkommissar durch die Festlegung der Diensttage auch seiner Frau Gisela gern mal einen Strich durch die Rechnung machte, war jedenfalls ein Indiz dafür. Anna unterließ es für den Moment, ihrem Verdacht, Braun stecke mit Bendt unter einer Decke, auf den Grund zu gehen. Sie blickte ihnen nach, als sie zum Auto gingen, und war fast sicher, dass ihr Freund an diesem Abend erst sehr spät heimkommen würde.

2

Von Annas Haus in der gepflegten kleinen Wohnstraße in St. Gertrud war es nur ein Katzensprung zum Tatort. Braun nahm den kürzesten Weg, der sie über die Wakenitzbrücke die Wahnstraße hinauf, direkt in die belebte Innenstadt führte. Die Dunkelheit war bereits angebrochen, es schneite ein wenig, wodurch die Straßen angesichts der Kälte gefährlich glatt waren. Dennoch benötigte Braun keine fünf Minuten, bis er die Königstraße erreichte. Staatsanwältin Lorenz, die er dienstlich aus der Zusammenarbeit mit der Staatsanwaltschaft schon lange kannte und schätzte, hatte er deutlich ansehen können, dass sie über Bendts Diensteinsatz nicht eben begeistert gewesen war. Er unterließ es aber, seinen Kollegen darauf anzusprechen. Braun manövrierte den zivilen Einsatzwagen im Schritttempo durch die schmale Einbahnstraße auf den Absperrbereich vor der Unglücksstelle heran. Schon von weitem konnte er erkennen, dass sich vor dem Unglücksort eine dicke Traube von Menschen versammelt hatte, die in der Hoffnung, einen Blick auf das Opfer zu erhaschen, dicht gedrängt am Absperrgitter standen. Die Spurensicherung war bereits in vollem Gange.

»Das kann doch wirklich nicht wahr sein! Warum nehmen wir eigentlich keinen Eintritt?«, schnaubte Bendt, der auf dem Beifahrersitz saß und sich aufregte, weil die Passanten die Straße kreuzten, als handele es sich um den Gehweg. Die Tatsache, dass Braun das Blaulicht auf den zivilen

Einsatzwagen aufgesetzt hatte, schien die Leute kaum zu beeindrucken. »Die können hier doch nicht in aller Ruhe auf der Straße rumlatschen.« Bendt hatte es kaum ausgesprochen, als Braun den Wagen auch schon abrupt abbremsen musste, weil ein Mann in Höhe des Beifahrerfensters beinahe in sein Auto gelaufen wäre.

»Vorsicht Mensch, und guck verdammt noch mal, wo du hinläufst«, rief Bendt und klopfte zugleich gegen das Fenster, durch das ihn ein mit einer roten Bommelmütze bekleideter Kerl mit weit aufgerissenen Augen und hochrotem Kopf anstarrte. Der Mann riss in einer entschuldigenden Geste die Arme hoch und suchte das Weite.

»Mach mal das Martinshorn an, Chef, und ein bisschen Alarm.«

»Reg dich doch nicht gleich so auf«, sagte Braun und blickte kopfschüttelnd zu seinem Kollegen hinüber. »Wir sind doch schon da.« Braun fuhr nur noch wenige Meter weiter und stellte den Wagen dann auch schon am Straßenrand ab. Der Tatort lag tatsächlich nicht weit vom Kohlmarkt entfernt, auf den die Königstraße mündete und wo der Lübecker Weihnachtsmarkt – wie auch auf dem Koberg und dem Marktplatz – stattfand. Braun atmete die kalte Winterluft ein und meinte sofort den Duft von Bratwurst, gebrannten Mandeln und Schmalzgebäck in der Nase zu haben.

»Wenn wir hier fertig sind, gehen wir gleich noch was essen, oder?«, fragte der Hauptkommissar, der sogleich einen Anflug von Appetit verspürte, den er sich generell durch kein Verbrechen der Welt verderben ließ.

»Dass du schon wieder ans Essen denken musst«, tadelte Bendt und schlug seinerseits die Autotür zu. Die Tatsache, dass heute mal wieder ziemlich viele Gaffer am Absperrgitter herumstanden, nervte ihn sichtlich. »Guck dir die Leute an«, schnaubte er und zog sich seine blaue Wollmütze über den Kopf, von der Braun fand, dass sie seinen Kollegen wie einen Einbrecher aussehen ließ. »Wir bieten unserem Publikum hier mal wieder das perfekte Alternativprogramm zum Weihnachtsmärchen.«

Braun zuckte ungerührt mit den Schultern, er trottete gelassen neben Bendt in Richtung des Absperrgitters und hörte geduldig zu, wie der sich mal wieder über die Gaffer echauffierte. An Braun perlte derartiger Ärger ab wie Wasser an einer schwimmenden Ente.

»Ich liebe es, wenn die Leute sich so brennend für unsere Arbeit interessieren«, zischte Bendt ironisch, als er sich durch die Menge von Passanten schob, die Schmalzgebäck oder gebrannte Mandeln kauten, während sie über das Geschehen am Tatort diskutierten und vor Kälte von einem Bein auf das andere traten.

»Ich frage mich, warum du so schlecht gelaunt bist. Du hast doch schon letzte Woche gesagt, dass du hoffst, einen Einsatz zu bekommen. Also hör auf, dich aufzuregen, und bedank dich artig bei der Leiche dafür, dass sie und nicht deine Schwiegereltern in spe den Nachmittag mit dir verbringt und ...« Braun stockte, weil er sich daran zu erinnern versuchte, was Bendt über den bevorstehenden Adventskaffee geäußert hatte. »... und, ach ja, dir heute eine zwangsintellektuelle Unterhaltung mit Annas Eltern erspart bleibt.«

Bendt kommentierte die Spitze nicht, sondern warf Braun nur einen vorwurfsvollen Blick zu. Im Polizeiareal wurden sie bereits von den Kollegen von der Spurensicherung erwartet. Während Braun sofort zu dem Rechtsmediziner hinüberging, wandte sich sein Kollege zunächst einem abseits stehenden Beamten zu, um sich über den bisherigen Stand der Ermittlungen zu informieren.

Die Tote war mit einer Plane abgedeckt, und Karl Fischer von der Rechtsmedizin war dabei, seinen mit OP-Besteck und geheimnisvollen Tiegeln überfüllten Spurensicherungskoffer im grellen Licht der aufgestellten Polizeistrahler zu sortieren.

»Moin«, krächzte Fischer und blickte nur flüchtig auf. Er hatte die Kapuze seines weißen Schutzanzuges eng unter dem Kinn zusammengezogen und schniefte vernehmlich. Er hatte sich seinen Mundschutz auf die Stirn raufgezogen, und seine glasigen Augen und die knallrote Nase ließen ihn in dem weißen Ganzkörperkondom ein bisschen wie einen Außerirdischen aussehen.

»Hallo, Karl«, begrüßte der Hauptkommissar seinen langjährigen Freund von der Rechtsmedizin und ging zu ihm in die Knie. »Du hast dir ja richtig einen aufgesackt, was? Wenn ich das mal sagen darf, siehst du ziemlich beschissen aus.«

Fischer gab einen leidgeplagt klingenden Seufzer von sich. »Ich hätte mal auf die da drüben hören sollen.« Er deutete auf ein Plakat im Schaufenster des Hauses, aus dem die Tote gestürzt war. Eine hübsche und lebensgroß abgebildete Brünette im Rollkragenpullover, die eine dampfende Tasse Tee in der Hand hielt, lächelte ihnen freundlich zu. »Bitte erkälten Sie sich nicht«, lautete die gut gemeinte Empfehlung, die in großen gelben Lettern das Plakat der dort befindlichen Apotheke schmückte, welches zwischen zwei dekorativen roten Weihnachtssternen platziert war. »Ich huste mir die Seele aus dem Leib, und sie hat nichts Besseres zu tun, als mich anzugrinsen. Die sollte mir lieber auch mal einen Tee bringen.«

Braun lachte auf und blickte sich um, um sich einen groben Überblick über die Umgebung zu verschaffen. Er war sicher, dass zur Unglückszeit viele potenzielle Zeugen unterwegs gewesen waren. Schon die Apotheke war groß und der Publikumsverkehr mit Sicherheit entsprechend immens.

»Ich fühle mich sterbenskrank«, stöhnte Fischer. »Eigentlich könnte ich mich auch gleich danebenlegen.« Er deutete auf die Leiche, die keinen Meter von ihnen entfernt lag. Brauns Blick glitt flüchtig über die Plane, unter der sich der Körper der Toten deutlich abzeichnete. Er verspürte wenig Neigung, darunterzuschauen. Sturzopfer hatten immer etwas Marionettenhaftes, wie er fand. Ihm waren Opfer mit amtlichen Schuss- oder Stichverletzungen wesentlich sympathischer.

»Hast du Hinweise auf ein Fremdverschulden?«, fragte Braun und registrierte, dass die Kälte ihm unangenehm den Rücken hinaufkroch. Seine Jacke bedeckte, so wie er hier hockte, kaum seinen Allerwertesten, weshalb er vorerst wieder aufstand.

Fischer ließ sich Zeit mit einer Antwort. Er streifte erst seine Gummihandschuhe ab und warf sie neben den Koffer. Dann kramte er umständlich ein Taschentuch hervor und putzte sich lautstark und ausgiebig die Nase.

»Sagen wir mal so, sie hatte weder ein Messer im Rücken, als sie hier aufgeschlagen ist, noch war ihr Körper von Kugeln durchsiebt. Spricht also für den Moment einiges für ein Schädelhirntrauma infolge des Sturzes. Ob wir darüber hinaus Hinweise finden, dass ihr jemand behilflich war und ihr den kürzesten Weg nach unten gezeigt hat, weiß ich ohne verlässliche Untersuchung in der Rechtsmedizin noch nicht.« Braun lachte bitter auf. Ein gesunder Zynismus machte den Berufsalltag auch für ihn manchmal eine Spur erträglicher, allerdings verstand Fischer es immer wieder, ihn zu toppen.

»Abschiedsbrief oder Ähnliches?«, wollte Braun wissen.

»Fehlanzeige – jedenfalls nicht hier vor Ort.«

Braun maß die breite Fassade des Lübecker Stadthauses ab und musste ein paar Schneeflocken wegblinzeln, während sein Blick zu den oberen schmalen Balkonen wanderte. Das gepflegte Haus wurde ganz offenbar wie viele der Häuser in dieser Straße teilgewerblich genutzt. Denn die Dekoration in den Fenstern sowie die Beleuchtung der oberen Stockwerke ließen unzweifelhaft darauf schließen, dass sich dort Wohnungen befanden. Die Wohnung, die zu dem Balkon gehörte, von der die Tote ganz offenbar gesprungen war, schien Braun dagegen unbewohnt zu sein. Denn am Geländer, wo die Kollegen von der Spurensicherung gerade dabei waren, Fingerabdrücke zu sichern und nach weiteren Hinweisen für ein Verbrechen zu suchen, war weder eine Weihnachtsbeleuchtung angebracht worden noch fanden sich sonst irgendwelche Gardinen oder Accessoires in den Fenstern, die auf einen bewohnten Zustand hindeuteten. Er formte seine rechte Hand zu einem Schirm und legte sie an seine Brauen, um den für ihn wichtigen Balkon besser sehen zu können. Brauns Blick blieb im ersten Stockwerk an einer dreidimensionalen Weihnachtsmannfigur hängen, die aussah, als ob sie die Fassade hinaufklettern würde und an der das Opfer unmittelbar vorbeigestürzt sein musste.

»Schade«, sagte Braun. »Sieht nicht so aus, als ob dort

oben jemand gewohnt hat. Dabei wäre mir das Liebste gewesen, sie wäre beim Anbringen ihrer Weihnachtsbeleuchtung oder Ähnlichem von der Leiter gefallen, und wir hätten es mit einem Unfall zu tun.«

»Glaub mir, wenn das so einfach wäre, dann läge ich jetzt schon wieder in meinem warmen Bett«, entgegnete Fischer und folgte Brauns Blick zum Balkon hinauf. Bendt, der sich nach oben begeben hatte, um sich einen ersten Überblick zu verschaffen, lehnte inzwischen auch mit einem Schutzanzug bekleidet gefährlich weit über das Geländer.

»Weißt du von Zeugen?«, fragte Braun. Fischer schüttelte den Kopf.

»Für den baldigen Absturz deines geschätzten Kollegen schon«, sagte Fischer trocken. »Für meine Patientin da drüben bis dato nicht.«

Braun zog die Stirn in Falten und schaute die Straße entlang. Wie wahrscheinlich mochte es sein, dass sich dort oben ein Streit abgespielt hatte, der von den Passanten aufgrund des weihnachtlichen Trubels und Stimmengewirrs unbemerkt geblieben war? Besonders viel wusste Braun für den Moment nicht. Sicher ausschließen ließ sich bisher lediglich, dass sich dort oben beim Adventskaffeetrinken ein Familiendrama abgespielt hatte.

»Willst du sie dir jetzt mal ansehen?«, fragte Fischer.

»Muss ich wohl«, gab Braun wenig begeistert zurück und trat gleichzeitig mit Fischer an das Opfer heran, nachdem auch er sich Gummihandschuhe und einen Mundschutz übergezogen hatte. Bevor er die Plane hochhob, zögerte er einen Moment.

»Papiere hat sie dankenswerterweise bei sich gehabt, stimmt's? Hat man mir jedenfalls telefonisch so mitgeteilt.«

»Ja, und das Passbild stimmt auch mit der Person hier unten überein«, bestätigte Fischer. »Sie hat übrigens insgesamt eine gut sortierte Handtasche bei sich getragen. Ihr Geld, ihre EC-Karte und alles, was einen Räuber sonst noch so interessieren könnte, liegen hier unten.«

Braun nickte und hob die Plane, während er sich vor das Opfer kniete, um besser sehen zu können. Der Hauptkommissar hatte schon viele Leichen gesehen und gelernt, das, was er vor sich hatte, sachlich zu betrachten und seine Emotionen zurückzudrängen. Das Opfer war seitlich auf den Asphalt aufgeschlagen, so dass die eine Hälfte ihres Gesichtes nahezu intakt aussah. Wenn man von dem blutdurchtränkten, klebrigen Haarschopf und der Tatsache absah, dass das leblose starre Auge, das ihn anblickte, auf sonderbare Weise direkt aus der vom Blut geschwärzten Gehplatte des Bürgersteigs zu ihm emporzustarren schien, sah sie für das, was passiert war, eigentlich noch ganz gut aus. Braun maß den bizarr verdrehten Körper ab, der ihn nach mehr als zwanzig Jahren Polizeidienst und über zehn Jahren Mordkommission ebenfalls nicht mehr zu schockieren vermochte. Die Tote trug einen dunkelblauen langen Daunenmantel, dazu einen Schal im Burberrymuster, braune Wollstrumpfhosen, einen knielangen Rock und Stiefel.

»Sie war gut situiert«, murmelte er nachdenklich und fragte sich gleichzeitig, in welchem Zustand wohl der Perlenohrring sein mochte, den die Tote an jenem Ohr getragen hatte, das er nicht wohlgeformt und unbeschadet betrachten konnte. Irgendwo in der Blutlache würde sich eine Antwort finden. Braun konzentrierte sich auf das, was er sah, und versuchte, jedes noch so unwichtig wirkende Detail aufzunehmen und abzuspeichern. Er ging davon aus, dass die Frau vor dem Absturz relativ frisch frisiert gewesen war, denn in ihrem halbaufgelösten Zopf steckte eine Hornspange, und sie war geschminkt. Er nahm außerdem flüchtig den Duft eines Parfüms wahr. Um ihr Gesicht noch besser inspizieren zu können, lehnte er sich vor und registrierte, dass sie tatsächlich Make-up und Rouge aufgetragen hatte. Er kniff die Augen zusammen und kroch fast unter die Plane, denn ihr Mund, aus dem seitlich ein kleines Rinnsal Blut geflossen war, erregte seine Aufmerksamkeit.

Fischer erriet erneut seinen Gedanken. »Könnte tatsächlich ein bisschen Lippenstift sein, was du da siehst«, bestätigte er und blickte ebenfalls noch einmal in das Gesicht der zarten Person auf dem Gehsteig.

Braun kniete vor der Leiche und war so bei der Sache, dass er die Kälte vergaß. »Wer schminkt sich denn die Lippen, bevor er freiwillig aus einem Fenster springt?«, fragte er.

»Hanna Frombach«, antwortete Bendt, der den letzten Gesprächsfetzen aufgeschnappt hatte und nun, drei Kaffeebecher zwischen seinen dicken Handschuhen jonglierend, hinter seine Kollegen trat. Fischer nahm den vordersten Becher.

»Scheußlicher Anblick«, sagte Bendt und verzog das Gesicht.

»Nun stell dich mal nicht so an«, gab Braun ungerührt zurück, ohne sich von der Leiche abzuwenden.

Bendt stellte zunächst die Becher ab und ging dann ebenfalls in die Hocke, um sich die Leiche anzusehen.

Als die Kommissare genug gesehen hatten, standen sie auf. Sie entfernten sich einige Schritte von der Toten und prosteten einander zu. Braun und Fischer verzogen fast zeitgleich sichtlich angewidert ihre Gesichter.

»Der ist ja dünn wie Tee«, beschwerte sich Braun und inspizierte den Kaffee in seinem Becher so kritisch, als habe Bendt versucht, ihn zu vergiften.

»Ich habe nicht gesagt, dass der Kaffee auch gut ist«, verteidigte sich Bendt.

»Ist wie Medizin und immerhin heiß«, erklärte Fischer, der sich offenbar selbst Mut zusprechen musste.

»Du musst, glaube ich, wirklich dringend in dein Bett«, meinte Braun, der sich um seinen Freund langsam fast ein bisschen Sorgen machte. Denn der zitterte und schien Fieber zu haben.

»Du siehst wirklich total beschissen aus«, stellte jetzt auch Bendt fest. »Du solltest dich auskurieren.«

»Vielen Dank für das nette Kompliment, das ich heute übrigens schon einmal gehört habe. Ich nehme an, dass euer Mitleid mit mir nicht so weit geht, dass ihr ein paar Tage auf die Sektion eurer Leiche warten wollt – stimmt's?«

»Morgen bist du doch wieder topfit.« Braun klopfte seinem Freund auf die Schulter. »Ich komme gern gleich morgen früh in der Rechtsmedizin vorbei und hole mir die ersten Ergebnisse von dir, wenn's geht.«

»Wenn ich morgen noch lebe!«, stöhnte Fischer und unterstrich sein zur Schau getragenes Leiden mit einem lauten Husten.

»Ich bin da zuversichtlich, und mit einer schlechteren Ausrede, als dass du tot bist, darfst du mir morgen auch nicht kommen, falls ich dich nicht antreffe«, sagte Braun grinsend und sah dem Freund nach, der mit seinem Sektionskoffer unter dem Arm gebückt von dannen schlurfte.

»Lass uns drinnen weiterreden«, bat der Hauptkommissar, »das heißt, wenn du keine Neigung verspürst, noch einmal unter die Plane zu schauen, bevor sie abtransportiert wird.«

»Ich verzichte zugunsten anderer«, entgegnete Bendt und ging zur Tür des Hauses hinüber, aus dessen zweitem Stock Hanna Frombach gestürzt war.

3

Braun schlurfte über den gewaltigen grauen Schmutzfänger, der die marmorierten Fliesen hinter dem Eingangsportal im unteren Hausflur schützte. Linksseitig führte eine elektrische Schiebetür aus Glas in die im Erdgeschoss gelegene Apotheke und begleitete das Kommen und Gehen ihrer Besucher mit einem sonoren Surren. Geradeaus führten drei Stufen hinauf in den mit ausgetretenen Holzdielen versehenen Hauptflur, wo sich etwas weiter hinten die Treppe in die oberen Stockwerke befand. Braun verzog das Gesicht, als er das Streugranulat unter seinen Füßen quietschen hörte, als hätte man ein Stück Kreide über eine Tafel gezogen. Zwar sah dieser Teil des Gebäudes nicht so modern aus wie das Erdgeschoss, dafür roch es besser, wie Braun fand. Denn er konnte dem holzig muffigen Geruch des Treppenhauses weit mehr abgewinnen als der vor der Apotheke vorherrschenden Mischung aus Arznei, Reinigungsmitteln und vor allem zahlreichen Parfüms, deren influenzageschädigte Träger die Apotheke aufgesucht hatten.

»Und, was hast du für mich?«, erkundigte Braun sich gespannt, während sie die hohen Stufen des alten Gebäudes hinaufstiegen.

»Wenig«, gestand Bendt. »Offenbar hat keiner etwas auf dem Balkon gesehen oder gehört, bevor sie unten aufgeschlagen ist.« Er deutete zu einer der dunkel gebeizten massiven Wohnungstüren im ersten Stockwerk hinauf. »Das ist die Wohnung, die direkt unter der liegt, in der das Opfer sich aufgehalten hat. Hier war zur Tatzeit keiner der Eheleute zu Hause«, referierte er das, was er von den Kollegen erfahren hatte. Brauns Blick streifte das Türschild der hier beheimateten Schröders und deren Türkranz nur flüchtig. Denn die Weihnachtsdekoration der Familie Herrmanns von gegenüber zwang ihn, einige Sekunden innezuhalten. Herrmanns hatten ohne jeden Zweifel sehr viel mehr für Dekoration übrig als ihre Nachbarn. Neben einer übergroßen Weihnachtsmannfigur aus Plastik, die an der Wohnungstür hing und unentwegt blinkte, bewachte ein Bataillon aus rotgesichtigen Zwergen das Domizil, das man über eine »Happy Christmas«-Fußmatte betreten konnte.

»Die Leute waren zu Hause«, berichtete Bendt.

»Die scheint hier ja auch keiner mehr rauszulassen«, mutmaßte Braun. »Denen gehört wohl auch der Weihnachtsmann an der Fassade, der nichts unternommen hat, um Frau Frombach aufzufangen.« Braun wandte sich den Weihnachtszwergen zu. »Und ihr, Jungs?«

»Keiner will etwas Ungewöhnliches bemerkt haben«, fuhr Bendt fort. »Handwerker waren heute wohl keine da oben, was mitten im Winter am Samstag ja auch nicht wirklich verwundert. Diese Frau Herrmanns hat allerdings angegeben, dass irgendwann zwischen zwei und drei, als sie gerade in den Keller runterwollte, eine Frau an ihr vorbeigelaufen sei, auf die unsere Opferbeschreibung zutrifft.«

»Wahrscheinlich war Frau Herrmanns auf dem Weg, noch mehr Zwerge aus dem Keller zu holen«, witzelte Braun und setzte gemächlich seinen Weg nach oben fort. »Und, hat diese Frau Herrmanns registriert, ob die Frau, die ihr auf der Treppe entgegengekommen ist, auf sie einen verwirrten oder irgendwie sonst auffälligen Eindruck gemacht hat?«

»Die Zeugin hat gesagt, die Frau sei ganz schnell an ihr vorbeigerauscht und habe irgendwie gehetzt gewirkt. Sie selbst, also Frau Herrmanns, hätte das aber nicht besonders interessiert. Sie dachte, die Frau sei oben irgendwo eingeladen und zu spät dran. An die leere Wohnung will sie in dem Moment nicht gedacht haben.«

»Wussten die Leute denn, wer dort oben einziehen soll?«, fragte Braun und lauschte seinen dumpfen Schritten, während er in den zweiten Stock hochstieg.

»Nein, aber ich weiß es«, sagte Bendt und sprang die verbleibenden Stufen hoch. Braun hatte nicht den Ehrgeiz, es ihm gleichzutun, sondern erklomm ohne Hast die Stufen, was schon genügte, um ihn aus der Puste zu bringen. Bendt lehnte betont lässig im Türrahmen einer mit polizeilichem Absperrband gekennzeichneten Tür und grinste, als Braun auf ihn zuschlurfte.

»Auch schon da, der Herr Hauptkommissar?«, fragte er grinsend.

»Komm du in mein Alter«, gab Braun zurück, der spitze Anspielungen seines jungen Kollegen gewohnt war.

»Ach, am Alter liegt das«, stichelte Bendt. Braun horchte noch einmal ins Treppenhaus, bevor er dem Kollegen in die Wohnung folgte. Von dem Publikumsverkehr in der unten gelegenen Apotheke war hier kaum noch etwas zu hören. Bendt führte ihn durch den schmalen Flur des Zwei-Zimmer-Apartments in das kahle Wohnzimmer hinüber, von dessen Decke an einem langen weißen Kabel eine schmucklose und surrende Glühbirne baumelte. An den Wänden hingen noch ein paar Nägel über verstaubten Bildrändern und wirkten in ihrer Funktionslosigkeit ebenso verlassen wie der Raum selbst. Bendt gab seinem Chef eine kurze

Einweisung in die Örtlichkeit, in der es nach Lösungsmitteln und Farbe roch. Neben der farbverkrusteten Malerleiter, die an die Seitenwand angelehnt stand, fanden sich in der Ecke diverse Farbeimer, Malerteppiche und andere Utensilien.

»Nicht sehr gemütlich und außerdem schweinekalt hier oben«, stellte Braun mit Blick auf den bereits abgehängten alten Heizkörper fest, der in der Ecke stand und offenbar ausgedient hatte.

»Also, raus mit der Sprache«, forderte er seinen Kollegen auf und trat an die Balkontür heran, um das Malerklebeband zu untersuchen, das rund um die Tür bereits angebracht worden war. »Wer war sie? Die Wände gestrichen hat sie, so wie sie aussah, jedenfalls nicht, und häuslich einrichten konnte man sich hier ganz offenbar im Moment auch noch nicht.«

»Stimmt. Sie war hier mit einem potenziellen Mieter verabredet, um ihm die Wohnung zu zeigen.«

»Und das sagst du mir erst jetzt?« Braun war ein wenig sauer, dass sein Kollege ihm diese Information vorenthalten hatte. »Raus damit: Wann genau war sie hier?«

»Die Wohnung gehört der Frau«, erwiderte Bendt. »Der Mann wollte sich hier nach eigenen Angaben um fünfzehn Uhr mit ihr zur Besichtigung treffen und will dann vergebens unten auf sie gewartet haben, bis er einen Tumult auf dem Gehweg bemerkt haben und nach Eintreffen der Polizei darauf gekommen sein will, dass es wohl seine Vermieterin war, die gerade vom Balkon gefallen war ...«

»Moment, hast du nicht eben gesagt, Frau Herrmanns hätte die Frau irgendwann zwischen zwei und drei nach oben gehen sehen?«

»Vielleicht wollte sie oben erst nach dem Rechten sehen, bevor sie den potenziellen Mieter unten abholt.«

»Möglich. Jedenfalls klingt das im Moment nicht so sehr nach jemandem, der sich hier umbringen wollte«, sagte Braun und suchte gleichzeitig nach Hinweisen dafür, dass das Opfer auf den Balkon und über das Geländer gestoßen worden sein könnte. Er wies mit einem Fingerzeig auf das peinlich genau angebrachte Klebeband im Türrahmen hin. »Keine Beschädigung, kein Abriss, nichts«, stellte er fest.

»Du meinst, sieht nicht so aus, als ob sich hier jemand festgehalten hätte?«

»Genau das meine ich«, bestätigte Braun.

»Der Staub an der Glastür spricht auch dagegen.« Bendt wischte mit dem Finger über die dünne Schmutzschicht, die sich von innen auf dem Glas abgesetzt hatte, und hinterließ eine sichtbare Schmierspur. Dann presste er seine Hand gegen das Glas und fixierte einen Moment lang schweigend den deutlichen Abdruck.

»Wenn sie tatsächlich nach draußen gezwungen worden sein sollte, muss diese Tür schon sperrangelweit offengestanden haben.« Braun beobachtete seinen Kollegen bei dem vergeblichen Versuch, den Staub von seiner Hand wegzupusten. Bendt wischte sich den Schmutz schließlich am Hosenbein seiner Jeans ab.

»Vielleicht hat sie in den Lauf eines Revolvers geguckt, als sie höflich nach draußen gebeten wurde«, mutmaßte Bendt, während er die Balkontür öffnete.

Braun trat vor Bendt hinaus. Er lehnte sich mit den Unterarmen auf das Geländer und blickte nachdenklich auf die Straße hinunter, auf der auch jetzt einige Menschen unterwegs waren und beladen mit ihren Weihnachtseinkäufen den Gehweg passierten.

»Ich möchte übrigens diesen Zeugen, der hier mit der Frau verabredet war, gleich mal sprechen.«

»Das habe ich mir gedacht«, sagte Bendt und räusperte sich etwas umständlich, wie er es immer tat, wenn er Braun etwas sagen wollte, von dem er meinte, dass es dem Chef nicht besonders gut gefiel. »Der Mann ist leider schon weg.«

»Wie, der ist schon weg?« Braun war irritiert. »Hätte man den nicht eine Weile aufhalten können? Wer hat die Aussage des Zeugen denn aufgenommen?«

»Ein Uniformierter, der als einer der Ersten am Tatort war. Er hat, wie soll ich sagen ...?« Bendt verzog sein Gesicht zu einer Grimasse. »Er hat nur das Allernötigste in seinem Merkbuch notiert, bevor der Zeuge gegangen ist.«

Braun sah Bendt eindringlich an. Er kannte seinen Kollegen gut genug, um zu wissen, wann der ihm schonend beizubringen versuchte, dass irgendein Beamter Mist gebaut hatte.

»Ich hasse es, wenn du mich so verkniffen anguckst«, knurrte der Hauptkommissar. »Was verstehen wir denn unter: ›Das Allernötigste in seinem Merkbuch notiert?‹«

»Na ja. Das Problem ist weniger, was notiert wurde, sondern, was nicht notiert wurde. Wir wissen, dass er hier mit Frau Frombach verabredet war, die ihm die Wohnung zeigen wollte. Er sagte, das sei die Frau seines Chefs, die wohl auch die Vermieterin gewesen sein soll.«

»Und?« Braun dokumentierte mit einer rudernden Handbewegung, dass Bendt zum Punkt kommen solle.

»Und dann hat der Mann dem Beamten wohl noch die

Aktualität der Anschrift des Opfers bestätigt, die in ihren Papieren notiert war, und seine Personalien angegeben, ja und weitere Fragen wurden dann erst einmal wohl nicht gestellt.«

»Wie, das war's?«, fragte Braun enttäuscht. »Wann hat der Zeuge denn die Verabredung mit der Frau getroffen? Heute, gestern, vor einer Woche? In welcher Verfassung war sie? Gab es Hinweise darauf, dass sie suizidgefährdet war?«

Bendt zuckte nur mit den Schultern. »Der Beamte hat wohl gedacht, dass er fürs Erste alles Wesentliche notiert hat und die große Vernehmung ja sowieso noch ansteht.«

Braun seufzte genervt. »Na gut, gibt es ansonsten von hier oben irgendetwas Erhellendes?«

»Nichts jedenfalls, das auf ein Fremdverschulden hinweist«, berichtete Bendt knapp von seinem Gespräch mit den Kollegen von der Spurensicherung und sah genau wie Braun vom Balkon aus dabei zu, wie die Tote gerade für den Abtransport vorbereitet wurde. »Keine Indizien für einen Kampf. Keine Blutspuren, keine Haarreste, keine umgefallenen Gegenstände, nichts, was darauf hindeutet, dass ihr jemand beim Abstieg behilflich war ...«

Bendt kam nicht dazu, weiterzusprechen, denn hinter ihnen klopfte jemand gegen die offene Scheibe der Balkontür und trat ebenfalls hinaus ins Freie.

Braun grüßte den rotwangigen jungen Beamten, der aufgrund seiner schmächtigen Statur und des knabenhaften Gesichtes fast mehr wie ein verkleidetes Kind aussah. Der junge Beamte räusperte sich und deutete hinter sich ins Wohnzimmer zurück, wo ein hünenhafter Kerl in Bomberjacke breitbeinig und mit verschränkten Armen mitten im Raum stand und Braun zuwinkte.

»Entschuldigen Sie die Störung, Herr Hauptkommissar«, flüsterte der Polizist und beugte sich ein Stück zu Braun vor, »der Herr möchte Sie gern sprechen, er ist ein Zeuge.«

»Und was daran ist so geheim, dass sie flüstern müssen«, flüsterte Braun amüsiert zurück.

»Gar nichts«, erwiderte der junge Polizist leise und errötete, bevor er sich besann, in normaler Lautstärke weiterzusprechen. »Der Zeuge … Er heißt Andreas Groß, er hat … er hat sie gefunden.«

»Sie gefunden?« Braun konnte aus dem Augenwinkel wahrnehmen, dass Bendt diese Formulierung amüsant fand. »Was verstehen Sie denn bitte unter ›gefunden‹?« Er sah den jungen Mann prüfend an.

»Also gefunden ist vielleicht das falsche Wort«, stammelte der. »Sie ist ja quasi eher auf ihn draufgefallen.« Er lachte verlegen. »Aber so wollte ich es dann eigentlich auch wieder nicht ausdrücken.«

Braun atmete einmal tief durch. »Also, der Mann war einer der ersten Zeugen am Tatort. Und was bitte hat er uns konkret mitzuteilen?« Braun war von dem Burschen in Uniform genervt.

»Der Mann, also der Zeuge, hat sozusagen Beweismaterial gesichert.«

Der schmächtige Polizist griff in seine Jackentasche und förderte eine Tüte mit einem iPhone zutage.

»Das hier ist der Dame wohl aus der Tasche gefallen, und da dachte Herr Groß, er hebt das einfach mal auf. Er hat mir dann das iPhone gegeben, und wir wollten nur mal ausprobieren, ob es funktioniert und dabei …«

»Und dabei?«, wiederholte Braun, als der junge Beamte ins Stammeln geriet.

»Sie, also, das Opfer, hat offenbar gerade eine Nummer angewählt gehabt oder vielleicht sogar gerade telefoniert, und wir haben sie aus Versehen gelöscht.« Der Polizist schien sichtlich erleichtert darüber, sein Missgeschick gestanden zu haben.

Braun verschlug es für einen kurzen Moment die Sprache. »Verstehe ich das richtig«, vergewisserte er sich ungläubig, »Sie haben eine Nummer gelöscht, die auf dem Display zu sehen war oder gegebenenfalls sogar ein bestehendes Gespräch zu einem möglicherweise wichtigen Zeugen unterbrochen?«

»Ich bin irgendwie auf den Beenden-Button gekommen, verstehen Sie?«, piepste der Polizist.

Braun studierte das Display und stellte fest, dass für die Zeit unmittelbar vor dem Absturz des Opfers keine Telefonate registriert waren. Es lag also nahe, dass die Verstorbene nicht mehr dazu gekommen war, die Nummer zu Ende zu wählen.

»Sie waren nicht zufällig in der Lage, sich die Nummer einzuprägen, oder?«, fragte der Hauptkommissar so ruhig er konnte.

Der Polizeibeamte sagte nichts, sondern schaute nur betreten zu Boden. Braun schloss für einen kurzen Moment die Augen. Wie wahrscheinlich mochte es sein, dass eine Frau freiwillig vom Balkon sprang, wenn sie gerade eine Telefonnummer anwählte?

4

Eine hauchdünne Schneeschicht bedeckte das Laub und die Zweige des überfrorenen Bodens wie ein durchsichtiger Schleier. Es war ein klirrendkalter Morgen. Carla ritt mit dem kräftigen braunen Wallach den ausgetretenen Pfad der Böschung hinunter, der aus dem Wald hinaus zurück zu ihrem Gutshof führte. Noch vor Tagen waren die Tiere an dieser Stelle im Schlamm versunken, und die tief im Boden eingefrorenen Hufabdrücke und Furchen erinnerten an den Dauerregen vergangener Novembertage. Es war nahezu windstill, und neben dem rhythmischen Schnaufen des Pferdes und dem Kratzen der Hufe auf dem eisigen Untergrund war kaum ein Geräusch zu vernehmen. Rechts und links des Weges ragten die kahlen Äste der Bäume in das undurchdringliche Grau des Himmels empor. Nur vereinzelt fanden sich ein paar vertrocknete braune Blätter, die dem Regen und den Herbststürmen getrotzt hatten und wie vergessen an den Ästen hingen.

Carla strich mit ihren Lederhandschuhen über den Hals des Pferdes, das ihre Trauer nicht nur zu spüren, sondern, so meinte sie, sogar zu teilen schien. Am Vorabend hatte sie die Nachricht von Hannas Tod erreicht. Sie machte sich seither unendliche Vorwürfe. Warum hatte sie die Vorzeichen nicht zu deuten gewusst und Hanna besser beschützt? Sie waren so eng verbunden, und doch hatte sie das Unheil nicht vorhergesehen, war nicht genug gewarnt gewesen und hatte ihre Schwester mit ihrer Angst alleingelassen. Carla ließ die Bäume hinter sich. Die weißgepuderten weiten Felder tauchten vor ihr auf. Auf einem brachliegenden Feld zankten sich zwei Krähen schreiend und das Gefieder spreizend um Beute. Carla zügelte das Pferd zum Stehen, blickte über das flache weite Land und begann hemmungslos zu schluchzen. Sie ließ sich nach vorne fallen und vergrub ihre Hände in der Mähne des Tieres, das ihrer Schwester gehört hatte. Sie glaubte, von dem Schmerz, den sie empfand, innerlich zerrissen zu werden. Es war, als hätte sie mit der Zwillingsschwester einen Teil von sich selbst verloren. Carla richtete sich nach einer Weile wieder auf und trieb das Pferd in den Galopp. Die Kälte brannte bei jedem Atemzug in ihrer Kehle und in ihrem tränennassen Gesicht. Das Pferd stob mit dampfenden Nüstern gehorsam voran, bis sie es behutsam zügelte und einige Minuten vor Erreichen der Stallungen im Schritt auslaufen ließ.

Carla war sehr erschöpft und zerschlagen und hatte dennoch das Gefühl, dass ihr der Ausritt gutgetan hatte. Sie war nach einer ruhe- und schlaflosen Nacht direkt nach Sonnenaufgang in den Stall gegangen und hatte das Pferd gesattelt. Sie ritt mit losem Zügel auf den mit Kopfsteinpflaster versehenen Vorplatz des u-förmig angeordneten Backsteinbaus zu, in dem sich links neben dem Reitplatz die Stallgebäude befanden. Schon von weitem erkannte sie den Stallmeister Johannes Hansen, der seit vierzig Jahren auf dem Hof der Familie arbeitete. Sein Rücken schien ihr in der grünen Steppweste, die er über einem dunkelbraunen Fließpulli trug, noch gebeugter als sonst. Carla hatte keine Zweifel daran, dass er bereits Bescheid wusste. Er ergriff die Zügel des Wallachs, als sie ihn erreicht hatte, und blickte aus wässrigen blauen Augen wortlos zu Carla auf. Solange Carla denken konnte, war Hansen auf dem Hof gewesen. Tatsächlich hatte ihr Vater ihn als gelernten Pferdewirt eingestellt, als die Schwestern knapp fünf Jahre alt gewesen waren. Alles, was die Mädchen über Pferde wussten, hatte Hansen ihnen beigebracht. Besonders nach dem Tod ihrer Mutter war er für sie und ihre Schwester weit mehr gewesen als ein Angestellter.

Carla stieg vom Pferd ab. Ihre Beine fühlten sich plötzlich wieder so schwach und taub an, dass sie zusammensackte. Der Stallmeister fing sie auf.

»Du darfst dir keine Vorwürfe machen, Carla«, beschwor er sie. »Keiner von uns hat das vorhersehen können.«

Sie standen eine Weile schweigend beieinander und weinten, bevor Carla ihm das Pferd überließ und ihren Weg zum etwa zweihundert Meter entfernten Gutshaus antrat. Vor dem imposanten Portal des um die Jahrhundertwende erbauten weißen Herrenhauses parkte ein blauer BMW. Carla war deshalb sicher, dass die beiden Kommissare, die ihr am Vorabend die Nachricht von Hannas Tod überbracht hatten, bereits eingetroffen waren. Langsam stieg sie die breite Steintreppe zum Eingang hinauf. Als sie die Halle betrat, kroch die Labradorhündin Smilla sofort aus ihrem Hundekorb, streckte ihre steifen Glieder und kam schwanzwedelnd auf Carla zu. Sie war schon lange zu alt, um Carla wie früher auf ihren Ausritten zu begleiten. Carla ging in die Hocke und streichelte dem treuen Tier über den Kopf und die ergraute Schnauze. Die Hündin hatte sich die ganze Nacht nicht von ihrem Platz an der Tür wegbewegt und wartete offensichtlich auf Hanna. Als Carla ihre Jacke und ihre Reitstiefel abstreifte, kroch die Hündin zurück in ihren Korb, legte den Kopf auf ihren Vorderläufen ab und richtete ihren Blick zur Tür. Smilla hatte weder am Vorabend noch am Morgen etwas gefressen, und Carla konnte nur hoffen, die Hündin später wenigstens zu ein paar Hundekeksen überreden zu können.

Um wenigstens ihre Reitkleidung ablegen zu können, eilte Carla die imposante und aufwendig verzierte Eichentreppe in das Obergeschoss hinauf in ihr Bad. Dort wusch sie sich ihre Hände und das Gesicht mit warmem Wasser und richtete ihr zu einem Knoten aufgebundenes blondes Haar. Sie vermied es dabei, länger als nötig in den Spiegel zu sehen. Es war nicht die Konfrontation mit den dunklen Ringen unter ihren geschwollenen und rotgeweinten Augen, die sie umgehen wollte, sondern die Angst, in ihrem Spiegelbild das schmale Gesicht ihrer Schwester zu entdecken und wieder aus der Fassung zu geraten. Alles, was geschehen war und was sie heute nicht mehr ändern konnte, hatte im Sommer 1978 begonnen, an jenem furchtbaren Tag.

»Können wir jetzt endlich zum Kiosk gehen, Mama?«

Carolin seufzte und schlug nur widerwillig die Augen auf. Sie hatte sich vom sanften Rauschen der Ostsee und den Strandgeräuschen dieses herrlichen Sonntagnachmittags einlullen lassen und war darüber beim Lesen in ihrem Strandkorb eingedöst. Die Sonne stand hoch am Himmel, nur ein paar Schleierwolken, die im sanften Wind gemächlich vorüberzogen, schoben sich hier und da davor. Jetzt setzte sie sich auf und sammelte die Seiten ihrer Zeitung zusammen, die ihr von den Knien gerutscht waren. Ihre Tochter Hanna saß vor ihr unter einem gelben Sonnenschirm und schob mit ihren Händen lustlos den warmen feinen Sand hin und her.

»Kriege ich jetzt endlich ein Eis?«, maulte sie und deutete sichtlich neidisch zu dem Mädchen im Nachbarstrandkorb hinüber, die dort, in ihr Badehandtuch eingehüllt, saß und eine übergroße Waffel mit Softeis aß.

»Nun starr doch nicht so dorthin«, tadelte Carolin. Ihr stand der Sinn nicht im Geringsten danach, zum Kiosk hinaufzugehen, wo die Badegäste gerade jetzt zur Mittagszeit eine gefühlte Ewigkeit in der brütenden Hitze anstanden und der herrliche Duft von Salz, Sonnencreme und Sand von dem fettiger Pommes Frites und Bratwurst überlagert wurde.

»Bitte, Mama?« Hanna schaute ihre Mutter mit einer Miene an, die gleichzeitig derart herzerweichend wie einstudiert wirkte, dass Carolin unweigerlich lachen musste.

»Warum spielst du mit Carla nicht noch wenigstens eine Runde Beach-Tennis oder Boccia?«, schlug sie vor, konnte Hanna aber ansehen, dass ihr Vorschlag auf wenig Gegenliebe stieß.

»Wo ist Carla überhaupt?«, fragte sie und blickte zum vorderen Strandabschnitt hinüber, wo die Mädchen meist zu finden waren und mit den anderen Kindern Sandburgen und Staudämme bauten. Carla war nicht zu entdecken.

»Wo ist sie denn hingegangen?«, fragte Carolin und stellte bei einem Blick auf die Uhr mit Schrecken fest, dass sie offenbar tatsächlich mehr als eine halbe Stunde geschlafen hatte.

Hanna zuckte mit den Schultern. »Muscheln suchen oder so?«

»Was heißt denn ›oder so‹? Wann hast du sie zuletzt gesehen?«

»Weiß nicht, vorhin irgendwann«, sagte Hanna schulterzuckend, und Carolin spürte sogleich die Sorge um das sechsjährige Mädchen in sich aufkeimen.

Ihre Müdigkeit war wie weggeblasen. Sie stand auf, legte ihre Hand zum Schutz vor der Sonne wie einen Schirm über ihre Augen und ließ ihren Blick über die mit Badeanzügen und Handtüchern bunt behängten Strandkörbe gleiten, die wegen der um sie aufgebauten Windfänge und Sandwälle an kleine Festungen erinnerten. Fast überall saßen Familien zusammen, picknickten, lasen, spielten Karten oder sonnten sich in der prallen Julisonne. Carla war nirgends zu entdecken. Das monotone Schlagen der Gummibälle auf die Beachtennisschläger, das sich mit dem Meeresrauschen und den fröhlichen Stimmen der Urlauber mischte und sie eben noch so herrlich schläfrig gemacht hatte, schien Carolin nun dumpf und unangenehm laut.

»Sie wird doch nicht allein schwimmen gegangen sein?«

Carolin blickte auf das glitzernde Wasser der Ostsee hinaus, wo die Köpfe der Urlauber zwischen Gummibällen und bunten Matratzen in der Melodie der sanften Wellen auf und ab hüpften.

»Carla ist niemals ohne mich schwimmen gegangen, Und wenn, wir haben doch das Seepferdchen«, sagte Hanna.

Carolin wünschte sich, Hannas leicht dahingesagte Äußerung hätte sie zu beruhigen vermocht. Zwar schien es auch ihr eher unwahrscheinlich, dass Carla allein baden gegangen war. Sie hatte den Mädchen immer wieder eingeschärft, sie erstens darüber zu informieren, wenn sie baden wollten, und zweitens zusammenzubleiben, und in aller Regel hielten sich die Mädchen an derartige Absprachen. Was Carolin dagegen dennoch Sorgen bereitete, war der Gedanke, dass Carla vielleicht, nur um ihren Eimer zu füllen oder Muscheln zu waschen, zu weit ins Wasser gegangen und dabei unglücklich gestürzt und abgetrieben worden war. Selbst wenn es nicht besonders windig war und sich die Wellen sanft und träge den Strand hinaufschoben, war die Strömung nicht zu unterschätzen.

Vielleicht ist sie nur zur Toilette gegangen, fuhr es ihr durch den Kopf.

»Bleib du hier«, sagte sie zu Hanna. »Ich will mal nachsehen, wo Carla abgeblieben ist.«

Sie lief den Strandabschnitt bis zum FKK-Strand und zurück ab und versuchte, die Erinnerung an ihren nächtlichen Traum zu verdrängen, der jetzt plötzlich in ihr Gedächtnis rückte. Sie vermochte sich an den Inhalt des Traums nicht zu erinnern, nur ein paar diffuse Bilder waren ihr im Kopf hängengeblieben, und doch beschlich sie plötzlich das ungute Gefühl, der Traum hätte sie vor etwas Schrecklichem warnen wollen. Die Sonne brannte auf ihren Schultern, und sie schwitzte, während sie zu den grünen Holzbauten hinauflief, in denen sich die Toiletten befanden. Carolin klopfte gegen jede verschlossene Tür und steckte, wenn sie keine Antwort bekam, ihren Kopf in die ihr so verhassten, stickigen engen Holzkammern. Von Carla fand sich aber keine Spur, daher schlug sie die Türen wieder zu. Sie rannte zur Straße und zu dem Kiosk hinauf, wo die Hitze des Pflasters unter ihren Fußsohlen brannte – ebenfalls vergebens.

In der Hoffnung, Carla sei inzwischen wieder wohlbehalten bei Hanna aufgetaucht, kehrte sie zu ihrem Strandkorb zurück, stellte aber mit wachsender Unruhe fest, dass Hanna allein unter dem Schirm saß. Carolin war unerträglich heiß, und ihr schien eine Ewigkeit vergangen zu sein, als sie nach einer guten halben Stunde erneut zum Wasser hinunterlief. Immerhin wehte hier eine angenehm leichte Brise, und ihre

Waden wurden von dem kühlen Salzwasser umspült, während sie zum Horizont blickte und sich mahnte, nicht in Panik zu geraten.

Soll ich die Polizei verständigen?, fragte sie sich, während sie mit dem Handrücken über ihre Stirn strich. Der Schweiß drang inzwischen aus jeder Pore ihres Körpers. Gerade wollte sie erneut zur Straße hochlaufen, als sie meinte, in der Ferne, nahe einer Boje, etwas oder jemanden im Wasser treiben zu sehen. Sie kniff ihre Augen zusammen. Die Sonne stach ihr unangenehm in die Augen und machte ihr die Fernsicht nahezu unmöglich.

»Carla?«, schrie sie voller Panik, stolperte ins Wasser und ignorierte die Steine und Muscheln, die ihr in die Füße schnitten, bevor sie sich weit genug vom Strand entfernt hatte und endlich losschwimmen konnte. Ihr Puls raste durch den plötzlichen Temperatursturz, und die Angst pochte in ihren Schläfen.

»Bitte nicht!«, betete sie.

Sie hustete, weil ihr das Salzwasser in den Mund und die Kehle schwappte, während sie in hastigen Zügen das trübe Wasser mit den Armen teilte. Endlich schob sich eine Quellwolke vor die Sonne, und Carla konnte sehen, was dort ziellos und schlaff im Meer herumdümpelte. Sie klammerte sich für einen Moment an der Boje fest und fürchtete unterzugehen, so taub und kraftlos fühlten sich ihre Beine an. Dort schwamm kein menschlicher Körper. Es war nur ein luftleerer und vom Salz und der Sonne ausgeblichener Wasserball, der über die sanften Wellen schaukelte. Carolin schluchzte vor Erleichterung auf, und es dauerte einen Moment, bevor sie sich imstande fühlte, sich von der Boje zu lösen und zurückzuschwimmen. Wie benommen und mit wackligen Beinen gewann sie endlich wieder Boden unter ihren Füßen.

Als sie ihre Zwillinge entdeckte, musste sie vor Glück fast weinen. Sie hockten mit einem prall gefüllten Muscheleimer am Wasser und malten Bilder in den feuchten Sand. Carolin ließ sich bibbernd neben Carla auf die Knie fallen. Ein einziger Blick in die grünen Augen ihrer Tochter genügte ihr, um sich zu vergewissern, dass das Mädchen sich keinerlei Schuld bewusst war. Offenbar hatte sie beim Muschelsuchen die Zeit vergessen. Carolin wollte sich zwar ihre Panik nicht anmerken lassen, konnte aber nicht umhin, ihre Tochter einmal fest an sich zu ziehen und im Arm zu halten. Wie furchtbar der Gedanke war, eines der Kinder zu verlieren.

»Du bist aber kalt!«, sagte Carla und schob ihre Mutter, deren Gefühlsausbruch sie offenbar ein wenig irritierte, von sich weg. »Wieso warst du denn ohne uns schwimmen?«,

»Ich dachte … ich habe nach dir gesucht und … ich musste mich kurz abkühlen«, brachte Carolin stockend hervor und blickte von einer ihrer Zwillingstöchter zur anderen. Sie glichen einander tatsächlich wie ein Ei dem anderen und waren charakterlich doch so verschieden, dass es Carolin immer wieder faszinierte.

»Was ist denn jetzt mit dem Eis?«, fragte Hanna gedehnt, und Carolin willigte lachend ein.

Mit noch immer etwas weichen Knien lief sie mit den Kindern zu ihrem Strandkorb hinauf, griff nach ihrer Tasche und streifte sich ihre Flip-Flops und ein T-Shirt über. Carla entschied sich, unter dem Schirm zu bleiben und ihre Muscheln zu bewachen, und so lief sie mit Hanna allein über den schmalen Holzsteg bei den Dünen zur Straße hinauf, wo sich der Kiosk befand, um für alle drei Eis und kalte Getränke zu kaufen. Hanna ließ ihre Hand erst los, als sie sich in die lange Schlange der Wartenden vor dem Verkaufsfenster eingereiht hatten und sie sicher zu sein meinte, dass ihrem Eis nun nichts mehr im Wege stehen konnte. Carolin wollte gerade ihr Portemonnaie aus der Tasche kramen, als ihr die Ansichtskarten in die Hände fielen, die in einem Fach der Tasche steckten.

»Ich lauf schnell zum Briefkasten rüber. Stell du dich solange allein an«, sagte sie und winkte ihrer Tochter noch einmal zu, bevor sie auf die gegenüberliegende Straßenseite eilte, wo nur ein paar Schritte weiter der gelbe Postbriefkasten stand. Ihre Anspannung war gänzlich einem Gefühl der Dankbarkeit und Beschwingtheit gewichen, als sie nach dem glühend heißen Einwurfschlitz des Briefkastens griff. Das Quietschen bremsender Reifen direkt hinter ihr ließ sie herumfahren. Die Front eines roten Sportwagens tauchte vor ihr auf, und als sie realisierte, dass sie jede Sekunde zwischen dem Wagen und dem Briefkasten zerquetscht zu werden drohte, wich sie reflexartig mit einem Schritt nach links aus. Der Fahrer des Kleinlasters, der im Ausweichmanöver am Sportwagen vorbeischnellte, sah Carolin offenbar viel zu spät. Sie spürte nur, dass sie durch die Luft geschleudert wurde. Ihr Kopf schlug hart auf dem Asphalt auf, und sie vernahm gleichzeitig ein Knacken in der Wirbelsäule. Für einen Moment schwanden ihr die Sinne, und sie wurde ohnmächtig.

Der Geruch nach verbranntem Gummi lag in der Luft, als sie wieder zu sich kam und bemerkte, dass eine Traube von Menschen mit angsterfüllten Gesichtern auf sie herabblickte und sie anstarrte. Sie versuchte, sich zu orientieren und ihren Blick dorthin zu richten, wo sie Hanna und den Kiosk vermutete. Dort befand sich aber kein Kiosk, sondern zu ihrer Verwirrung ein Parkplatz. Sie meinte zu phantasieren, war gar nicht in der Lage, darüber nachzudenken, dass sie tatsächlich einige Meter weit geflogen war. Ihre Ohren rauschten, und dann meinte sie, die flirrende Hitze des Pflasters würde sie verbrennen, bevor sie plötzlich keinen Schmerz mehr im Körper spürte, sondern nichts als Taubheit. Allgegenwärtig war dagegen die Angst darüber, wie man sie anblickte. Sie wollte diese Menschen nicht sehen, die ihre Hände auf die Münder pressten und plötzlich über ihr zu kreisen begannen. Carolin hätte sie so gerne gebeten wegzugehen, ihnen gesagt, dass sie ihr die Luft zum Atmen nahmen, aber aus ihrer trockenen Kehle drang nicht ein einziger Laut.

»Mama!«, vernahm sie dumpf und wie aus weiter Ferne Hannas Stimme, und dann tauchte ihre Tochter für den Bruchteil einer Sekunde in ihrem Sichtfeld auf und streckte schluchzend und mit einem Gesichtsausdruck, in dem blanke Angst zu lesen war, die Hand nach ihr aus.

»Lasst das Kind das um Gottes willen nicht sehen!«, schrie jemand laut und riss Hanna gleichzeitig mit sich fort! Wieder pochte die Angst in Carolins Schläfen.

»Bitte nicht, wer sind Sie?«, wollte sie schreien. Wie aus weiter Ferne drang Hannas Schluchzen zu ihr vor, und es zerriss Carolin das Herz, sie so voller Angst »Mama« rufen zu hören. Sie wollte Hanna trösten, ihre warme zarte Kinderhand halten und ihr sagen, dass alles gut werden würde.

Aber die vielen verzerrten Fratzen, die sich zu ihr hinunterbeugten, ließen das Kind nicht zu ihr durch.

»Geht weg!«, wollte sie rufen: »Ich muss aufstehen. Wir essen jetzt Eis und müssen nach Hause. Hanna, Carla, geht nicht allein ins Wasser. Bleibt zusammen. Passt auf euch auf!« Endlich verschwanden die Gesichter aus ihrem Blickfeld, und Carolin war umgeben von einem hellen Licht. Gut, dass die Mädchen einander haben, dachte sie. Gut, dass die Mädchen einander haben.

5

»Geld scheint hier wirklich keine Rolle zu spielen«, raunte Braun Bendt zu. Dr. Teubert hatte Braun und Bendt in den Wintergarten gebeten und war dann wieder hinaus in die Küche gegangen, um Kaffee und Tee aufzubrühen. Braun stand an der breiten Glasfront und beobachtete die Pferde auf der weiß eingezäunten Koppel. Das Gatter zur Weide stand offen, und ein Mann und ein junges Mädchen waren gerade dabei, die Tiere vom Halfter zu lassen. Zwei Jungpferde stoben sogleich übermütig davon, galoppierten bockend nebeneinanderher und bissen sich spielerisch in den Mähnenkamm. Zwei andere Pferde wischten, von dieser Szene offenbar unbeeindruckt, mit ihren Mäulern über den frostigen Boden und zupften hier und dort ein paar spärliche Grashalme unter der dünnen Schneedecke heraus. Der Ausblick aus dem hellen Wintergarten hatte etwas Beruhigendes, wie Braun fand. Er konnte nur gutheißen, dass Dr. Teubert sie anders als am Vortag nicht in das Kaminzimmer gebeten hatte, wo sie Carla Frombach die Mitteilung über den Tod ihrer Schwester überbracht hatten und diese sofort zusammengebrochen war.

Angehörigen die Hiobsbotschaft über den Tod eines nahen Verwandten zu überbringen war für Braun mit Abstand der verhassteste Teil seines Berufes. Sich tagtäglich mit Leichen und Verbrechen beschäftigen zu müssen war eine Sache, an die er sich gewöhnt hatte und die ihn angesichts seiner langjährigen Berufsroutine nach Feierabend in aller Regel auch nicht mehr umtrieb. Eine ganz andere Sache war es, einem Menschen sagen zu müssen, dass die Mutter, der Vater, ein Geschwisterteil oder das eigene Kind zu Tode gekommen war. Daran konnte er sich nicht gewöhnen, das ging ihm unter die Haut, so dickfellig er sonst auch sein mochte.

»Schon irre, wie manche Leute so leben«, stellte Bendt fest, während er erneut neugierig durch den breiten Durchgang in das Esszimmer spähte, das Braun nach ihrem gestrigen Besuch in diesem Haus so treffend als Rittersaal bezeichnet hatte. Auch er war dem Angebot Dr. Teuberts, in einem der übergroßen Korbsessel Platz zu nehmen, nicht gefolgt, sondern schlenderte durch den Raum und studierte die zahlreichen Fotos und gerahmten Reiturkunden, die links an der Wand gegenüber der Glasfront aufgehängt worden waren und genauso wie die in den Glasvitrinen darunter aufgereihten Pokale die Reitleidenschaft der Schwestern dokumentierten.

Braun trat neben seinen Kollegen, und sein Blick fiel sogleich auf ein Foto, auf dem der zirka ein Meter neunzig große Hausherr von den beiden zierlichen Schwestern eingerahmt wurde. Braun vermutete, dass das Bild anlässlich eines Turniers aufgenommen worden war, denn die Schwestern lächelten, mit schicken weißen Reithosen, glänzenden Stiefeln und Reitsakkos bekleidet in die Kamera. Dr. Teubert trug Cordhosen und ein kariertes Sakko und entsprach mit seinem grau melierten Haar in jeder Hinsicht dem Klischee eines englischen Gentlemans.

»Fragst du dich auch gerade, was für eine Art ménage à trois das mit den dreien wohl war?«, meinte Bendt und vergewisserte sich mit einem Blick in Richtung Esszimmer, dass man ihn nicht hören konnte. »Für mich wäre es schon merkwürdig genug, wenn es Anna zweimal gäbe, geschweige denn, dass ich mir vorstellen könnte, mit zweien von ihr zusammenzuleben.«

»Merkwürdig nennst du das. Wenn du erst so lange verheiratet wärest wie ich, würdest du das nicht mehr als merkwürdig, sondern als Alptraum bezeichnen. Ich kriege schon allein bei dem Gedanken Herzrasen, abends säßen zwei Giselas auf meiner Couch.« Braun fasste sich mit beiden Händen an die Brust. »Aber man fragt sich im Ernst, wie diese Dreierbeziehung funktioniert hat.« Der Hauptkommissar dachte an den Vorabend zurück, an dem er, soweit die Situation es zuließ, in dieser Richtung schon einmal vorgefühlt hatte. Denn solange nicht geklärt war, ob Hanna Frombach einen Suizid begangen hatte oder ermordet worden war, sprach – einen Mordfall unterstellt – alles dafür, dass der Täter im allernächsten Umfeld des Opfers zu suchen war. Und die Tatsache, dass er am Vorabend erfahren hatte, dass alle drei in diesem Haus zusammengewohnt hatten und Dr. Teubert offenbar der einzige Mann im Leben beider Frauen gewesen war, bot allerhand Stoff für Eifersuchtsszenarien.

»Wieso heißt er eigentlich Teubert und seine Frau Frombach?«, fragte Bendt.

»Das interessiert mich auch. Vielleicht hängt es mit der Verknüpfung des Namens mit der Pferdezucht zusammen und hatte für die Schwestern berufliche Gründe.«

»Oder sie wollten dokumentieren, dass sie mehr miteinander als mit Dr. Teubert verheiratet und verbunden waren«, meinte Bendt und rief in Braun die Erinnerung an das Foto der Erstkommunion der Schwestern wach, das er am

Vortag im Schlafzimmer der Verstorbenen auf der Fensterbank entdeckt hatte und auf welchem die damals ungefähr neunjährigen Mädchen in ihren weißen langen Kommunionskleidern mit den Blumenkränzen im Haar nahezu identisch ausgesehen hatten.

Braun kam nicht dazu, die weitere Alternative in den Raum zu stellen, dass nämlich Dr. Teubert zwar nur einen Trauschein hatte, aber trotzdem mit beiden liiert war. Der Hausherr, dessen Alter Braun auf Mitte fünfzig schätzte, bugsierte gerade ein schwer beladenes Tablett in den Raum und kündigte an, dass seine Frau ebenfalls jeden Moment bei ihnen sein würde. Dann machte er sich daran, den Kommissaren Kaffee einzuschenken, was Braun Gelegenheit bot, ihn von der Seite unauffällig zu mustern. Der Mann sah zwar müde und abgespannt aus, wirkte jedoch wie schon am Vortag sehr gefasst. Der promovierte Mediziner war schlank, aber kräftig und trug ein weißes Oberhemd unter einem schwarzen V-Ausschnittpullover, der genauso teuer und neu aussah wie seine dunkelgraue Cordhose. Braun wäre gar nicht auf die Idee gekommen, einen Blick auf das eigene Beinkleid zu riskieren. Denn das hätte ihn möglicherweise zu dem Eingeständnis gezwungen, dass seine abgetragene Hose tatsächlich inzwischen nicht nur keineswegs mehr salonfähig, sondern kaum mehr geeignet für den Altkleidersack war.

Dr. Teubert entdeckte Carla Frombach als Erster, als sie eintrat, und sprang auf. »Da bist du ja, Liebling!«, sagte er, eilte sogleich auf sie zu und legte ihr den Arm um die Schulter, um sie sodann den Kommissaren vorzustellen. Braun fragte sich, ob Bendt, als er ihr die Hand reichte, die gleiche Irritation empfand wie er selbst. Denn ihn hatte sofort ein merkwürdiges Gefühl beschlichen, als er die weiche kalte Hand der blassen Frau gehalten hatte. Nachdem er die Verstorbene am Morgen auf dem Seziertisch in der Rechtsmedizin gesehen hatte, stellte er jetzt fest, dass Carla Frombach der Toten auf so verblüffende Weise ähnelte, dass er, wäre er nicht auf diese Situation vorbereitet gewesen, vielleicht sogar zurückgezuckt wäre.

Braun blickte Carla Frombach an und verdrängte das befremdliche Gefühl, neben jener Toten zu stehen. Carla war ungeschminkt, ihre Blässe wurde durch den schwarzen Rolli, den sie trug, noch unterstrichen. Der wesentliche Unterschied zur Hautfarbe der Schwester bestand allein darin, dass sie nicht die für Tote so typische blaustichige Färbung besaß und ihre Lippen nicht lila, sondern blass rosa schimmerten.

Nachdem sich alle gesetzt hatten, legte Bendt das Aufnahmegerät auf den Tisch. Carla Frombach zitterte leicht und schien in dem riesigen Korbsessel, in dem sie eher kauerte als saß, fast zu versinken. Ihr waren die Verzweiflung und Trauer deutlich anzusehen. Braun ließ ihr Zeit, sich zu sammeln und einen Schluck Tee aus der Tasse zu trinken, die ihr Mann ihr gereicht hatte und die sie mit ihren Händen so fest umschloss, als müsse sie sich daran festhalten.

»Wir sind Ihnen für Ihre Bereitschaft, uns heute einige Fragen zu beantworten, sehr dankbar, Frau Frombach«, sagte der Hauptkommissar mit seiner brummigen Stimme.

Carla, die zunächst nach draußen auf die Weide geblickt hatte, wandte sich ihm zu und nickte. Der Hauptkommissar begann die Vernehmung mit ein paar Fragen über das Gut und die Pferdezucht der Schwestern, um zunächst ein bisschen Vertrauen zu schaffen und vor allem die erhebliche

Anspannung abbauen zu helfen, die sein Gegenüber ausstrahlte. Er erfuhr, dass sich das Gehöft schon seit Generationen im Besitz der Familie Frombach befand und Miteigentum der Schwestern war, die gemeinsam das Erbe ihres Vaters verwaltet hatten. Braun ließ sie erzählen und gewann, auch wenn nicht alles, was berichtet wurde, für die Aufklärung des Falles von Relevanz schien, immerhin ein stimmiges Bild von der Beziehung der Schwestern zueinander. Zwischen beiden schien es keinerlei Missgunst und Groll gegeben zu haben, und wie bei Zwillingen zu erwarten, war es darüber hinaus offenbar ausgesprochen eng und innig gewesen. Die Frau machte auf ihn in ihrer Trauer einen so authentischen Eindruck, dass er sie für den Fall, dass tatsächlich ein Gewaltverbrechen vorlag, als Täterin fast jetzt schon meinte ausschließen zu können. Ihre Trauer und Verzweiflung waren nicht gespielt, genau diesen Eindruck hatte er bereits am Vortag gewonnen. Braun verfügte über einen sicheren Instinkt, wenngleich er wusste, dass es fatal sein konnte, sich über einen Fall zu früh eine abschließende Meinung zu bilden. Er hatte im Laufe seiner Karriere immer wieder Kollegen kennengelernt, deren Fokussierung auf einen bestimmten Geschehensablauf oder Verdächtigen sie für Alternativerwägungen nahezu blind gemacht und damit den Ermittlungserfolg gefährdet hatte. Entsprechend mahnte er sich zur Vorsicht, denn auch im vorliegenden Fall galt es, alle Indizien gründlich zu prüfen.

»Frau Frombach, ich möchte jetzt gern auf den Tod Ihrer Schwester zu sprechen kommen. Sie hatten gestern bereits angedeutet, dass Sie der Meinung sind, sie habe sich das Leben genommen. Ich wäre dankbar, wenn Sie mir berichten würden, was genau Sie zu dieser Annahme veranlasst?«

Braun sah Carla Frombach in die Augen und vermied es, das mögliche Vorliegen eines Verbrechens in den Raum zu stellen. Es hatte ihn am Vortag überrascht, dass sowohl Carla Frombach als auch ihr Mann offenbar überhaupt keine Alternative zu einem Suizid in Betracht gezogen hatten.

»Meine Schwägerin war, wie wir Ihnen ja gestern schon kurz berichtet hatten, psychisch sehr, sehr krank«, kam Teubert seiner Frau mit einer Antwort zuvor. »Sie ...«

»Lass mich das bitte erzählen«, unterbrach Carla ihn, und obwohl ihre Stimme bebte, lag in ihrem Tonfall eine Entschlossenheit, die keinen Widerspruch zuließ und angesichts ihrer zarten Erscheinung überraschte. Sie sah ihren Mann an und drückte leicht seinen Unterarm, als müsse sie ihre Bereitschaft und ihren Willen bekräftigen, in dieser Sache selbst Rede und Antwort zu stehen.

»Meine Schwester hat seit ungefähr vier Jahren an einer sehr schweren Angstpsychose gelitten und war deshalb auch schon lange in ärztlicher Behandlung. Wir haben schon früher gefürchtet, dass sie sich irgendwann etwas antun könnte, wenn ... wenn wir nicht gut genug auf sie aufpassen.« Der letzte Halbsatz war fast nur ein Wispern, bevor Carlas Stimme kurz abbrach und sie sich dann merklich zusammenriss, um weitersprechen zu können. »Ich hätte sie gestern nicht allein wegfahren lassen dürfen. Herrgott, ich mache mir so schreckliche Vorwürfe.« Sie begann hemmungslos zu schluchzen. Sie tat Braun aufrichtig leid. Er selbst konnte nicht ermessen, was es tatsächlich bedeutete, die Zwillingsschwester zu verlieren. Aber mit Sicherheit war dieser Verlust erst recht besonders schwer zu ertragen, wenn er wie bei Carla Frombach mit einem Selbstvorwurf verbunden war. Er hoffte in diesem Moment geradezu, den Nachweis für ein Gewaltverbrechen führen und sie von dieser schrecklichen Last der empfundenen Schuld befreien zu können.

Carla Frombach nahm dankbar das Taschentuch entgegen, das Bendt ihr reichte, trocknete ihre Tränen und griff, nachdem sie einmal tief durchgeatmet hatte, den Gesprächsfaden wieder auf.

»Hat Ihre Schwester denn einen Selbstmord angekündigt?«, fragte Braun.

»Nein, jedenfalls nicht direkt. Ich habe die Situation unterschätzt. Sie werden sich als Kriminalbeamter sicher mit Psychosen auskennen und wissen, dass diese in Schüben auftreten. So war es auch bei meiner Schwester. Es gab Tage, an denen sie ganz normal schien und die Erkrankung jedenfalls für Fremde kaum zu bemerken war. Aber es gab auch schreckliche Zeiten, in denen wir sie bewachen mussten, weil der Angstdruck in ihrem Kopf so groß war, dass wir fürchteten, sie würde sich jeden Moment die Pulsadern aufschneiden oder sich sonst etwas antun.« Braun konnte Carla Frombach buchstäblich ansehen, dass Szenen vor ihrem inneren Auge abliefen, die sie nur schwer ertrug. Er hatte durchaus Erfahrungen mit Opfern, denen der Freitod als einzige Lösung erschienen war, um sich von ihrer krankheitsbedingten Angst zu befreien. Die Angehörigen fühlten sich oft völlig hilflos und überfordert, wenn sie mit der Diagnose einer psychotischen Störung konfrontiert wurden, die oft unvermittelt wie ein Krebsgeschwür in ein Leben trat. Dies war so beängstigend, weil die Krankheit weder greifbar noch begreifbar für die Angehörigen war, die mit ansehen mussten, dass ein von ihnen geliebter Mensch in eine andere Realität abdriftete, in die ihm niemand folgen konnte.

»Gestern war es aber nicht so, dass Sie Ihre Schwester als akut gefährdet betrachtet haben, wenn ich Sie richtig verstehe?«

»Nein. Ich hätte sie niemals allein nach Lübeck fahren lassen, wenn ich das ernsthaft geglaubt hätte. Ich bin sicher, dass sie irgendetwas furchtbar erschreckt und den Angstschub ausgelöst haben muss.«

Braun zögerte einen Moment, bevor er die nächste Frage an Carla richtete. »Gab es irgendjemanden, der Interesse gehabt haben könnte, Ihrer Schwester etwas anzutun?«

»Absolut niemanden«, sagte Carla Frombach mit Nachdruck. »Meine Schwester war der gütigste und beste Mensch auf der Welt, und es gab sicher niemanden, der ihr den Tod gewünscht hätte.« Wieder traten Carla Frombach Tränen in die Augen, und sie sah Braun ängstlich an. »Sie haben doch gestern selbst gesagt, dass es keinen Hinweis auf einen Raub oder Ähnliches gab.«

»Ja, das ist richtig«, bestätigte Braun. »Es gehört allerdings berufsbedingt zu meiner Pflicht, alle Möglichkeiten für das Geschehen in Betracht zu ziehen.«

Carla nickte nur stumm und wartete ab, bis Braun nach einer kurzen Pause weitersprach.

»Wie machte sich die Erkrankung Ihrer Schwester äußerlich bemerkbar? Ich frage das deshalb, weil sich gestern für uns keine tragfähigen Hinweise darauf ergeben haben, dass Ihre Schwester sich etwas angetan haben könnte. Sie war perfekt zurechtgemacht.«

Carla Frombach zog ihren Rollkragen mit der rechten Hand zusammen, als würde sie frieren.

»Sie hat sich immer gut gekleidet und sehr auf ihr Äußeres geachtet, wenn sie aus dem Haus ging. Es war sogar so, dass sie in Zeiten, in denen die Erkrankung besonders stark ausgeprägt war, besonders viel Wert darauf legte, sich äußerlich nichts anmerken zu lassen. Sich zu schminken und zu frisieren war für sie fast so eine Art Ritual, mit dem sie versucht hat, ein Stück Kontrolle über sich selbst und über ihr Leben zu erhalten. So hat es uns jedenfalls ihr Arzt erklärt. Es war wichtig für sie.«

»Wer profitiert wirtschaftlich vom Tod Ihrer Schwester?«

»Ich, im Wesentlichen«, räumte Carla Frombach ganz selbstverständlich ein. »Wir haben beide keine Kinder. Das Vermögen, das wir besitzen, hat unser Vater erwirtschaftet. Wir haben lange bevor ich geheiratet habe ein gemeinsames Testament abgefasst, das uns wechselseitig zu Alleinerben macht. Mein Mann«, Carla verstummte kurz und lächelte ihn an, während sie seine Hand ergriff, »… mein Mann ist wirtschaftlich gänzlich unabhängig. Was mich betrifft, habe ich natürlich immer mal eine Änderung dahingehend machen wollen, dass auch er bedacht wird, aber er sagte immer, das habe Zeit und eile nicht.« Dr. Teubert drückte die Hand seiner Frau, und sein Lächeln wirkte fast ein bisschen verlegen. »Für unseren ältesten Angestellten, Johannes Hansen, der seit Jahrzehnten bei uns auf dem Hof arbeitet, gibt es dann noch ein Vermächtnis von 80 000,– Euro. Er ist aber über jeden Zweifel erhaben, und ich weiß nicht einmal, ob er von diesem Vermächtnis überhaupt weiß.«

»Vor wem oder was hatte Ihre Schwester Angst?«, schaltete sich Bendt ein.

Carla tat einen tiefen Seufzer. »Das ist eine lange Geschichte.«

Braun lehnte sich demonstrativ in dem knarrenden Korbsessel zurück und lächelte Carla Frombach aufmunternd zu. »Erzählen Sie alles ganz in Ruhe«, bat er. »Ich weiß, dass das heute sehr schwer für Sie sein muss, und würde Ihnen diese Befragung nur allzu gern ersparen. Ich bin aber sicher, dass es auch im Sinne Ihrer Schwester wäre, wenn wir die Umstände ihres Todes gewissenhaft aufklären.«

Carla Frombach nickte kaum wahrnehmbar und schien ihre Gedanken ordnen zu müssen, bevor sie zu erzählen begann. »Wir haben vor etwa fünf Jahren einen Verwalter, Justus Keller, eingestellt«, berichtete sie. »Es war damals so, dass Hanna und ich uns entschlossen hatten, die Pferdezucht zu vergrößern und sehr viel professioneller zu betreiben. Deshalb haben wir uns Unterstützung auf den Hof geholt. Justus Keller hat uns betrogen. Er hat von Dritten Provisionen dafür kassiert, dass er ihre Pferde zu teuer eingekauft hat.«

»Er hat also für den Job, den er bei Ihnen hatte, doppelt kassiert.«

»So ist es«, brach es aus Dr. Teubert heraus, »und er hat uns eine Menge Geld gekostet, weil er darüber hinaus die Bücher manipuliert hat.« Teubert war die Wut auf den Mann deutlich anzusehen. »Dieser Möchtegern-Gutsherr und, verzeihen Sie mir die Ausdrucksweise, Großkotz hat hier auf Kosten meiner Frau und ihrer Schwester Misswirtschaft betrieben und uns dabei das Blaue vom Himmel versprochen. Nichts hat er geleistet, der …«

»Das ist ja alles gut und schön«, unterbrach Braun den Hausherrn und blickte ihm einen Moment lang scharf in die Augen, um ihn daran zu erinnern, dass die Frage ursprünglich an dessen Frau gerichtet gewesen war. Dann wandte er sich wieder Carla Frombach zu. »Was hat das nun konkret mit der Krankheit Ihrer Schwester zu tun?«

»Sie hören ja an der Reaktion meines Mannes, dass wir mit Keller großen Streit hatten. Meine Schwester glaubte, Keller verfolge sie aus Rache wegen der Kündigung und der zivilrechtlichen Auseinandersetzung, die, nachdem er aufgeflogen war, natürlich notgedrungen folgte.«

»Und ist dieser Gedanke so abwegig?«, fragte Braun in ruhigem Ton.

»Wenn Sie wie meine Frau erlebt hätten, wie meine Schwägerin Stimmen oder Schritte gehört und jeden zweiten Tag aus ihrem Zimmer um Hilfe geschrien hat, weil der Mann angeblich leibhaftig mit einem aufgeklappten Messer vor ihrem Bett stand, obwohl dort nichts und absolut niemand war, würden Sie diese Frage nicht ernsthaft stellen«, meinte Teubert empört.

»Konrad, bitte«, wimmerte Carla Frombach, und Braun wäre ihrem Mann erneut in die Parade gefahren, wenn nicht seine Frau wieder das Wort ergriffen hätte.

»Anfangs haben wir Hannas Bedenken schon ernst genommen«, erinnerte sie sich. »Es fing damit an, dass sie immer wieder die Vermutung äußerte, er habe versucht, in unser Büro einzudringen, um Unterlagen zu stehlen. Der Gedanke war ja auch nicht abwegig, zumal es Geschäftsunterlagen gab, die er sicher lieber in seinen eigenen Händen gewusst hätte. Wir haben deshalb damals auch die Schlösser des Büros ausgetauscht.«

»Gab es denn objektiv Hinweise darauf, dass er versucht hatte, bei Ihnen einzubrechen?«

»Nein, es gab tatsächlich objektiv keine Hinweise darauf,

dass er jemals wieder auf dem Hof war, nachdem wir ihm die Kündigung ausgehändigt hatten«, fuhr Carla Frombach fort. »Die Bedrohung spielte sich allein in Hannas Kopf ab, und je länger die juristische Auseinandersetzung mit ihm dauerte, desto mehr steigerte sie sich in den Gedanken hinein, dass er ihr etwas antun wolle. Sie begann Dinge zu sehen, die nicht passiert waren. Sie unterstellte teils ganz abstruse Dinge, wie dass er Möbel verrückt oder das Kehrblech in einen anderen Schrank geräumt habe. Natürlich mussten wir uns dann auch mehr und mehr der Erkenntnis stellen, dass sie krank war.«

»Hat sie sich denn keiner Therapie unterzogen?«, wollte Bendt wissen.

»Am Anfang hat sie sich strikt geweigert. Sie war ja fest davon überzeugt, dass wir in Gefahr sind, und war nicht bereit, sich die Erkrankung einzugestehen. Aber irgendwann waren wir an einem Punkt, wo sie mich in fast jeder Nacht geweckt hat, weil sie meinte, es sei jemand im Haus. Wir haben vorher alles getan, um ihr Sicherheitsgefühl zu erhöhen und sogar die Außenzugänge zum Keller zugemauert, weil wir hofften, dass ihr das hilft. Stattdessen wurde es immer schlimmer.« Carla Frombach wandte ihren Blick ab und schaute hinaus auf die Koppeln. »Ich habe sie in die Klinik gebracht, nach einer ganz bestimmten Nacht, in der …« Wieder brach ihre Stimme.

»Es gab also gar keinen Anlass, der Sie je glauben ließ, dieser Mann namens Keller sei eine reale Gefahr?«, fragte Braun.

»Nein, aber natürlich hat es, nachdem die ganze Sache aufgeflogen war, heftige verbale Auseinandersetzungen gegeben. Vor allem auch, weil die Staatsanwaltschaft gegen ihn ermittelte und er in der Branche, jedenfalls in Norddeutschland, kein Bein mehr an die Erde bekam.«

»Gab es mit Ausnahme dieser beruflichen Verbindung zu Herrn Keller vielleicht auch eine private Beziehung zwischen Ihrer Schwester und ihm, die mit ursächlich für ihre Erkrankung gewesen sein könnte?«, wollte Braun wissen.

»Sie meinen, ob meine Schwester und er eine Liebesbeziehung miteinander hatten?«, hakte Carla Frombach nach.

»In diese Richtung ging meine Frage«, bestätigte Braun.

»Meine Schwester und Herr Keller haben sich zu Beginn seiner Tätigkeit hier auf dem Hof sehr gut verstanden. Er kam auch vereinzelt zu uns ins Haus, um Dinge zu besprechen, und hat mit uns Kaffee getrunken«, erzählte Carla Frombach weiter. »Ich habe damals das Gefühl gehabt, dass sich zwischen beiden vielleicht zarte Bande entwickeln könnten, zumal er zu den wenigen Menschen gehörte, mit denen meine Schwester über den Tod unserer Mutter gesprochen hat. Als sich allerdings herauskristallisierte, dass er uns hinterging, hat sie sich sofort zurückgezogen.«

»Sie sprechen von zarten Banden«, meinte Braun. »Halten Sie es für möglich, dass sich zwischen beiden vielleicht mehr abgespielt hat, als Ihre Schwester Ihnen gegenüber offenbart hat?«

Carla Frombach schüttelte energisch den Kopf. »Davon hätte ich gewusst. Dafür kannte ich sie zu gut. Ich wusste immer genau, was sie fühlt und was sie tut.«

Fast im selben Moment, als Carla Frombach diesen Satz aussprach, blickte sie betreten auf ihre Hände. Es schien fast so, als erachte sie ihre eigene Äußerung aufgrund des Geschehens vom Vortag als widerlegt. Es dauerte einen Moment, bevor sie wieder aufblickte. »Richtig ist jedenfalls, dass Keller bei meiner Schwester Gefühle hervorgerufen hat, die zum Ausbruch der Psychose beigetragen haben können.«

»Fühlte sich Ihre Schwester in letzter Zeit auch noch durch ihn verfolgt?«, schaltete sich Bendt ein.

»Latent war der Gedanke an ihn immer in ihrem Kopf, aber sie war eigentlich medikamentös so gut eingestellt, dass sie keine akuten Wahnzustände mehr erlebt hat. Sie hat allerdings vor kurzem von Freunden erfahren, dass er voraussichtlich private Insolvenz anmelden muss, das hat sie wieder etwas aus der Bahn geworfen, und ich habe mir deshalb Sorgen gemacht.«

»Wer hat davon gewusst, dass Ihre Schwester sich gestern in der Wohnung mit einem Mietinteressenten treffen wollte?«

»Nur mein Mann und ich«, antwortete Carla Frombach.

»Und Herr Köhler, der Mietinteressent«, ergänzte Bendt.

»Nein, der nicht«, widersprach sie. »Ich war eigentlich dort verabredet und nicht meine Schwester.«

Braun und Bendt sahen erstaunt zu Carla Frombach hinüber.

Sie fuhr fort: »Meine Schwester hatte eigentlich gar nicht dorthin fahren wollen. Ich war diejenige, die dort verabredet war.«

Braun atmete einmal tief durch. Jetzt standen sie nicht nur vor der Frage, ob Hanna Frombach wirklich Selbstmord begangen hatte, sondern für den Fall, dass dies nicht so war, ob es nicht Carla Frombach war, die eigentlich auf der Bahre in der Rechtsmedizin hätte liegen sollen. Erneut kam ihm ein Gedanke in den Sinn, der ihm schon am Morgen in der Rechtsmedizin Kopfzerbrechen bereitet hatte. Fischer hatte hüftseitig am Opfer ein Hämatom festgestellt, das er dem Sturz aus dem Fenster nicht zuordnen konnte und das möglicherweise ein Indiz dafür war, dass Hanna Frombach bereits vor dem Sturz unfreiwillig gegen das Geländer oder einen anderen Gegenstand geprallt war.

»Warum haben Sie Ihre gestrigen Pläne geändert und sind doch nicht selbst zu der Verabredung in die Wohnung gefahren?«, fragte Braun.

»Ich muss mir gestern den Magen verdorben oder irgendeinen Virus eingefangen haben. Jedenfalls wurde mir kurze Zeit nach dem Mittagessen schlecht, und ich musste mich zweimal übergeben. Das war der Grund, weshalb meine Schwester sich kurzfristig anbot, den Termin für mich zu übernehmen.«

Braun musste seine Gedanken ordnen, bevor er die Befragung fortsetzte. Wenn es wirklich Carla Frombach war, die zum Mordopfer hätte werden sollen, stellte sich die Frage, wer von ihrem Tod profitiert hätte. Was die wirtschaftliche Seite betraf, hatte sie die Antwort bereits geliefert. Ihr Mann war nicht als Erbe eingesetzt und hatte vor allem nicht einmal Interesse an einer Änderung des Testaments zu seinen Gunsten gezeigt, was im Falle eines Mordes aus Habgier naheliegend gewesen wäre. Er fiel insoweit als möglicher Verdächtiger aus. Fest stand, dass die Schwestern sich verblüffend ähnlich sahen.

»Wer hat davon gewusst, Frau Frombach, dass Ihre Schwester und nicht Sie nach Lübeck aufgebrochen sind?«

»Sie glauben doch nicht allen Ernstes, dass mich jemand umbringen wollte?« Der Gedanke schien der Frau so fernliegend, dass sie den Kopf schüttelte.

»Ich stimme meiner Frau zu«, sagte Teubert. »Was für

meine Schwägerin hinsichtlich ihres untadeligen Charakters galt, gilt natürlich auch für meine Frau.«

»Warum sind Sie eigentlich nicht für Ihre Frau eingesprungen und haben den Termin wahrgenommen?«, fragte Braun.

»Sie können sich vielleicht vorstellen, dass ich als Arzt genug andere Dinge zu tun habe und keine Zeit, nebenbei auch noch den Immobilienmakler zu spielen«, sagte Teubert lächelnd.

»Am Samstag?« Bendt klang verwundert.

»Ja, auch am Samstag«, antwortete der Gutsherr spitz. »Ich erledige samstags gern meine Buchhaltung, weil ich dann im Büro nicht durch Anrufe oder das Tagesgeschäft gestört werde. Wir hätten den Termin darüber hinaus ja auch ohne Probleme verschieben können.«

»Natürlich.« Braun lächelte. Dann wandte er sich wieder Carla Frombach zu.

»Ich möchte Sie bitten, noch einmal genau darüber nachzudenken, wer davon gewusst hat, dass nicht Sie, sondern Ihre Schwester sich gestern in die Wohnung begeben hat.«

Carla Frombach überlegte einen Moment. »Dass ich nach Lübeck fahren wollte, wusste Johannes Hansen, vielleicht auch andere aus dem Stall, keine Ahnung, mein Mann und natürlich meine Schwester.«

Teubert schien zu vermuten, dass man ihn als Ehemann sofort verdächtigen würde, und sagte: »Falls Sie mir jetzt gern die Frage stellen würden, woher ich wusste, dass meine Schwägerin nach Lübeck fuhr und nicht meine Frau, wo ich doch gar nicht auf dem Hof, sondern in meinem Büro war, kann ich Ihnen die Frage gern beantworten. Meine Frau hat mich im Büro angerufen, um unsere Verabredung abzusagen, weil wir eigentlich geplant hatten, nach ihrem Termin noch ein paar Weihnachtseinkäufe in Lübeck zu erledigen und gemeinsam essen zu gehen. Ich war ja ohnehin schon in der Stadt.«

»Gut«, murmelte Braun und nahm sich vor, sich als Nächstes den Stallmeister Johannes Hansen vorzunehmen.

6

Anna war gerade in die Wanne gestiegen und hatte den Hahn zugedreht, als sie hörte, dass unten der Schlüssel im Schloss umgedreht wurde. Sie fuhr mit den Händen über die weißen Schaumkronen, glitt ein Stück tiefer in das wohlig warme Wasser und schloss die Augen. Keine zwei Minuten später klopfte Bendt an die Badezimmertür und steckte den Kopf herein.

»Habe ich mir doch gleich gedacht, dass ich dich hier finde«, sagte er. »Darf ich reinkommen?«

»Wer sind Sie überhaupt?«, fragte Anna und setzte eine gespielt strenge Miene auf. »Sind Sie nicht dieser Kommissar, der heute wieder einmal versprochen hatte, pünktlich zum Abendessen hier zu sein? Oder sprachst du von morgen? Dann wärst du allerdings sehr pünktlich.«

»Auf jeden Fall finde ich den Zeitpunkt, um hierherzukommen, nicht so schlecht.« Er lächelte. »Also, darf ich reinkommen?«

»Ins Badezimmer meinetwegen, in die Wanne, das kannst du vergessen«, knurrte Anna. »Aber mach die Tür zu, es zieht.«

Bendt schloss die Tür, küsste Anna zur Begrüßung und setzte sich auf den Beckenrand.

»Puh, dampft das hier.« Er wedelte sich demonstrativ Luft zu. »Bist du sicher, dass ich mich nicht doch ausziehen sollte?«

»Ja«, zischte Anna belustigt.

»Schade!« Bendt kniff Anna oberhalb des Knies ins Bein, so dass sie mit dem Oberkörper nach vorn schoss und lachend quietschte.

»Wehe, du machst das noch mal. Ich schwöre dir, ich schmeiß dich raus.« Sie sah ihn einen Moment lang prüfend an und legte sich dann wieder in ihre alte Position zurück.

»Soll ich dir vielleicht die Füße massieren?«, bot Bendt an.

»O ja!« Anna streckte prompt einen Fuß aus der Wanne und wackelte mit den Zehen.«

»Ich war noch kurz in der Wohnung und habe ein paar Sachen geholt«, sagte Bendt, während er begann, Annas Fuß durchzukneten. »Ich wollte nicht mitten in euer Abendessen reinplatzen, deshalb bin ich so spät.«

»Wie rücksichtsvoll!« Die Ironie in Annas Stimme war nicht zu überhören. »Mit irgendeiner Fußballübertragung kann das ja unmöglich etwas zu tun gehabt haben, oder? Wie war denn eure Vernehmung überhaupt, seid ihr in dem Fall weitergekommen? Du hast am Telefon so wenig erzählt.«

»Weitergekommen sind wir nicht wirklich. Im Moment schließen wir nicht einmal aus, dass es eine Verwechslung gegeben hat und der Täter den falschen Zwilling umgebracht hat.«

Anna hob überrascht die Brauen. »Seid ihr denn sicher, dass es Mord war?«

»Nicht im Geringsten. Vor allem gibt es kein greifbares Motiv.«

»Hast du nicht gestern gesagt, dass eine von beiden verheiratet war? Vielleicht war es der Ehemann, jedenfalls, wenn es eine Verwechslung gab?«

Bendt schüttelte den Kopf. »Der will erstens gewusst haben, dass nicht seine Frau, sondern seine Schwägerin in der

Wohnung war, und zweitens hätte er nichts davon, wenn seine Frau tot wäre.«

»Wieso nicht? Vielleicht wollte er sie beerben«, sagte Anna.

»Fehlanzeige. Die Schwestern haben sich gegenseitig als Erben eingesetzt«, gab Bendt zurück.

»Wenn sie so reich war, wie du sagst, muss das allein nichts heißen.«

»Wieso?«

»Weil ihm als Ehegatten ein Pflichtteilsrecht zusteht«, belehrte Anna ihren Freund. »Neben der Schwester stünde ihm gesetzlich die Hälfte des Vermögens seiner Frau zu, wenn es kein Testament gäbe ...«

»Gab es ja aber!« Anna konnte Bendt ansehen, dass ihm im Gegensatz zu ihr eigentlich gerade nicht der Sinn danach stand, sich mit diesem Fall zu beschäftigen.

»Ich war noch nicht am Ende«, tadelte sie. »Selbst wenn er durch das Testament von der Erbfolge ausgeschlossen ist, behält er dennoch ein Anrecht auf einen Teil ihres Vermögens, nämlich die Hälfte des gesetzlichen Erbteils, wobei es hinsichtlich der Höhe dann noch auf den Güterstand der Ehe ankommt.«

»Das überzeugt mich trotzdem nicht«, erwiderte Bendt. »Sie hat erzählt, dass sie ihr Testament zu seinen Gunsten ändern wollte, und er fand, sie könne sich damit Zeit lassen. Das klingt mir nicht nach einem Mord aus Habgier.«

»Wahrscheinlich hast du recht«, räumte Anna ein, »aber vielleicht hatte er etwas mit der Schwester? Schön weitermachen mit der Massage übrigens.«

»Das kannst du vergessen.«

»Was, das war's schon?«

Bendt grinste. »Ich sprach von den beiden Schwestern und nicht von deinen Füßen. Dass beide etwas mit dem gleichen Mann hatten, glaube ich nicht. Erstens war diejenige der Schwestern, die gestorben ist, psychisch sehr krank, und zweitens sind Braun und ich beide hundertprozentig sicher, dass die Zwillinge sich nicht gegenseitig den Mann ausgespannt hätten. Das Verhältnis war viel zu eng. Außerdem kann ich mir keinen Mann vorstellen, der, wenn er von seiner eigenen Frau genug hat, ausgerechnet etwas mit der Zwillingsschwester anfängt. Da kommt er doch vom Regen in die Traufe.«

»Mag sein«, seufzte Anna und schloss die Augen, um einen Moment lang die Fußmassage zu genießen. Als Bendt verdächtig im Wasser herumplätscherte, öffnete sie allerdings wieder eins davon. »Was ist eigentlich mit meinem zweiten Fuß?«

Bendt setzte eine Unschuldsmiene auf. »Ich such gerade nur nach dem zweiten.«

»Hier ist er«, sagte Anna und klatschte Bendt ihren triefnassen Fuß auf die Brust. »Nur falls du vergessen hattest, wie Füße aussehen«, fügte sie mit einem warnenden Blick hinzu, bevor sie wieder auf den Fall zu sprechen kam. »Möglich wäre ja auch, dass die eine Schwester die andere umgebracht hat. Wer weiß, wenn du sagst, die eine war psychisch krank, ist die andere es vielleicht auch. Vielleicht sind beide schizophren und haben gedacht, sie sind in Wahrheit nicht zu zweit, sondern zu viert.«

»Wie kann jemand, der so hübsche Füße hat, bloß so viel absurden Kram reden? Und weißt du eigentlich, dass es aus ökologischen Gesichtspunkten viel klüger wäre, wenn ich jetzt mit dir baden würde?«

7

Smilla wedelte mit dem Schwanz und lief Carla sofort winselnd und mit gesenktem Haupt entgegen, als sie von ihrem Einkauf zurückkam. Die Hündin schmiegte sich an ihre Beine und benahm sich, als wäre sie über Wochen und nicht nur eine knappe Stunde allein gewesen. Carla rührte es, wie die Hündin im Moment noch mehr als sonst ihre Nähe suchte. Das Tier spendete ihr Trost. Carla ging in die Knie, vergrub ihren Kopf in Smillas weichem Fell und kraulte sie ausgiebig. Dann öffnete sie die Eingangstür, um die Hündin noch einmal hinauszulassen, bevor es ganz dunkel wurde, denn es dämmerte bereits. Gestern hatte Smilla sich nur widerwillig auf die Wiese hinter dem Garten begeben, dort ihr Geschäft verrichtet und war dann postwendend in ihren Korb zurückgekehrt. Jetzt lief sie in Richtung der Ställe davon, wo Hansen bald mit der Fütterung der Pferde beginnen würde. Carla faszinierte es immer wieder, wie verlässlich die innere Uhr des Hundes funktionierte. Smilla wusste genau, wann es im Stall etwas zu fressen gab, was hieß, dass Hansen regelmäßig auch eine Leckerei für sie bereithielt.

Carla legte ihren Wintermantel und die Stiefel ab und trug ihre Einkäufe in die Küche. Hier hatte sie genau wie aus dem Rest des Hauses alle Gegenstände entfernt, die an das nahende Weihnachtsfest zu erinnern drohten. Es schien ihr das Beste, das Fest in diesem Jahr, so gut es eben ging, zu verdrängen. Carla schaltete das Oberlicht in der Küche an, dessen leises Surren die Stille für Carla noch unerträglicher machte. Aber auch das Radio einzuschalten brachte ihr nichts, denn egal ob das, was gesendet wurde, fröhlich, weihnachtlich oder romantisch klang, alles machte sie nur noch trauriger. Als Hanna noch gesund gewesen war, hatte sie um diese Zeit meist mit ihr am Küchentisch gesessen und den Tag Revue passieren lassen. Auch später hatten sie dieses Ritual beibehalten, und Carla hatte die Stunden mit ihrer Schwester genossen, in denen diese ihre Angst auch dank der Medikamente, die sie nahm, hatte kontrollieren können. Manchmal hatten sie auch nur Zeitung lesend beisammengesessen, und selbst wenn Hanna nicht im Zimmer, sondern oben gewesen war, hatte ihre Anwesenheit im Haus die Stille mit Leben gefüllt.

Carla begann, die schweren Taschen auszupacken, die sie auf der Holzbank neben dem Kachelofen abgestellt hatte, und verstaute alles in den Schränken und im Kühlschrank. Ohne Hanna erschienen ihr das Haus und sogar das ganze Gut trostlos und fremd. Natürlich war Konrad an ihrer Seite, er vermochte aber die Lücke, die ihre Schwester hinterlassen hatte, nicht zu füllen. Mit Hannas Tod war ihr schlagartig bewusst geworden, dass ihre Ehe mit Konrad gerade deshalb so gut funktioniert hatte, weil sie ihr genug Raum für die Beziehung der Schwestern gelassen und er nie mit Hanna konkurriert hatte. Erst jetzt dachte sie darüber nach, wie wenig Zeit sie in den letzten Jahren mit ihrem Mann verbracht hatte und wie stark er beruflich eingebunden war. Auch wenn das früher zum Gelingen ihres Zusammenlebens zu dritt beigetragen haben mochte, merkte sie jetzt umso mehr, wie einsam sie ohne Hanna im Alltag tatsächlich war.

Sie brühte sich einen Tee auf, setzte sich an den Küchentisch und überflog die Schlagzeilen in der Tageszeitung. Es galt sich heute wie jeden Tag möglichst abzulenken. Es gab außerdem unzählige Dinge zu organisieren, die die Beerdigung betrafen. Carla fixierte das Innere ihrer Tasse, als versuche sie, irgendetwas darin ergründen zu können. Der heiße Tee tat ihr gut, vermochte aber die innere Kälte, die sie empfand, nicht zu vertreiben. Vielleicht hatte Konrad recht, und es ergab einen Sinn, sobald die Beerdigung hinter ihr lag, das ohnehin viel zu große Gut zu verkaufen und einen Neubeginn in einer Umgebung zu versuchen, die nicht voller Erinnerungen steckte. Denn hier im Haus, wo die Schwestern ihr ganzes Leben miteinander verbracht hatten, würde sie auch in Zukunft immer an Hanna denken müssen. In jedem noch so kleinen Winkel steckte ein Stück ihrer Kindheit. Carla rührte gedankenverloren in ihrem Tee und blickte plötzlich auf, weil sie meinte, Hanna stünde neben ihr. Carla starrte ins Leere und war froh, als der Kloß in ihrem Hals sich zu lösen begann. Den ganzen Tag hatte sie versucht, einfach nur zu funktionieren. Jetzt ließ sie den Schmerz, der ihren ganzen Körper durchströmte, gewähren. Sie weinte hemmungslos, während sie an ihre Kindheit dachte, in der der Grundstein für Hannas Krankheit gelegt worden war. Diesmal würde sie ohne Hanna auf der Bank in der Kapelle des Burgfriedhofs sitzen und den Schmerz jener Tage noch einmal erleben, in denen sie so viel verloren hatten.

Carla hielt die Hand ihrer Zwillingsschwester fest umklammert, während sie dicht an sie gepresst auf der kunstvoll geschnitzten Holzbank der kleinen Kapelle des Burgtorfriedhofs saß und an ihrer Trauer und Verzweiflung fast zu ersticken glaubte. Die Worte des Pastors drangen nur bruchstückhaft und wie aus weiter Ferne zu ihr vor. »Tragödie«, »Schicksalsschlag«, »viel zu früh!« und »Gottes Wille!« Mit Ausnahme des letzteren Ausspruchs hatte sie ihre Großmutter all diese Worte in den vergangenen Tagen tausendfach am Telefon zu Freunden und Verwandten sagen hören, die jetzt irgendwo hinter ihnen in einer der bis auf den letzten Platz besetzten Bänke saßen. Ihre Großmutter saß links neben ihr und schnäuzte sich immer wieder in ihr Taschentuch. Hanna, die zwischen ihr und ihrem Vater sitzen durfte, blickte wie versteinert zu einem der beiden Balkone hinauf, wo die Organistin saß und auf ihren nächsten Einsatz wartete. Das Licht der Sonne schien hell durch die weißen bleiverglasten Fenster in den Innenraum der Kapelle, und Carla fragte sich, warum es nicht regnete, wie an dem Tag der Beerdigung ihres Großvaters, wo der Himmel geweint und – wie ihre Großmutter damals sagte – seiner Trauer angemessen Ausdruck verliehen hatte. Carla war sicher gewesen, dass es heute nicht nur regnen, sondern wie aus Eimern schütten und gewittern würde, aber nichts dergleichen war geschehen. Die Sonne schien genauso warm und hell vom Himmel wie auch schon an den vorangegangenen Tagen, was Carla nicht nur verwirrte, sondern was sie auch auf schmerzliche Weise als unangemessen empfand.

Carla fragte sich, ob Hanna überhaupt realisierte, dass die Organistin im Moment gar nicht mehr spielte. Hanna weinte nicht, sondern saß einfach nur da, bewegte sich kaum, und obwohl es in dem eng besetzten Backsteingebäude brütend heiß war, fühlte sich ihre Hand kalt und irgendwie fremd an. Die Tatsache, dass Hanna genau wie sie mit ihren Gedanken *nicht bei der Predigt zu sein schien, beunruhigte Carla als solches nicht, wohl aber, dass Carla anders als sonst nicht empfinden konnte, was ihre Schwester dachte. An dem Tag, an dem ihre Mutter gestorben war, hatte sich auch etwas zwischen ihr und Hanna verändert. Solange sie sich erinnern konnte, gab es kein wichtiges Ereignis, das sie nicht mit Hanna gemeinsam erlebt und geteilt hatte. Seit jenem Tag allerdings gab es die Bilder des Unfalls, die Hanna in ihre Träume verfolgten und sie dann schweißgebadet und schreiend aus dem Schlaf aufschrecken ließen. Jedes Mal war Carla aus ihrem gegenüberliegenden Bett gesprungen, hatte sie umarmt und mit ihr geweint und versucht, sie zu überreden, ihr von dem schrecklichen Unfall und dem, was sie gesehen hatte, zu erzählen. Hanna tat es nicht, vielleicht auch, weil ihre Großmutter ihr gesagt hatte, dass es nicht gut sei, wenn sie ihre Schwester damit belaste und sie sich – um Carlas willen – lieber ihr oder dem Vater anvertrauen solle. Carla wusste, dass Hannas Entscheidung, sich ihr nicht zu offenbaren, falsch war. Es gab plötzlich ein Erlebnis, das eine Kluft zwischen ihnen schaffte, die es vorher nicht gegeben hatte. Sie fand sich in Hannas Gedankenwelt nicht mehr zurecht, weil sie dieses prägende Erlebnis nicht mit ihr teilte. Carla wünschte sich zurück in ihr Bett, wo sie die Decke über den Kopf ziehen und hemmungslos weinen oder, wenn sie es gar nicht mehr aushielt, sich für eine kleine Weile vormachen konnte, all das sei nur ein furchtbarer Traum gewesen. Aber das alles war kein Traum. Ihre Mutter war tot, und Hanna gab sich die Schuld daran. Sie war felsenfest davon überzeugt, dass ihre Mutter noch am Leben wäre, hätte sie nicht immer wieder nach Eis verlangt und darum gebettelt, zum Kiosk zu gehen.*

Ihr Vater saß ganz still rechts neben Hanna. Er begann zu

weinen, als eine Freundin ihrer Mutter aus dem Kirchenchor begann, das Ave Maria zu singen. Er blickte zu Carla herüber und sah sie an, als hoffe er, dass sie ihm die Antwort für Hannas Erstarrung geben könnte, aber sie vermochte es nicht.

Die Wanduhr im Flur schlug inzwischen fünf Uhr nachmittags und riss Carla aus ihren Gedanken. Ob Johannes überhaupt noch da ist?, fragte sie sich, als ihr der Hund wieder einfiel. Sie eilte zur Haustür und rief draußen nach Smilla. Als sie nicht kam, lief sie auf die andere Seite des Hauses zur Veranda und öffnete die Schiebetür:

»Smilla?«, rief sie in die Dunkelheit hinaus, aber die Hündin ließ sich nicht blicken. Dafür blies der Ostwind Carla unangenehm kalt entgegen, und sie fröstelte heftig, als sie die Tür wieder zuschob und schloss.

Carla konnte es sich kaum vorstellen, dass Smilla bei der Dunkelheit und Kälte noch draußen herumstreunte. Carla lief zurück in die Küche und schaute durch das Fenster hinüber auf den schwach beleuchteten Hof vor den Ställen, der in der Ferne still und verlassen dalag. Den Parkplatz, auf dem Hansen seinen alten Volvo Kombi regelmäßig abstellte, konnte Carla vom Haus aus nicht einsehen. Es war ungewiss, ob er noch im Stall war. Zwar schien es Carla durchaus denkbar, dass der Stallmeister noch in der Sattelkammer saß und Zaumzeug reinigte oder aufräumte, sie zog aber auch eine andere Möglichkeit in Betracht. Es wäre nicht das erste Mal, dass Smilla sich in einer offenen Box ein ruhiges Plätzchen gesucht hatte und dort eingeschlafen war. Es war also denkbar, dass der Stallmeister die Tür verriegelt hatte und gegangen war, ohne an Smilla zu denken, und er sie eingesperrt hatte. Um sich Gewissheit zu verschaffen, griff sie nach dem Telefon, das sie auf dem Küchentisch abgelegt hatte, und wählte seine Nummer. Nach längerem Läuten sprang nur die Mailbox an, und auch zwei weitere Anwählversuche blieben unbeantwortet. Carla vermutete deshalb, dass er schon losgefahren war und aus diesem Grund nicht abnahm. Denn sein Gehör war nicht mehr das allerbeste, und wenn er bei laufendem Motor das Radio eingeschaltet hatte, verpasste er Anrufe häufig. Oder er nimmt einfach deshalb nicht ab, weil die Straßen rutschig und schwer befahrbar sind und er sich auf den Verkehr konzentrieren muss, mutmaßte Carla.

Sie lief noch einmal zur Haustür und rief nach dem Hund, aber auch diesmal blieb es still. Wohl oder übel musste sie den Weg zum Stall antreten. Denn sie war sich mehr und mehr sicher, dass Smilla im Stall eingesperrt war. Auf Konrad konnte sie nicht warten. Er war noch einmal in die Praxis gefahren, um das Allernötigste zu erledigen. Es war also an ihr, den Hund zu befreien. Carla nahm die große Taschenlampe aus dem Schrank und zog ihren mit Lammfell gefütterten Parka über, bevor sie in ihre Stiefel schlüpfte und auf die Treppe des hellerleuchteten Portals hinaustrat. Sie zog die Kapuze eng unter dem Kinn zusammen und ging schnellen Schrittes über den planierten Weg zu den Stallungen hinüber. Schon nach wenigen Metern musste sie die Taschenlampe einschalten. Einer ihrer Mitarbeiter hatte den breiten Sandweg, der rechts und links zwischen den Koppeln entlangführte und jetzt mit einer festen Decke aus Schnee bedeckt war, am Morgen mit dem Schneepflug geräumt. Die frischen Abdrücke von Smillas Pfoten, die sich teils auf dem Weg und teils rechts und links im tieferen Schnee der Wiesen fanden und zum Stall führten, bewiesen Carla, dass sie mit ihrer Vermutung richtig lag.

Der Strahl der Taschenlampe zuckte im Rhythmus ihrer Schritte durch die Dunkelheit. Carla war froh, als sie die Tür zum Stall endlich erreichte. Sie zog den Schlüssel aus ihrer Jackentasche und stutzte, als sie ihn im Schloss herumdrehen wollte und die Tür unabgeschlossen vorfand. Sie zog die Stalltür auf und lugte hinein.

»Johannes, Smilla?«

Im Stall brannte wie abends üblich nur wenig Licht. Die über den Mittelgang in regelmäßigen Abständen verteilten Neonröhren waren ausgeschaltet worden. Nur die beiden kleinen Rundleuchten, die sich an den beiden kurzen Enden des Ganges zwischen den Boxen befanden, spendeten ein honigfarbenes Dämmerlicht. Carla trat in den Stall und knipste ihre Taschenlampe aus, nachdem sie die Tür hinter sich zugezogen hatte.

»Smilla, Johannes?«, rief sie erneut und wartete vergeblich auf eine Reaktion. Mit Ausnahme der gewohnten Stallgeräusche war nichts zu hören.

»Smilla?« Carla ging zögerlich in die Mitte des Ganges zwischen den Boxen und lauschte. Wieder vernahm sie nichts als das vertraute Schnauben der Pferde und das Kratzen ihrer Hufe über den Stallboden. Doch irgendetwas stimmte nicht. Carla beschlich ein ungutes Gefühl. Wenn Smilla sonst hier eingesperrt gewesen war, hatte es immer nur Sekunden gedauert, bis sie sie angesprungen und begrüßt hatte. Außerdem konnte sie sich nicht vorstellen, weshalb Hansen die Stalltür offengelassen haben konnte.

Hannas brauner Wallach und zwei weitere Pferde reagierten auf die ihnen vertraute Stimme ihrer Besitzerin, als sie erneut nach dem Stallmeister rief. Sie traten an die Türen ihrer Boxen und blickten sie mit aufgestellten Ohren an. Eigentlich liebte Carla den Stall gerade am Abend besonders, wenn es nach Hafer und frisch aufgeschüttetem Heu duftete und sich die Betriebsamkeit des Tages gelegt hatte. Heute war es ihr unheimlich. Es schien ihr auch, als wirkten die Tiere nicht so entspannt und zufrieden wie sonst zu so später Stunde. Sie bemerkte, dass am Ende des langen Ganges die Tür zur Sattelkammer ein Stück offen stand und dort noch Licht brannte.

»Johannes, bist du noch da, hörst du mich?«, rief sie laut und ging auf die Tür zu. Ihre Schritte hallten auf dem Steinboden wider, und sie fröstelte. Hannas brauner Wallach schnaubte und schlug mit dem Huf gegen die Rückwand der Box, als sie ihn passierte. Er war sichtlich nervös, und Carla hatte fast den Eindruck, als wolle er ihr etwas mitteilen. Ihr Unbehagen wuchs.

»Ist ja gut, mein Dicker«, beruhigte sie das Pferd, während sie sich der Tür der Sattelkammer näherte. »Ich komme gleich noch einmal zu dir.« Sie wollte gerade nach der Klinke greifen, als ihr Blick auf den Boden fiel. Sie stutzte und verharrte einen Moment.

Ist das Blut? Carla starrte auf die eher schwarz als rötlich schimmernden feuchten Flecken auf dem Boden. Ohne zu zögern, riss sie die Tür auf. Sie begann zu zittern, und ihr wurde vor Angst ganz schwindelig. Ihre Hände tasteten in ihrer Jackentasche vergeblich nach ihrem Handy. Es liegt auf dem Küchentisch, fiel ihr ein. Was zum Teufel ist hier passiert?

Carla widerstand dem Impuls davonzurennen. Der ganze Fußboden war voller Blut. Ihr Blick glitt auf der Suche nach einer Erklärung über die Wand, wo die Trensen und Sättel ihrer Pferde unter messingfarbenen Schildern aufgereiht waren. Ein Sattel war von einem der an der Rückwand angebrachten Sattelböcke gefallen und lag halb gekippt auf dem Boden. Der langgezogene Lederriemen, an dem der Steigbügel befestigt war, war ebenso mit Blut befleckt wie die Satteldecke, deren helles Lammfell am Rand ein kleines Rinnsal aufgenommen haben musste. Carlas Herz klopfte, während sie zu begreifen versuchte, was sie sah. Ihr Blick blieb schließlich an einem Gegenstand hängen, der dort wie hingeworfen in der Ecke lag. Kein Zweifel, es handelte sich um Hansens Fahrtenmesser. Er benutzte es regelmäßig, um die Zuckerrüben zu schneiden und die eng gebundenen Schnüre der Heu- und Strohballen zu durchtrennen. Carla trat ein Stück an die dunkle Ecke heran, um besser sehen zu können. An der Spitze der Klinge klebte ebenfalls Blut, und auch dessen abgegriffener Lauf war befleckt. Und was war das? Carla schluckte, als sie das mit Blut befleckte Arbeitshemd des Stallmeisters entdeckte. Was hatte der Kommissar gesagt? Wieso sind Sie so sicher, dass Ihre Schwester Selbstmord begangen hat? Sind Sie sicher, dass dieser ehemalige Verwalter Keller keine Gefahr für Sie war? Wer wusste davon, dass Ihre Schwester und nicht Sie an dem Samstag in die Wohnung gefahren waren? Wer könnte Interesse haben, Ihnen etwas anzutun?

Carla fröstelte. Ihre Schwester war immer davon überzeugt gewesen, dass sie in Gefahr waren. Was, wenn sie recht gehabt hatte? Was, wenn jemand Hansen umgebracht hatte und jede Sekunde auch ihr etwas antun würde? Das erste Mal in ihrem Leben verspürte Carla Todesangst und konnte wirklich nachempfinden, wie ihre Schwester gelitten haben musste. Eine weitere Frage schoss ihr durch den Kopf. Warum hatte sie nicht gespürt, dass Hanna an dem fraglichen Tag in Gefahr war? Vielleicht hatte sie sich zu Unrecht vorgeworfen, den Selbstmord ihrer Schwester nicht vorausgesehen zu haben, weil es ihn gar nicht gab? Vielleicht hatte sie sich gar nicht umbringen wollen. Erst jetzt, wo sie das Blut vor ihren Füßen sah, zog sie diese Möglichkeit ernsthaft in Betracht. Was, wenn …? Carla kam nicht dazu, den Gedanken zu Ende zu denken. Denn genau in diesem Moment fiel die Stalltür mit lautem Krachen ins Schloss, und mit schweren dumpfen Schritten, die auf dem Stallboden widerhallten, kam jemand direkt auf sie zu.

8

Anna faltete die Tageszeitung auf ihrem Schreibtisch wieder zusammen. Noch immer beschäftigte sich die Presse mit dem Lübecker Weihnachtstod und spekulierte darüber, ob die Frau, die dort vom Balkon gestürzt war, Opfer eines Verbrechens geworden war oder sich selbst getötet hatte.

Mal davon abgesehen, dass Bendt in dem Fall ermittelte, hätte Anna die Sache vermutlich nicht länger beschäftigt, wäre da nicht das vor ihr liegende Aktenstück gewesen, das ihr neben dem normalen Tagesgeschäft schon jetzt heftige Kopfschmerzen bereitete. Der Hauptbeschuldigte ihres Verfahrens hieß Dr. Teubert, gegen den als Partner der T&R Röntgenpraxis wegen Abrechnungsbetruges ermittelt wurde. Anna war davon überzeugt, dass ihr Fall durch die persönliche Verbindung des Arztes zu der Toten vom Weihnachtsmarkt in der Presse Wellen schlagen würde. Noch allerdings sah die Akte recht harmlos aus und bestand lediglich aus zwei mit roten Aktendeckeln versehenen Leitzbänden, auf denen in großen Blockbuchstaben die Aufschrift »Ermittlungsakte« prangte. Anna graute weniger vor dem Umfang, den die Akte annehmen würde, sobald der von ihr beantragte Durchsuchungsbeschluss vollstreckt sein würde, als vor der zu erwartenden Presseaufmerksamkeit. Wenn bekannt werden würde, dass die anstehende Durchsuchung neben den Praxisräumen auch das Gutshaus der Frombachs als Privatwohnsitz des Mediziners betraf, war davon auszugehen, dass die Medien einen Zusammenhang zwischen dem Betrug und Hanna Frombachs Tod konstruieren würden. Eine hohe Presseaufmerksamkeit bedeutete für sie mit Sicherheit eine Menge Mehrarbeit. Wenn sie nur an die in Pressesachen üblichen Berichtspflichten an die Behördenleitung und die Justizbehörde dachte, wurde ihr übel. Anna seufzte tief, lehnte ihre Ellbogen auf den Schreibtisch auf und ließ ihren Kopf in die Hände sinken.

»Guten Morgen, störe ich?« Hauptkommissar Braun steckte den Kopf herein, nachdem Anna sein Klopfen mit einem müden »Herein« beantwortet hatte.

»Ich fange bald an, es persönlich zu nehmen, wenn die Frauen in Ihrer Familie mich so mürrisch begrüßen. Immerhin gebe ich Ihnen – anders als Ihrer Tochter – nicht die Gelegenheit, mir die Tür vor der Nase zuzuschlagen.«

»Guten Morgen, Herr Braun«, grüßte Anna lächelnd und schüttelte dem Hauptkommissar die Hand. Dann deutete sie zu einem auf der Rückseite ihres Schreibtischs stehenden Schalensessel hinüber. Braun nahm Platz.

»Sie sehen ja, was hier zu tun ist.« Anna zeigte hinter sich auf den beachtlichen Aktenberg, der sich dort auf dem dafür vorgesehenen Bock mit der Aufschrift »Eingänge« angehäuft hatte. Darüber hatte Anna eine auf Leinwand aufgezogene Fotografie an die Wand gehängt, auf der ein Bergsteiger gerade ungesichert und barfuß eine Felswand emporkletterte.

»Warum sollte es Ihnen im Wirtschaftsdezernat besser gehen als früher, als Sie sich noch mit Mord und Totschlag herumärgern mussten? Ich kann mich noch gut daran erinnern, dass man Sie damals in aller Regel auch sonntags im Büro antreffen konnte.«

»Lassen Sie mich raten, Herr Braun: Sie sind vermutlich weder hier, um mit mir die bestehende Arbeitsbelastung in der Justiz zu diskutieren, noch weil mein Kaffee so viel besser schmeckt als die schwarze Brühe, die Sie auf dem Präsidium anbieten.«

Braun lachte auf. Er hatte inzwischen aufgehört, Anna Lorenz etwas von seinem schwarzen Gebräu anzubieten, wenn sie auf dem Präsidium vorbeischaute. »Jetzt werden Sie aber persönlich, und ich muss mir überlegen, Ihnen ein Verfahren wegen Beamtenbeleidigung ans Bein zu binden.«

»Dann will ich mal versuchen, Sie mit einem anständigen Espresso zu bestechen, damit Sie es nicht tun.« Anna zwinkerte ihm zu und drückte sogleich auf die Vorwärmtaste ihrer Espressomaschine, die neben ihr auf der langen Fensterbank zwischen einigen Grünpflanzen stand.

»Espresso nehme ich gern, aber im Ernst, Frau Lorenz, Sie können sich wahrscheinlich denken, weshalb ich hier bin. Bendt hat mir von Ihren Ermittlungen gegen Teubert erzählt.«

»Ja, das ist ein Zufall, was?« Anna war tatsächlich ziemlich überrascht gewesen, als sie erfahren hatte, dass der Mann von Carla Frombach nicht Frombach, sondern Teubert hieß und damit einer der Hauptbeschuldigten in einem ihrer aktuellen Verfahren war. »Lübeck ist tatsächlich klein«, stellte Anna fest, stand auf und nahm die Dose mit Espressopads zur Hand, bevor sie sich daranmachte, für Braun einen Espresso zu brühen. »Wissen Sie schon, wer bei uns in der Behörde die Todesermittlungssache Frombach führt?«

»Ja, Frau Dr. Adler«, erklärte Braun. »Noch haben wir ja

keinen Beschuldigten. Es sieht im Moment alles danach aus, als würden wir das Verfahren einstellen müssen.«

Anna reichte Braun seine Tasse.

»Vielen Dank!« Der Hauptkommissar wedelte sich glücklich lächelnd den frischen Espressoduft in die Nase, bevor er einen Schluck trank. »Herrlich!«

»Habe ich doch gesagt, dass ich Sie mit meinem Espresso kriegen kann«, gab Anna zurück und kam dann wieder auf das Todesermittlungsverfahren zu sprechen. »Glauben Sie nicht an einen Selbstmord?«

»Na ja, obwohl die Frombach wohl psychisch krank und latent suizidgefährdet war, fragt man sich schon, weshalb jemand ausgerechnet auf den belebten Bürgersteig springt und dadurch andere gefährdet, oder? Wir wollen heute Nachmittag noch mal zu dem Gut der Frombachs fahren, um uns mit dem engsten Mitarbeiter der Schwestern, diesem Stallmeister Hansen, zu unterhalten.« Braun fasste sich an den Kopf. »Da fällt mir ein, dass ich noch einmal bei Frau Frombach anrufen wollte, damit sie sicherstellt, dass wir Herrn Hansen auch auf dem Hof erwischen.« Er deutete auf Annas Dienstapparat. »Darf ich kurz?«

»Sicher, bitte.« Anna reichte ihm den Hörer. »Sie haben nach wie vor keine Augenzeugen, richtig?«, fragte sie, während Braun die Nummer anwählte.

Braun schüttelte den Kopf und sprach weiter, während das Freizeichen am anderen Ende der Leitung ertönte. »Wir haben einen öffentlichen Aufruf gestartet und um sachdienliche Hinweise gebeten. Wir haben die Bilder der Überwachungskamera der Apotheke eingesehen, um festzustellen, ob uns ein bekanntes Gesicht begegnet. Nichts, absolute Fehlanzeige.« Er legte auf. »Keiner da.«

»Ich teile übrigens Ihre Prognose und fürchte auch, dass Sie Ihre Ermittlungen in Kürze ohne Ergebnis einstellen müssen«, sagte Anna. »Selbst wenn die Frau umgebracht worden wäre und sich noch weitere Verdachtsmomente gegen wen auch immer ergeben würden, wäre der Täter ohne Zeugen oder andere tragfähige Beweismittel wohl kaum zu überführen. Und wir wissen ja beide, wie gering die Wahrscheinlichkeit für Blitzgeständnisse ist, wenn man sich im normalen Justizalltag und nicht in einer Gerichtsshow befindet!«

»Da stimme ich Ihnen zu, Frau Lorenz.«.

Anna tippte auf die vor ihr liegende Verfahrensakte und seufzte tief. »Dieses Verfahren hier werde ich allerdings leider nicht kurzfristig beerdigen können. Diese Akte wird mich mit Sicherheit noch lange begleiten.«

»Die Teubert-Sache?« Braun war deutlich anzusehen, dass er mehr hören wollte.

»Genau«, bestätigte Anna. »Bendt hat Ihnen sicher schon von dem Fall erzählt. In der Praxis T&R sollen im großen Stil billige Kontrastmittel aus dem Ausland eingekauft und dann gegenüber den Kassen als teure inländische Produkte deklariert und überhöht abgerechnet worden sein.«

»Wissen Sie schon, wie tief Teubert in die Sache verstrickt ist?«, fragte Braun interessiert.

»Noch nicht«, räumte Anna ein. »Die Praxis wird von zwei Partnern geleitet. Von Teubert und einem Dr. Röhrs. Wir müssen sehen, wie die Kompetenzen intern zwischen den Partnern verteilt waren. Sicher ist, dass das eine riesige Praxis ist und das Investitionsvolumen angesichts der teuren Geräte immens hoch gewesen sein muss. Wer weiß, vielleicht hat man versucht, die Abzahlung der Kredite durch unlautere Geschäfte ein wenig zu beschleunigen.«

Braun nickte. »Wie lange existiert denn diese Praxis überhaupt schon?«

»Die Praxis T&R gibt es eigentlich schon sehr lange«, führte Anna aus. »Allerdings haben sich Teubert und sein Partner vor zirka fünf Jahren erheblich vergrößert und sind wohl auch anteilig an dem Bau des Ärztehauses beteiligt gewesen, in das die Praxis damals verlegt wurde.«

»Man fragt sich, weshalb es so reiche Leute wie Teubert immer wieder nötig haben zu betrügen«, sagte Braun und schüttelte den Kopf.

»Irgendjemand muss doch unsere Arbeitsplätze bei der Polizei und Justiz sichern, Herr Braun«, entgegnete Anna augenzwinkernd. »Und was die Motive betrifft, wissen wir doch, dass selbst mehrstellige Millionenbeträge auf Schweizer Konten so manchen Unternehmer nicht davon abhalten, sich auf unlautere Weise zu bereichern. Ich hoffe jedenfalls, dass wir nach der Durchsuchung und Sicherstellung der Unterlagen bei T&R bald klarer sehen werden.«

»Vor Ihnen liegt ein Haufen Papierkram, Frau Lorenz.« Braun war deutlich anzusehen, dass er an dieser Art von Arbeit wenig Gefallen fand. »Da ist mir so ein ehrlicher Mord schon um einiges lieber. Ihre geplante Durchsuchung wird sich vermutlich nicht nur auf die Praxisräume beschränken, sondern wie üblich auch die Privathäuser der Verdächtigen betreffen, nehme ich an?«

»Ja, und wenn die Presse Wind davon bekommt, werden wir beide in den einschlägigen Gazetten einiges zu lesen bekommen, was uns nicht gefällt.«

»Ich weiß, was Sie meinen«, stöhnte Braun. »Und das, obwohl ich einen Zusammenhang zwischen unseren Fällen eher für sehr unwahrscheinlich halte.«

»Ich auch, aber wenn wir Pech haben, strickt die Presse eine riesige Räuberpistole daraus. Ich hoffe, Carla Frombach hat hinterher noch Ruhe auf ihrem Hof. Wenn wir Pech haben, geraten wir alle ganz schön unter Druck.«

Braun verzog das Gesicht. Auch er kannte das Gefühl, wenn die Presse ihm im Nacken saß und der Druck auf die Ermittlungsbehörden erhöht wurde. Dann hellte sich seine Miene auf. »Ich muss allerdings zugeben, nicht unglücklich darüber zu sein, dass Sie ausgerechnet jetzt die Villa Frombach unter die Lupe nehmen dürfen.«

Anna wusste, worauf er hinauswollte. Der Hauptkommissar beugte sich ein Stück in seinem Sessel vor, sah Anna in die Augen und setzte mit etwas gedämpfter Stimme hinzu: »Nur einmal theoretisch angenommen, Frau Frombach oder Teubert verschweigen uns aus irgendeinem Grund etwas, was uns in dem Fall Hanna Frombach weiterbringen könnte, dann finden Sie vielleicht ein wichtiges Beweismittel.«

»Herr Braun!« Anna tat entrüstet. »Sie wollen mich doch nicht verleiten, die gezielte Suche nach sogenannten Zufallsfunden aufzunehmen?«

»Was denken Sie von mir!« Er lächelte.

Die Durchsuchung war tatsächlich pikant. Denn in dem Todesermittlungsverfahren gab es vorläufig keinerlei Anlass, einen Tatverdacht gegen Teubert oder dessen Ehefrau zu begründen und folglich auch keinen Grund, in deren Privaträumen nach Beweismitteln für ein Mordmotiv zu suchen.

»Ihnen ist aber schon klar, Herr Braun, dass ich nicht in den Privatsachen von Frau Frombach herumstöbern kann, sondern sich mein Durchsuchungsauftrag nur auf Unterlagen bezieht, die für den Abrechnungsbetrug von Relevanz sind?«

»Das weiß ich«, beeilte sich Braun zu sagen. »Aber Sie wissen auch, dass ich ein Beweismittel, das Ihnen rein zufällig in die Hände fällt und mein Verfahren betrifft, verwenden dürfte.«

»Herr Braun, ich werde meine dienstlichen Kompetenzen auf keinen Fall überschreiten!«, sagte Anna todernst.

»Natürlich weiß ich das. Das ist ja auch richtig«, bestätigte Braun. »Aber vielleicht hatten Sie ja ohnehin erwogen, die Durchsuchung der Kollegen im Hause Frombach zu begleiten und sich dort mal umzusehen. Nur um Beweismaterial für Ihren langweiligen Betrug sicherzustellen, meine ich. Das ist doch schließlich erlaubt oder nicht?«

Anna seufzte. »Ich ziehe das ernsthaft in Erwägung«, antwortete sie.

»Gut, dann will ich Sie auch nicht länger von der Arbeit abhalten.« Braun stand auf und begab sich zur Tür. »Ich habe auch noch einiges auf dem Zettel, bevor ich mit ihrem Freund zur Villa Frombach fahre.« Er winkte ihr zu und hatte die Tür schon fast geschlossen, als er sich Anna doch noch einmal zuwandte.

»Ach so, bevor ich es vergesse«, sagte er augenzwinkernd, »meine Anzeige wegen Beamtenbeleidigung ist hiermit selbstverständlich vom Tisch.«

9

Braun stieß die Tür zum Stall auf und trat auf den Gang zwischen den Pferdeboxen.

»Hallo?«, rief er, bekam aber keine Antwort.

Nur eine Schimmelstute, die in der zweiten Box hinter dem Eingang stand, streckte ihren Kopf durch die Boxentür und blickte die Kommissare aus kohlrabenschwarzen Augen neugierig an.

Bendt ging sofort auf das stattliche Tier zu und strich über die weiche Blässe des Pferdes.

»Vorsicht, es beißt vielleicht.« Braun wich instinktiv einen Schritt zurück.

»Das ist kein Krokodil, sondern ein Pferd«, erklärte Bendt, den Brauns Respekt vor Pferden sichtlich amüsierte. Die Stute stellte die Ohren auf und forschte mit ihrem weichen Maul nach einer Leckerei in Bendts Hand.

»Ist doch ganz harmlos«, sagte Bendt.

Der Hauptkommissar blickte misstrauisch auf das Gebiss der Stute, das aus dem Maul hervorblitzte, und zog eine Grimasse, die deutlich dokumentierte, dass er anderer Meinung war.

»Hallo?«, rief Braun jetzt etwas lauter und blickte in Richtung Sattelkammer. Aus einer offenstehenden Box nahe der Tür schnellte fast im selben Moment der Speer einer Mistforke heraus und eine Ladung Pferdeäpfel wurde auf eine davor abgestellte Schubkarre gekippt.

»Dahinten muss jemand sein«, schlussfolgerte Bendt und

folgte seinem Chef, der sofort in die entsprechende Richtung ging.

»Ich muss immer wieder feststellen, dass du ein ausgesprochen scharfsinniger Kommissar bist«, witzelte Braun. »Aus dir wird noch mal etwas, ehrlich. Ich glaube nämlich fast auch, dass da jemand ist, es sei denn, die Pferde hier sind schon so gut dressiert, dass sie ihr Zuhause selbst saubermachen.«

Bendt verdrehte die Augen und schaute wie Braun in die offene Pferdebox hinein.

»Sie müssen Johannes Hansen sein!«, sagte Braun freundlich und sah den älteren Mann in Reitstiefeln und Steppweste an, der gerade dabei war, eine weitere Fuhre Mist vom Stroh aufzunehmen. Der Mann beförderte ihn in die Schubkarre und stellte seine Forke an der Boxenwand ab.

»Johannes Hansen, der bin ich«, bestätigte er und wischte sich seine Rechte an der schwarzen Reithose ab, während er auf die Kommissare zuging und beiden die Hand reichte. »Sie sind von der Kripo, nehme ich an?«

»Richtig, Braun mein Name, und das ist mein Kollege Kommissar Ben Bendt.«

»Man hat mir gesagt, dass Sie mich sprechen wollen?« Hansen, den Braun auf Ende sechzig schätzte, fuhr sich mit dem Handrücken über die Stirn. Er machte auf den ersten Blick einen erschöpften Eindruck.

»Wo können wir uns unterhalten?«, wollte der Hauptkommissar wissen. »Es geht um Frau Frombach oder besser gesagt um die Schwestern Frombach.«

»Wir können nach hinten gehen«, schlug Hansen vor und ging in seinen schweren, schwarzen Reitstiefeln den

Kommissaren voraus in die Sattelkammer, von der rechts eine weitere Tür in einen kleinen Raum führte, in dem ein runder weißer Klapptisch und vier Stühle neben einer Elektroheizung abgestellt waren. Der Stallmeister wies mit dem Arm in den Raum. »Nicht sehr komfortabel, aber um sich bei Regen oder im Winter aufzuwärmen, reicht es.«

Braun nickte lächelnd, blieb aber zunächst in der Sattelkammer stehen und betrachtete die Vielzahl an Sätteln und Trensen, die an der Rückwand aufgehängt waren.

»Haben Sie Frau Frombach übrigens gesehen?«, erkundigte der Hauptkommissar sich. »Wir haben Sie drüben am Gutshaus nicht angetroffen.«

Hansen starrte auf den Boden vor seinen Füßen.

»Nein, heute noch nicht«, gestand er, bevor er sich wieder den Kommissaren zuwandte. »Sie war heute überhaupt noch nicht im Stall.«

»Wir haben von der Haushälterin gehört, dass sich hier gestern Abend ein schrecklicher Unfall ereignet hat?«, schaltete sich Bendt ein und wies auf den großen Wasserfleck, der sich auf dem Stallboden deutlich abzeichnete. »Ist der Unfall hier passiert?«

Hansen nickte. »Ich kann Ihnen sagen, ich habe mich noch nicht von dem Schock erholt. Ich musste hier erstmal richtig saubermachen.« Er stemmte seine Hände rechts und links in die Hüften und schüttelte den Kopf. »Ich kann mir das Ganze noch immer nicht erklären. Ich war gestern Abend gerade dabei, einen Sattel einzufetten, als mir einfiel, dass ich vergessen hatte, die Reithalle abzuschließen. Smilla lag mir da noch ganz friedlich zu Füßen. Ich bin gleich wieder da, habe ich zu ihr gesagt und bin raus und dann ...«

»Und dann?«, fragte Bendt.

Hansen starrte auf den Boden, als könne er nicht glauben, was er gesehen hatte. »Ich war, wie gesagt, drüben, um die Halle abzuschließen, und als ich zurückkomme und kaum die Klinke der Stalltür in der Hand habe, poltert es hier drin, dass ich fast einen Herzinfarkt bekomme vor Schreck. Smilla hat geschrien, richtig geschrien vor Schmerz.« Hansens Augen weiteten sich bei der Erinnerung an die Szene. »Das ging mir durch Mark und Bein. Ich bin wie von der Tarantel gestochen hier reingerannt, und dann musste ich auch schon blitzschnell reagieren, damit das Tier nicht verblutet …!« Der Mann atmete einmal vernehmlich durch und rieb sich den Nacken.

»Im Gutshaus sagte man uns, die Hündin wäre in ein Fahrtenmesser getreten, das die Schlagader am Hinterlauf aufgerissen hat«, gab Bendt das wieder, was sie unmittelbar nach ihrer Ankunft erfahren hatten.

»Ja, das stimmt. Vielleicht hat Smilla eine Maus gejagt. Keine Ahnung, was sie sonst so aufgescheucht haben könnte. Sie muss aus irgendeinem Grund durch den Raum geschossen sein, alles umgerissen und sich dann ganz unglücklich am Hinterlauf geschnitten haben. Als ich reinkam, hatte sie sich im Lederriemen des Steigbügels verfangen, und der Sattel lag halb auf ihr. Ich habe sie mit dem Messer losschneiden müssen, weil sie so an dem Riemen gezerrt hat, dass ich sie nicht anders von dem Sattel trennen konnte. Sie ahnen ja nicht, was ein Tier für eine Kraft hat, wenn es sich ängstigt.«

»Gut, dass Sie überhaupt so schnell reagieren konnten«, warf Bendt ein.

»Ja, ich habe die Wunde sofort mit dem Ärmel meines Arbeitshemdes abgebunden, weil ich auf die Schnelle nichts anderes zur Hand hatte, und dann sofort den Verbandskasten hergeschafft, um die Hündin erst einmal notdürftig zu versorgen. Danach bin ich wie der Teufel zum Hof unseres Tierarztes gerast, der zum Glück nicht weit weg ist. Mir will nur immer noch nicht in den Kopf, wie das Messer auf den Boden kam. Ich hätte schwören können, dass es wie immer dort oben in dem Regal lag.« Hansen wies auf ein kleines Hängebord, das über einer breiten Truhe links vom Eingang zur Sattelkammer angebracht war.

»Wahrscheinlich sind Sie wegen des Todes von Frau Frombach auch ein bisschen durcheinander und haben es versehentlich auf dem Boden liegen lassen«, mutmaßte Braun.

»So muss es wohl sein«, seufzte der Stallmeister. »Für Carla war das natürlich ein schrecklicher Schock. Ich hatte gestern versucht, sie vom Tierarzt anzurufen, aber sie hat nicht abgenommen. Ihr Handy lag wohl auf dem Küchentisch im Gutshaus. Ich habe dann ihren Mann informiert, der zum Glück schon fast zu Hause war, als ich ihn im Auto auf seinem Handy erwischt habe.« Er schüttelte abermals den Kopf. »Dass das nun auch noch passieren musste. Also, wollen wir uns setzen?« Er deutete erneut auf die Klappstühle, aber Braun winkte ab.

»Was halten Sie davon, wenn Sie uns den Hof zeigen und wir uns irgendwo draußen unterhalten?«, schlug der Hauptkommissar vor.

»Sehr gern«, entgegnete Hansen. Dann ging er den Kommissaren voraus nach draußen. Auf dem Platz vor den Ställen war eine junge Pferdepflegerin dabei, ein Pferd zu striegeln. Sie grüßte flüchtig, als sie in Richtung Reithalle vorbeigingen. Es war ein kalter Tag, und die schneebedeckten Wiesen rund um den großen Holzbau, der als Reithalle diente, glitzerten in der Wintersonne.

»Wie viele Leute arbeiten hier?«, wollte Bendt wissen.

»Außer mir haben wir noch drei Mitarbeiter«, entgegnete Hansen. »Eine Pferdepflegerin und zwei Pferdetrainer. Wir haben im Moment sechzehn Pferde im Stall. Hanna fehlt.« Er schluckte.

»Was waren Hannas Aufgaben auf dem Hof?«, fragte Braun.

»Die Schwestern haben sich vor allem um den Verkauf der Pferde gekümmert und natürlich um alle finanziellen Dinge. Aber beide arbeiteten auch beim Training der Pferde mit und sind entsprechend ausgebildet.« Er streckte den Arm aus und wies auf eine eingezäunte Fläche, unweit der Reithalle hin. »Das ist unser Reitplatz, wo wir bei entsprechendem Wetter draußen trainieren.« Dann zeigte Hansen in die andere Richtung, wo sich der gewaltige Heuschober befand, durch dessen offene Tür die seitlich aufgestapelten Heu- und Strohballen zu sehen waren.

»Dort drüben lagern wir das Tierfutter, und dort sind auch die Mähmaschine und alles andere Gerät untergebracht, das wir so brauchen«, erklärte er und steuerte auf die Tür der Reithalle zu. »Wenn Sie wollen, können wir eine Weile beim Springtraining zugucken.«

Hansen zog eine Seite der schweren Schwingtür auf, die sich mit einem vernehmlichen Ächzen öffnete. Alle drei nahmen auf einer kastenförmig angebrachten Sitzbank aus Holz Platz, die sich etwas weiter links neben der Tür auf einem dafür vorgesehenen Besucherpodest befand. Ein junger Mann galoppierte mit einem Rappen durch einen Springparcours und dirigierte das schnaubende Pferd über die aufgebauten Hindernisse. Der Reiter hielt die Zügel kurz vor dem Absprung straff gespannt, so dass der Hals des gewaltigen Tieres sich fast bis auf dessen Brust bog. Es sah aus, als versuche sich das Pferd von der unliebsamen Trense zu befreien, denn es warf den Kopf hin und her und schien gegen das Mundstück anzukämpfen, bevor es endlich den erlösenden Absprung fand und der Reiter die Zügel weit nach vorn gebeugt freigab, um dem Tier einen gewaltigen Satz zu ermöglichen. Dann zog der Reiter die Zügel wieder fest an und ritt auf das nächste Hindernis zu.

Braun zuckte bei jedem Absprung des Pferdes zusammen, weil er fürchtete, es gäbe ein Unglück. Er stellte wieder einmal fest, dass er dem Reitsport nichts abgewinnen konnte. Jedes Tier, dessen Stockmaß sein eigenes Kniegelenk überragte, war ihm suspekt.

»Das ist eines unserer vielversprechendsten Pferde«, sagte Hansen mit Stolz in der Stimme. Er beobachtete jede Bewegung des Pferdes mit spürbarer Begeisterung. »Sein Vater hat schon sehr bedeutende Turniere gewonnen, und ich bin sicher, dass wir von seinem Spross noch viel zu erwarten haben.«

Sie beobachteten für eine Weile schweigend das Geschehen auf dem Reitplatz.

»Wie standen Sie zu Hanna Frombach?«, kam Braun schließlich auf den Anlass ihres Besuches zu sprechen.

»Hanna und Carla waren – sind meine Familie.« Hansen vergrub seine Hände in den Taschen seiner Steppweste, als würde er plötzlich frieren.

»Hat Sie ihr Tod überrascht?«, fragte Braun ohne Umschweife.

»Überrascht?« Hansen schien eine Weile nachdenken zu

müssen, um die passende Antwort zu finden. »Carla hat Ihnen vermutlich erzählt, dass ihre Mutter damals auf tragische Weise verunglückt ist. Seitdem hat sich hier vieles geändert, es hat Hanna verändert.«

»Inwiefern?«, hakte Braun nach.

»Carlas und Hannas Großmutter ist hier auf dem Hof eingezogen, um sich um die Zwillinge zu kümmern, nachdem Carolin gestorben war. Die alte Frombach und ihr Sohn, also Carlas und Hannas Vater, haben sich nicht sonderlich gut verstanden. Nicht, dass die alte Frombach ein schlechter Mensch gewesen wäre, aber sie war eine sehr strenge Frau. Es gab viele Konflikte. Ihr Sohn hat sich mehr und mehr in seine Arbeit geflüchtet und war viel im Ausland. Irgendwie haben die Mädchen nach und nach auch ihren Vater verloren. Das war schlimm, aber es hat sie als Geschwister noch enger zusammengeschweißt.«

»Sie haben meine Frage noch nicht beantwortet«, stellte Braun nach einer Weile fest. »Hat Sie der Tod von Hanna Frombach überrascht?«

»Hanna war sehr krank«, erklärte Hansen, »sie ...«

In diesem Moment streifte das Pferd im Parcours einen der Holzbalken des Hindernisses mit seinen Hufen, wodurch die Stange erst auf die darunterliegende und dann auf dem sandigen Untergrund des Hallenbodens aufschlug.

»Nichts passiert«, sagte Hansen. »Ich baue das eben wieder auf.« Er verließ seinen Platz, stapfte zu dem Hindernis hinüber und hievte die schwere weiß-rot gestreifte Stange wieder in ihre Halterung zurück. Bevor er auf die Bank zurückkehrte, rief er dem Reiter noch einige Kommandos zu.

»Entschuldigung, wo waren wir?«, fragte er, nachdem er sich wieder gesetzt hatte.

»Bei der Frage, ob Sie mit einem Selbstmord von Hanna Frombach gerechnet haben?«, wurde Braun deutlicher.

»Ja und nein«, erwiderte Hansen. »Ich glaube, Hanna hat den Tod ihrer Mutter nie richtig verarbeitet, und damals wurde das, was man heute wohl Trauma nennt, auch nicht angemessen behandelt. Hanna war als Kind und Jugendliche schon auffällig. Die alte Frombach hätte das aber nie zugegeben. Bei ihr musste immer der Schein nach außen gewahrt bleiben. Die Mädchen wurden sonntags in hübsche gleiche Kleider verpackt und wie Zootiere präsentiert. Der alten Frombach war wichtig, was die anderen Leute sagen. Sie hätte sich nie eingestanden, dass den Mädchen etwas fehlt oder eine sogar krank ist. Das wurde unter den Teppich gekehrt.«

Braun wollte langsam zum Punkt kommen. »Also mit anderen Worten: Sie sind der Meinung, dass Hanna Frombach sich umgebracht hat?«

»Was denn sonst?«

»In was für einer Verfassung war Hanna Frombach an dem Tag, als sie gestorben ist?«, fragte der Hauptkommissar weiter.

Der Stallmeister schien überlegen zu müssen. »Ich habe sie an dem Tag nur ganz kurz gesehen, und dabei ist mir nichts Ungewöhnliches aufgefallen. Aber wir wussten alle, dass Hanna eine tickende Zeitbombe ist. Wer hätte sie außerdem umbringen sollen?«

»Wir hatten gehofft, dass Sie uns das sagen können«, warf Bendt ein.

Der Stallmeister wandte sich ab.

»Eric, mach Schluss für heute, ich finde, es ist genug«, rief er dem Reiter auf dem Parcours zu. Der nahm daraufhin noch zwei weitere Hindernisse und zügelte sein Pferd dann in den leichten Trab.

»Halten Sie es für denkbar, dass ihr ehemaliger Verwalter, Herr Keller, oder sonst jemand etwas mit dem Tod von Frau Frombach zu tun hat?«, fragte Braun.

Hansen schüttelte den Kopf.

»Frau Frombach hat uns von den beruflichen Problemen mit Herrn Keller erzählt«, erläuterte Braun, »und darüber hinaus angedeutet, dass sich zwischen Herrn Keller und Hanna Frombach so etwas wie eine Liebesbeziehung angebahnt hat. Was wissen Sie darüber?«

Hansen atmete vernehmlich durch. »Hanna mochte Keller am Anfang sehr. Ich habe ihr immer gewünscht, dass sie irgendwann mal einen Partner findet. Aber sie hatte generell wenig Vertrauen in Menschen. Dafür hat sie die Pferde geliebt. Sie hatte wegen des Todes ihrer Mutter, glaube ich, ganz starke Verlustängste.«

»Aber mit Keller bahnte sich etwas an?«, fragte Braun, der mit der Befragung deutlich schneller vorankommen wollte.

»Ich glaube, sie war ein bisschen in ihn verliebt. Er war attraktiv und auch sympathisch, das muss ich zugeben. Gar keiner, dem man einen Betrug zutraut.«

»Glauben Sie mir«, erklärte Braun, »es gehört zum Berufsbild des Betrügers, sympathisch zu sein.«

»Jedenfalls, wenn man Erfolg haben will«, ergänzte Bendt trocken.

»Also«, kam Braun auf das Thema zurück. »Was lief da zwischen den beiden?«

»Dass da wirklich mehr lief als ein Flirt, glaube ich nicht. Sie haben sich natürlich täglich gesehen, und Keller hat am

Anfang hier ganz schön den Allwissenden gespielt, und das hat Hanna imponiert. Als ans Licht kam, dass er die Schwestern betrogen hat, hat Hanna sehr emotional reagiert und ihn wüst beschimpft.«

»Und«, fragte Braun, »kann Rache nicht vielleicht ein Motiv für Keller gewesen sein?«

Hansen schüttelte abermals den Kopf. »Dass er sie getötet hat, glaube ich auf keinen Fall. Wenn Keller hier jemanden hätte umbringen wollen, dann allenfalls Konrad Teubert. Er war letztlich auch die treibende Kraft, als es darum ging, ihn bei der Polizei anzuzeigen und gegen ihn zu prozessieren.«

»Apropos Teubert.« Hansen hatte Braun ein willkommenes Stichwort geliefert: »Was war das eigentlich für eine Art Beziehung, die die drei geführt haben? Ich meine, so ein Leben zu dritt muss ja auch nicht immer einfach sein.«

»Also, wenn Sie mich fragen, dann waren eigentlich Carla und Hanna in erster Linie miteinander verheiratet, und dann kam Konrad.« Er sagte das, als sei es die selbstverständlichste Sache der Welt.

»Und die Beziehung zwischen Konrad Teubert und seiner Schwägerin?«, fragte Bendt.

Hansen lehnte sich auf seinem Platz vor und sah Bendt an. »Also, wenn Sie meinen, was ich denke, was Sie meinen, vergessen Sie das mal ganz schnell. Hanna hätte nie mit Konrad und er nichts mit ihr angefangen, ausgeschlossen«, sagte er harsch. »Da hatte Konrad, glaube ich, eher andere Interessen.« Der bittere Unterton in Hansens Stimme ließ den Hauptkommissar aufhorchen.

»Und diese Interessen wären konkret welcher Natur?«, fragte Braun deshalb.

Hansen winkte ab. »Das habe ich jetzt nur so dahingesagt.«

Braun ließ nicht locker. »Anders gefragt: War die Ehe zwischen Carla Frombach und ihrem Mann glücklich?«

Hansen lachte verächtlich auf: »Was heißt das schon? Sie haben keinen unglücklichen Eindruck gemacht. Ich glaube, ihm war das ganz recht, dass Carla und Hanna so viel miteinander unternommen haben. Er war sehr viel unterwegs, zu seinen Ärztekongressen und so.«

»… und so? Was heißt ›und so‹?« Braun wusste, dass Hansen etwas zu sagen hatte.

»Ich kann nur sagen, dass Konrad sich für sein Alter auffallend und intensiv fortbildet«, brachte er schließlich heraus, »aber das war schon immer so und geht mich ja im Übrigen auch nichts an.«

»Wissen Sie von einer Affäre?«, fragte Bendt klar heraus.

»Nein.« Hansen war anzumerken, dass er bereute, dieses Thema angerissen zu haben. »Ich sage nur, dass er oft wegfährt.«

»Aber Sie vermuten, dass diese Reisen nicht nur dienstlicher Natur sind?« Braun blickte den Stallmeister in einer Art und Weise an, die deutlich machte, dass er ohnehin nicht um eine Antwort herumkam.

»Na gut, vor vielen Jahren hatten wir mal eine auffallend attraktive junge Pferdewirtin bei uns auf dem Hof, und damals hat sich Konrads Interesse am Reitsport beträchtlich erhöht, wenn Sie verstehen.« Hansen sprach das Wort »Reitsport« mit einer so doppeldeutig klingenden Betonung aus, dass Bendt auflachte und auch Braun schmunzeln musste.

»Und wie hat sich die Sache mit der erhöhten Reitleidenschaft damals entwickelt?«, fragte Braun.

»Um das gleich klarzustellen«, zischte Hansen, »ich habe nur meine Vermutungen: damals wie heute. Definitiv wissen tue ich gar nichts. Aber was die sehr hübsche junge Frau betrifft, hat sie sich relativ bald einen anderen Arbeitsplatz gesucht, und Konrad hat sich wieder verstärkt seinen Fortbildungsreisen gewidmet.«

»Und wie stand Carla Frombach dazu?«, fragte jetzt wieder Bendt.

Hansen hob die Hände in einer abwehrenden Geste. »Ich glaube nicht, dass sie das denkt, was ich denke, und ich würde mir ehrlich gesagt auch nie erlauben, sie darauf anzusprechen.«

Was Carla Frombachs Ehe betraf, wollte Braun es vorläufig dabei belassen. Er sortierte kurz seine Gedanken, bevor er die nächste Frage formulierte: »Haben Sie übrigens zu diesem Keller in letzter Zeit Kontakt gehabt?«

»Ja, das habe ich tatsächlich«, antwortete Hansen. »Er hat mich angerufen. Das war nur wenige Tage vor Hannas Tod, zwei oder drei vielleicht. Es ging irgendwie um sein Insolvenzverfahren. Er brauchte die Zustimmung der Gläubiger für irgendwas. Ich habe das ehrlich gesagt nicht richtig verstanden. Er hat gefragt, ob ich für ihn mit den Schwestern reden kann. Ihm stünde das Wasser bis zum Hals. Ich habe ihm gesagt, dass er sich unterstehen soll, sich hier blicken zu lassen. Auch wenn ich der Meinung bin, dass er nicht wirklich etwas dafür kann, dass Hanna krank geworden ist, hat er sich ja selbst in die Scheiße geritten, wenn ich das mal so ausdrücken darf.«

»Dürfen Sie«, bestätigte Braun, dem ein offenes Wort stets willkommen war.

»Ich habe gesagt, dass das alles nicht mein Problem ist

und er sich allenfalls mit Carla darüber unterhalten kann«, ergänzte Hansen.

»Wusste dieser Keller, dass Hanna Frombach krank war?«

»Wohl nicht, das ging ja auch erst richtig los, als er schon vom Hof war«, erinnerte sich Hansen.

»Hat eigentlich niemand von ihnen mal darüber nachgedacht, ihn und Hanna Frombach einander noch einmal gegenüberzustellen, um sie davon zu überzeugen, dass er harmlos ist?«, fragte Braun.

»Doch, ich hätte das gut gefunden. Ihr Psychologe hat aber zu Carla gesagt, dass das überhaupt nichts bringt. Im Gegenteil, sie hätte sich angeblich, egal, wie er sich verhalten hätte, im Zweifel bestätigt gesehen.« Hansen zuckte mit den Schultern, offenbar hielt er von Psychologen nicht sonderlich viel.

»Haben Sie gegenüber Herrn Keller oder gegenüber irgendjemandem erwähnt, dass Carla oder Hanna Frombach sich am letzten Samstag in der fraglichen Wohnung aufgehalten haben?«, fragte Bendt, während der Reiter sein Pferd aus der Halle führte und die Tür hinter sich ins Schloss fallen ließ.

Hansen schaute von einem Kommissar zum anderen, und ihm war anzusehen, dass ihm gerade etwas eingefallen war.

10

Die erforderlichen Durchsuchungsbeschlüsse für die Privathäuser und die Praxis der Doktoren Teubert und Röhrs hielt Anna nur wenige Tage nach ihrer Beantragung bereits in Händen. Schwieriger war es für die Kollegen vom Wirtschaftsdezernat bei der Kripo gewesen, sehr kurzfristig die Leute bereitzustellen, die an diesem Morgen parallel an allen drei Orten die Durchsuchung durchführen konnten. Es wunderte die Beamten nicht, dass Anna sie in das Gutshaus begleiten wollte. Denn seit sie im Wirtschaftsdezernat eingesetzt war, nahm sie regelmäßig an Polizeieinsätzen teil, wenn ihr das sinnvoll erschien. So war es ihr möglich, schon vor Ort bei der Sichtung der Papiere mitzuwirken und zu gewährleisten, dass nur die verfahrensrelevanten Unterlagen sichergestellt wurden. Auf diese Weise musste sie sich später nicht im Büro durch Kartons voller belangloser Schriftstücke kämpfen. Sie hatte sich mit den Kollegen von der Kripo dahingehend abgestimmt, zunächst mit zwei Beamten in die Villa Frombach zu fahren.

Anna betätigte den Klingelknopf, und es dauerte nicht lange, bis die Tür der Villa geöffnet wurde. Auch ohne dass Bendt ihr Frau Frombach im Vorfeld beschrieben hätte, wäre Anna spontan sicher gewesen, dass es sich bei der zarten blonden Mittvierzigerin um die Hausherrin handeln müsse. Ihre Haut wirkte grau, und der Kummer stand ihr deutlich ins Gesicht geschrieben. Zudem vermutete Anna wegen der glasigen Augen, aus denen die Frau sie müde anblickte, dass sie ein Beruhigungsmittel oder starke Medikamente eingenommen hatte.

»Mein Name ist Kommissar Klamroht, das ist mein Kollege Herr Schmidt und das Frau Staatsanwältin Lorenz«, stellte der leitende Beamte sie vor.

Anna registrierte sofort ein nervöses Zucken um Carla Frombachs Mundwinkel.

»Geht es wieder um meine Schwester?«, wollte Carla Frombach wissen.

»Nein, darum geht es nicht, wir …«

Frau Frombach unterbrach den Kommissar: »Ist etwas mit meinem Mann? Ist ihm etwas passiert?«, fragte sie starr vor Schreck.

»Nein, niemandem ist etwas zugestoßen«, beeilte sich Anna zu sagen, um Frau Frombach nicht mehr als ohnehin nötig zu beunruhigen. »Es geht um ein Verfahren, das allein ihren Mann und seine Arztpraxis betrifft.« Anna überreichte ihr den richterlichen Beschluss.

Carla Frombach überflog das Schriftstück mehrfach, bevor sie sich wieder den Beamten zuwandte. Obwohl sie merklich zitterte, schien sie über den Anlass des Besuches fast ein wenig erleichtert zu sein. Anna fragte sich spontan, ob es vielleicht doch ein Geheimnis gab, das sie vor den Kommissaren verbarg, und vor allem, mit welcher Art anderer Hiobsbotschaft sie eigentlich gerechnet hatte.

»Mein Mann ist bereits weg und müsste schon in der Praxis sein«, erklärte Frau Frombach und bat Anna und die Kommissare herein.

»Es tut mir wirklich sehr leid, dass wir Ihnen diese Durchsuchung so kurz nach dem Tod Ihrer Schwester zumuten müssen«, sagte Anna, während sie sich von Frau

Frombach in die Bibliothek führen ließ. Die beiden anderen Beamten hatten sich nach einer kurzen Absprache in Richtung des bei den Stallungen gelegenen Bürotraktes auf den Weg gemacht.

»Die Tatsache, dass wegen des Ihnen bekannt gegebenen Tatvorwurfs gegen Ihren Mann ermittelt wird, heißt noch lange nicht, dass er deshalb auch zwingend angeklagt oder gar verurteilt werden wird«, erläuterte Anna.

Carla Frombach nickte nur schwach und deutete auf einen bombastischen Schreibtisch aus massivem Mahagoni, der ungefähr in der Mitte der imposanten Bibliothek stand. Anna blickte fasziniert auf die hohen Bücherwände, die teils bis an die Decke reichten und bodenseitig durch eine Reihe von hohen Klappfächern begrenzt wurden. Hier fand sich unzweifelhaft ein atemberaubender Schatz an Büchern, der unter anderem aus aufwendig und teuer gebundenen Enzyklopädie-Reihen, Atlanten und Lexika bestand. Bei anderer Gelegenheit wäre Anna zu gern auf die geschwungene Leseleiter gestiegen, die an einem der Regale eingehängt war, und hätte ein wenig herumgestöbert.

»Mein Mann hat in den seltensten Fällen zu Hause gearbeitet«, erklärte Carla Frombach leise. »Ich glaube nicht, dass er Geschäftsunterlagen hier aufbewahrt.« Sie deutete auf die Klappfächer an der Unterseite der Regale. »Wenn überhaupt, könnten Sie allenfalls dort etwas finden. Ansonsten handelt es sich ausschließlich um private Papiere. Was die Korrespondenz und Geschäftspapiere hinsichtlich des Gestüts betrifft, befindet sich das alles in dem Bürotrakt bei den Ställen, zu dem Ihre Kollegen gegangen sind. Dort erledige ich die Verwaltung für das Gut. Mein Mann hält sich dort für gewöhnlich nicht auf.«

»Ich danke Ihnen, dass sie so kooperativ sind. Wir werden Sie hier sicher nicht sehr lange belästigen.«

Carla Frombach schien noch etwas sagen zu wollen. Dann hörten beide das Läuten des Telefons.

»Ich nehme an, das wird mein Mann sein. Ich würde den Anruf gern in der Küche entgegennehmen, wenn Sie nichts dagegen haben?«

Anna lächelte. »Sicher, gehen Sie nur, Frau Frombach«, sagte sie zu der Frau, deren Schicksal und Erscheinung sie aufrichtig rührte. Anna setzte sich an den Schreibtisch und strich über das glatte dunkle Leder der Schreibtischauflage, die das glänzende Holz schützte. Die wenigen Gegenstände auf dem Schreibtisch hatte man in perfekter Harmonie zueinander abgestimmt und dekoriert. Genauso stellte sich Anna den Schreibtisch eines hochrangigen Politikers in einem Politikmuseum vor. Ein massiver kostbarer Füllfederhalter stand schräg aufgestellt in einer eigens dafür vorgesehenen Halterung aus blankgeputztem Sterlingsilber. Daneben das unberührt aussehende Tintenfass und ein mit Ledereinband versehener Schreibblock, auf dem nicht eine einzige kleine Notiz zu finden war.

Anna zog nacheinander die an beiden Längsseiten des Tisches angebrachten Schubladen auf. Sie fand nichts Ungewöhnliches darin. Unter einem Stapel belangloser Papiere förderte sie lediglich Büroklammern, weitere Schreibutensilien und eine alte goldene Herrenuhr zutage. Sie schloss den Schreibtisch wieder, stand auf und wandte sich den Fächern unterhalb der Bücherregale zu.

Nacheinander öffnete sie die massiven Holzklappen und überflog die Überschriften der dort deponierten Einbände. »NEBENKOSTEN«, »ABSCHREIBUNGEN HAUS«, »KONTO-

AUSZÜGE PRIVAT«, »NOTAR« und andere Aufschriften fanden sich in fein säuberlich gemalten Großbuchstaben auf den jeweiligen Aktenrücken und ließen auf eine penible Ordnung schließen.

Anna griff nach dem Ordner mit der Aufschrift »NOTAR« und schlug ihn auf.

11

Der Wind war so unangenehm kalt, dass Susan den Kragen ihres Wollmantels enger zusammenzog, während sie auf das graue Wasser der Untertrave blickte. Nur vereinzelt tanzten kleine Schneeflocken über den Abendhimmel und verloren sich dann irgendwo in der Dunkelheit. Susan streifte einen Handschuh ab, fuhr mit den Fingerkuppen unter ihren Augen entlang und ermahnte sich, bloß nicht mehr und vor allem nicht in seiner Gegenwart zu weinen. Unschlüssig schaute sie zu der Häuserzeile auf der gegenüberliegenden Straße hinüber und fand noch immer nicht den Mut, in das hell erleuchtete Lokal hineinzugehen. Obwohl sie ziemlich sicher gewesen war, dass Konrad kommen würde, war ihr doch ein Stein vom Herzen gefallen, als sie ihn vor ungefähr zehn Minuten mit hoch aufgestelltem Mantelkragen die Straße hatte hinaufeilen sehen. Er war vor dem Lokal nur kurz stehengeblieben und hatte sich sogleich hineinbegeben, nachdem er sich flüchtig umgeblickt und sie auf der gegenüberliegenden Straßenseite nicht entdeckt hatte. Vermutlich war er wütend, dass er an ihrer Wohnungstür nur die von ihr daran angepinnte Nachricht vorgefunden hatte. Sie ging noch ein paar Schritte weiter am Wasser entlang und legte sich wieder dieselben Worte zurecht. Er hatte keine Ahnung, wie verzweifelt sie ihn liebte.

Bei einem am Kai angetäuten kleinen Schiff, dessen Segel mit kleinen goldenen Lichtern umrahmt waren, blieb sie stehen und lauschte dem Klappern der kleinen Schiffsfahne, die im Rhythmus des Windes hin und her flatterte. Wie weit ich mich inzwischen von der Frau entfernt habe, die ich noch vor zwei Jahren war, dachte sie, während sie auf das schaukelnde Boot hinabblickte. Die Affäre mit Konrad hatte aufregend begonnen und war damals schön für sie gewesen, weil noch keine echte Liebe, sondern nur Leidenschaft im Spiel gewesen war. Wie merkwürdig es war, wenn sie jetzt an die ersten Monate zurückdachte. Anfangs hatte sie noch geglaubt, sich zu irren, sich einzubilden, dass dieser souveräne und imposante Mann, der immerhin achtzehn Jahre älter war als sie, etwas von ihr wollte. Aber sie hatte sich nicht geirrt. Es war der Ausdruck in seinen Augen gewesen, mit denen er im abgedunkelten Behandlungszimmer manchmal während der Ultraschalluntersuchung eines Patienten zu ihrem Platz am PC aufgeblickt hatte. Irgendwann hatte sie begonnen, seine Blicke mit klopfendem Herzen zu erwidern und später sich geradezu nach jedem noch so kleinen Zeichen von ihm zu verzehren. Es hatte lange gedauert, bis er sie wirklich das erste Mal geküsst und berührt hatte. Lange vorher war sie ihm längst verfallen und bereit gewesen, sich ihm hinzugeben. Es war wie ein Spiel, dessen Ausgang zwischen ihnen von Beginn an klar gewesen war und dessen Geschwindigkeit er allein bestimmt hatte, um das erotische Knistern zwischen ihnen bis zur Unerträglichkeit zu steigern. Schon seinen Atem in ihrem Nacken zu spüren, wenn er wie zufällig hinter ihren Drehstuhl getreten war, hatte sie damals fast um den Verstand bringen können. Von Tag zu Tag hatte er ihre Gedankenwelt mehr dominiert und war die Sehnsucht nach ihm unerträglicher für sie geworden. Ihr gesamter Tagesablauf war dadurch bestimmt worden, dass sie seine Nähe suchte und die kleinen, kaum wahrnehmbaren Vertraulichkeiten genoss, die sie schon damals die Ekstase erahnen ließ, die sie noch heute empfand, wenn sie mit ihm schlief. Sie hatte Strategien entwickelt, um immer öfter mit ihm allein zu sein, indem sie sich unter einem Vorwand in sein Behandlungszimmer stahl oder auf dem Flur wie zufällig an ihm vorbeistreifte. Sie begann, ihren Dienstplan nach seinem auszurichten und sich schließlich in der Hoffnung, irgendwann am Abend mit ihm allein zu sein, für die Abendschicht einteilen zu lassen. Allein in der Praxis zu bleiben, war nicht ganz einfach, weil die Helferinnen die Order hatten, selbst wenn der Chef im Hause war, die Tür abends gemeinsam abzuschließen und das Haus auch zusammen zu verlassen. Den Schlüssel behielt aber damals abends nicht sie, sondern eine andere Kollegin, die die Dienstälteste war. Eines Abends, als ihre Kollegin besonders in Eile gewesen war, hatte sie ihre Chance genutzt und, nachdem sie die Praxis verlassen und schon die U-Bahn-Station erreicht hatten, vorgegeben, ihren Wohnungsschlüssel in der Praxis vergessen zu haben. Angesichts der Eile ihrer Kollegin war es Susan nicht schwergefallen zu vermitteln, dass sie in diesem einen Fall eine Ausnahme machen und sie allein zur Praxis zurückgehen lassen könnte.

Ihr Herz hatte ihr bis zum Hals hinauf geschlagen, als sie an jenem lauwarmen Sommerabend den Schlüssel zur Praxistür herumgedreht und sich hineingestohlen hatte. Ihr Wunsch, mit ihm zusammen zu sein, war damals größer als die Angst vor der eigenen Courage gewesen. Dann hatte sie eine gefühlte Ewigkeit hinter seiner angelehnten Bürotür gestanden und sich nicht überwinden können, hineinzugehen. Sie hatte der Stille gelauscht, die nur durch das leise Rascheln des Papiers auf seinem Schreibtisch unterbrochen worden war. Sie hatte gemeint, in ihrem dünnen kurzen Sommerkleid ersticken zu müssen, und wäre beinahe davongelaufen. Doch dann hatte sie sich doch noch einen Ruck gegeben, den Haarknoten auf ihrem Kopf gelöst und war barfuß auf Zehenspitzen über den kühlen Linoleumfußboden in sein Zimmer geschlichen. Noch heute hatte sie sein Lächeln vor Augen, als er zu ihr aufgesehen hatte. Nicht der geringste Ausdruck von Überraschung war darin zu lesen gewesen. Als sie die Bürotür leise hinter sich geschlossen und sich von innen dagegengelehnt hatte, war sie sicher gewesen, dass er auf sie gewartet hatte. Keiner von ihnen hatte auch nur ein einziges Wort gesprochen. Damals, als sie sich das erste Mal geliebt hatten, waren es Abenteuer und Lust gewesen, die sie verbanden. Sie hatten einander begehrt und das hatte ihr anders als heute früher gereicht. Sie hatte es genossen, wenn die Lichter der Praxis erloschen und alle außer ihm heimgegangen waren, in sein Büro zu schleichen und mit ihm zu schlafen. Heute fühlte sie sich billig dabei. Am Anfang hatte es sich gut angefühlt, ihn zu Ärztekongressen nach Berlin oder sogar Paris zu begleiten, und sie hatte sich nicht im Geringsten daran gestört, am Tag mit seiner Kreditkarte in der Handtasche allein durch die Städte zu streifen, um ihn am Abend im Hotel für eine weitere heimliche Nacht wiederzutreffen.

Das, was einst wunderbar war, hatte mittlerweile seinen Reiz verloren, und irgendwann hatte sie aufgehört, sich unwiderstehlich und begehrenswert zu finden. Sie fühlte sich leer und fast ein bisschen missbraucht. Wenn er sie in den letzten Monaten nach einem kurzen Stelldichein in der Praxis oder ihrer Wohnung verlassen hatte und zum Abendessen nach Hause aufgebrochen war, hatte sie sich nur noch elend und einsam gefühlt. Sie war Anfang dreißig und wollte mehr sein als eine Mätresse. Sie verdiente es, geliebt zu werden, und hatte zudem die Heimlichtuerei satt.

Susan machte kehrt und passierte die Straße. Es war Zeit hineinzugehen. Sie hatte ein Recht darauf, ihn allein zu besitzen, und war um keinen Preis bereit, ihn aufzugeben, auch wenn sie ihm heute ein Ultimatum zu stellen gedachte.

12

»Johannes, wo bist du?«, rief Carla.

»Ich bin hier hinten in der Sattelkammer«, antwortete der Stallmeister.

Carla lief zwischen den Pferdeboxen hindurch und stieß hektisch die Tür zur Kammer auf.

»Johannes, hast du meine Reitgerte gesehen?«, fragte sie außer Atem.

»Nein, wieso? Ich wollte eigentlich gleich Feierabend machen.« Hansen zog den Reißverschluss seiner Steppweste zu und knipste das Licht in dem an die Sattelkammer angrenzenden Aufenthaltsraum aus. Smilla lag zusammengerollt in der Ecke und blickte auf, als sie Carla sah. Sie wedelte zwar mit dem Schwanz, rührte sich aber nicht vom Fleck. Ihr Hinterlauf war nach wie vor bandagiert und hatte sich zu allem Überfluss auch noch entzündet.

»Johannes, ich bin vorhin drüben in der Halle geritten und habe meine Gerte dort auf die Bank gelegt, als ich Da Vinci von der Longe getrennt habe. Da bin ich absolut sicher. Sie ist nicht mehr da!«

»Carla?« Hansen machte einen Schritt auf sie zu und sah sie schweigend an.

Carla kannte den Blick, mit dem er Hanna immer angesehen hatte, wenn sie wieder geglaubt hatte, irgendetwas sei verschwunden und nicht mehr an seinem Platz.

»Sie ist nicht mehr da, Johannes, und ich habe sie wirklich dort abgelegt«, flüsterte Carla.

Hansen nahm sie in den Arm. »Beruhige dich, Carla«, sagte er. »Es wird eine ganz einfache Erklärung dafür geben.« Er fasste sie bei den Schultern und schob sie wieder ein Stück von seinem Körper weg. »Wer war denn außer dir noch in der Halle? Vielleicht hat sie jemand mitgenommen?«

»Es war niemand da«, flüsterte Carla.

»Ich gehe mit dir rüber. Wir sind gleich wieder da, Smilla«, fügte er über die Schulter in Richtung des Hundes hinzu und schritt Carla voran durch die Dämmerung auf die offenstehende Tür der beleuchteten Halle zu. Das Pferd Da Vinci, das sie an dem Geländer festgemacht hatte, das vor der Sitzbank angebracht war, spitzte die Ohren, als sie eintraten.

»Wo hast du die Gerte hingelegt?«

»Auf die Bank, Johannes.«

Hansen blickte auf das Besucherpodest und bückte sich dann, um unter die Sitzbank sehen zu können. »Ich finde sie auch nicht«, stellte er fest, während er den Boden abtastete. »Bist du sicher, dass du sie nicht irgendwo anders hingelegt hast?«, fragte er und hatte es kaum ausgesprochen, als er die Gerte in die Höhe streckte und sich aufrichtete. »Na, sie ist offenbar von der Bank und in die Fuge an der Stufe des Podests gerutscht.«

Carla nahm die Reitgerte entgegen. »Entschuldige, Johannes, ich weiß auch nicht, was mit mir los ist, manchmal sehe ich auch schon Gespenster.«

Johannes strich Carla über den Arm, ging dann zu dem Pferd hinüber und band es ab. »Glaub mir, Carla, du wirst nicht verrückt. Du hast einfach viel zu viel durchgemacht in letzter Zeit und bist total überreizt. Außerdem siehst du keine Dinge, die nicht da sind, so wie Hanna sie sah. Alles, was dich ängstigt, ist real, Carla, vergiss das nicht.« Er legte ihr den Arm um die Schulter und drückte sie freundschaftlich an sich. »Lass uns Da Vinci in den Stall bringen und nach Hause gehen.«

Carla nickte, und sie schwiegen, während sie den Wallach gemeinsam in den Stall führten und das Zaumzeug ablegten.

»Ich bin schrecklich albern«, sagte Carla, als sie das Pferd gefüttert hatten und die Box verriegelten.

»Du solltest dir vielleicht von Konrad etwas zur Beruhigung verschreiben lassen«, schlug Hansen vor. »Damit du wieder ins Gleichgewicht zurückfindest. Ich bringe dich und Smilla zum Haus, bevor ich fahre. Ich muss mir noch einmal ihre Wunde ansehen.«

»Danke, Johannes.«

»Auch das noch!« Hansen blieb, kaum dass er die Tür zur Sattelkammer aufgestoßen hatte, abrupt stehen. »Smilla hat sich schon wieder ihren Verband abgerissen.«

Er ging in die Hocke zu der Hündin, die sich ihm zu Füßen sofort ergeben auf den Rücken legte, um sich kraulen zu lassen. »Ich habe dir doch gesagt, Smilla, dass du das nicht machen darfst«, meinte er vorwurfsvoll. Hansen deutete auf die Verletzung, und auch Carla erkannte sofort, dass die Wunde übel aussah.

»Kannst du mir bitte mal den Verbandskasten geben? Er liegt nebenan auf dem Tisch«, bat er Carla, die sich beeilte, den Koffer zu holen, um dann neben den beiden niederzuknien und den Hund zu streicheln, während Hansen eine neue Mullbinde auspackte.

Smilla atmete schwer. Seit Tagen suchte sie sich schon im

Haus den Platz zum Ruhen aus, der die größtmögliche Körpernähe zu Carla gewährleistete.

»Das sieht wirklich nicht gut aus, Carla«, stellte Hansen fest. »Ich glaube, Smilla hat Fieber. Ich habe heute Nachmittag schon einmal mit Dr. Scheuer telefoniert, nachdem ich es beim Verbandswechsel festgestellt hatte. Wir hatten eigentlich vereinbart, dass wir sie morgen früh noch mal zu ihm rüberfahren, ich fürchte aber, wir können nicht bis morgen warten.«

Er griff in die Tasche seiner Jacke, wählte die Nummer des Tierarztes und schilderte ihm Smillas Zustand. Kurz darauf beendete er das Telefonat.

»Dr. Scheuer hat angeboten, ich könnte jetzt gleich mit ihr vorbeikommen«, erklärte Hansen. »Er möchte sich die Wunde heute noch ansehen und Smilla ein anderes Antibiotikum spritzen. Ich lege ihr jetzt nur einen neuen Verband an, damit kein Schmutz in die Wunde gerät, und bringe sie dann hin.« Obwohl Hansen beim Bandagieren der Wunde ausgesprochen vorsichtig zu Werke ging, zuckte Smilla mehrfach zurück und winselte.

»Ich kann sie fahren, Johannes«, schlug Carla vor. »Du hast Feierabend.«

»Das lässt du schön bleiben«, sagte der Stallmeister bestimmt. »Ich bring dich ins Haus, und du ruhst dich aus. Ich glaube, es wird das Beste sein, wenn ich Smilla heute Abend mit zu mir nach Hause nehme. Sie kann ja kaum laufen, und du kannst sie nicht tragen, wenn sie mal muss. Wer weiß, wann Konrad aus Hamburg zurück sein wird. Außerdem hat er im Moment auch andere Sorgen, als die Nacht über bei Smilla zu wachen.«

Hansen schloss den Koffer und reichte ihn Carla. Sie protestierte nicht, weil es ihr tatsächlich die beste Lösung schien. Sie erwähnte lieber gar nicht, dass Konrad bereits angerufen und ihr gesagt hatte, dass er über Nacht in Hamburg bleiben müsse. Er war am Nachmittag dorthin gefahren, um einen Rechtsanwalt aufzusuchen und mit ihm den Praxisfall zu erörtern.

»Morgen früh hast du deine Smilla wieder«, versprach Hansen. »Mach dir keine Sorgen.« Obwohl ihr Stallmeister zuversichtlich klang, wusste Carla, dass er in Wahrheit tief besorgt war.

Beide standen auf. »Ich weiß nicht, was ich ohne dich machen würde, Johannes«, gestand Carla.

»Ich auch nicht«, gab Hansen lächelnd zurück, kramte seinen Autoschlüssel aus der Tasche und drückte ihn Carla in die Hand.

»Du machst die Heckklappe auf, und ich trage Smilla in den Wagen«, entschied er.

»In Ordnung.« Carla lief voraus, um den Wagen aufzuschließen.

Hansen lauschte ihren Schritten, als sie sich langsam in Richtung Stalltür entfernte. Bevor er den Hund aufhob, hängte er noch das Zaumzeug von Da Vinci an einen anderen Platz.

13

Mit klopfendem Herzen drückte Susan die Tür zum Lokal auf. Bereits draußen hatte sie unter dem Vordach ihre Mütze vom Kopf gezogen und sich durch einen Blick in den Handspiegel ihres Puderetuis vergewissert, dass ihr Mascara nicht verschmiert war und ihr glattes blondes Haar gut saß. Dass sie hübsch war, wusste sie, und Konrad Teubert sollte das auch an diesem Abend, an dem sie zu ihren engen Jeans hohe Stiefel und einen weit ausgeschnittenen V-Pullover trug, nicht vergessen. Es war erst halb sieben Uhr abends, eine Zeit, die Susan ganz bewusst für ihr Treffen ausgewählt hatte. Die Pizzeria war am Freitagabend um diese Zeit üblicherweise noch nahezu leer, und sie musste erst ab acht damit rechnen, dass sich das Lokal mehr und mehr mit Leben und womöglich mit irgendwelchen Bekannten füllen würde.

Konrad saß an einem Tisch ganz hinten in der Ecke und blickte nur flüchtig auf, als die schwere Tür hinter ihr zuklappte und sie langsam auf ihn zuging. Susans Herz krampfte sich zusammen. Wie sehr hätte sie sich in diesem Moment gewünscht, in seinem Blick etwas wie Wärme oder Zuneigung lesen zu können, aber da war nichts von alledem. Schon die hölzerne Art, in der er sich erhob und ihr wortlos aus dem Mantel half, machte ihr klar, dass er über dieses Treffen in der Öffentlichkeit alles andere als begeistert war. Erstmals in ihrer Beziehung – wenn man das, was zwischen ihnen war, als solche bezeichnen konnte – hatte sie die Zügel in die Hand genommen und ihn an einen Ort zitiert. Ein verstohlener Blick in sein verkniffenes Gesicht signalisierte ihr, dass das wahrscheinlich mehr als töricht von ihr gewesen war. Konrad war der Typ Mann, der sich keine Vorschriften machen ließ. Sein ganzer Habitus entsprach dem eines Gottes in Weiß, der anderen sagte, was sie zu tun und zu lassen hatten. Wenn sie heute darüber nachdachte, hatte er die vergangenen zwei Jahre nicht nur darüber entschieden, wann und wo sie sich trafen, sondern sie sogar gelenkt, wenn sie ihn nach Feierabend im Büro überrascht und verführt hatte. Nachdem sie einander gegenüber Platz genommen hatten, griff er nach der Flasche Wasser, die neben einer Karaffe Rotwein in der Mitte des Tisches stand, und füllte ihr Glas.

»Ich nehme an, du möchtest keinen Alkohol trinken«, sagte er, ohne sie anzusehen, stellte die Wasserflasche wieder ab und nahm sogleich die Karaffe Wein zur Hand, um sein halbvolles Glas nachzuschenken. Dann lehnte er sich mit verschränkten Armen in dem schmalen Holzstuhl zurück und sah sie schweigend an. Sie wich seinem Blick aus, suchte vergeblich nach den Worten, die sie sich eigentlich zurechtgelegt hatte, und fürchtete, jeden Moment in Tränen ausbrechen zu müssen, was sie doch um jeden Preis vermeiden wollte. Als der Kellner heraneilte und ihr mit einem überschwänglichen »Buona sera, bella signora« die Speisekarte reichte, war sie dankbar, sich wenigstens für einen kurzen Moment dahinter verstecken zu können. Sie tat so, als ob sie die lose einliegende rote Tageskarte lesen würde. Gleichzeitig wusste sie, dass sie ohnehin keinen einzigen Bissen herunterbekommen würde. Es gelang ihr schon kaum, die vor ihren Augen tanzenden Buchstaben zu entziffern. Susan hatte das Gefühl, der Kloß in ihrem Hals würde immer größer, und obwohl sie sich vorgenommen hatte, im Restaurant als Erste das Wort zu ergreifen, brachte sie keinen Ton heraus. Auch er sagte für eine Weile nichts, sondern ließ seinen Blick spürbar auf ihr ruhen und wartete offenbar auf eine Erklärung. Im Hintergrund trällerte Eros Ramazzotti eine schnulzige Ballade, die so gar nicht zu der Spannung passen wollte, die an ihrem Tisch herrschte.

»Also gut, Susan, warum sind wir hier?«, eröffnete Teubert endlich das Gespräch. Seine Stimme klang so kühl und hart, dass sie zusammenzuckte.

Susan blickte auf und vermochte noch immer nichts zu sagen. Sie fühlte sich so hilflos und unterlegen, dass sie am liebsten auf der Stelle aufgesprungen und davongerannt wäre.

»Ich weiß nicht, was das Ganze hier soll, Susan«, sagte er etwas leiser und merklich verärgert. »Obwohl die Situation derzeit weiß Gott schwierig für mich ist und ich einige Probleme am Hals habe, tische ich meiner Frau eine Ausrede auf, um eine ganze Nacht mit dir verbringen zu können, und was finde ich vor?« Er sah sie an, als sei sie ein dummes Schulmädchen. »Du bittest mich hier in ein drittklassiges Lokal und …«

»Ich wollte ein Treffen auf neutralem Boden«, wisperte Susan. Ihr schossen Tränen in die Augen. »Ich kann auf Dauer nicht so weitermachen, ich … es geht doch auch um das Baby …«

Obwohl Susan nicht laut gesprochen hatte, schaute Teubert sich um, als müsse er sich vergewissern, dass sie niemand gehört hatte.

»Susan, ich glaubte, wir haben das ausreichend geklärt«, sagte er und trank sein Rotweinglas in einem Zug leer. »Ich habe dir nie falsche Hoffnungen gemacht. Ich habe nie ein Geheimnis daraus gemacht, dass ich ein verheirateter Mann bin, und gerade in der jetzigen Situation kann ich meine Frau nicht verlassen. Du weißt, dass sie vor gerade mal zwei Wochen ihre Schwester verloren hat!«

»Ich weiß«, hauchte Susan. Sie erinnerte sich, wie sie am Morgen nach dem Tod von Hanna Frombach in die Praxis gekommen war. Wie beschwingt sie sich in dem Glauben gefühlt hatte, seine Frau sei tot und damit alle ihre Sorgen vom Tisch. Sie hatte sich schon in einem Hochzeitskleid neben ihm zum Altar schreiten sehen und sich zusammenreißen müssen, um nicht zu lächeln, während sie den Worten ihrer Kollegin gelauscht hatte, die wegen eines tragischen Todesfalles in der Familie des Mediziners alle Termine abgesagt hatte. Susan hatte sich in Gedanken schon im seichten Wasser des türkisblauen Meeres der Malediven gesehen, Konrad an ihrer Seite. Während Stefan Köhler vor versammelter Mannschaft erzählt hatte, wie er vor der Apotheke vergeblich auf Frau Frombach gewartet, wie er dann später, als sie nicht kam, den Tumult bemerkt hatte, der entstanden war, weil eine Frau dort leblos auf dem Asphalt lag, wie er begriffen hatte, dass es Frau Frombach sein musste … Sie hatte vor Erregung und Freude gezittert. Und dann hatte plötzlich jemand Hanna Frombach gesagt, und es war von Dr. Teuberts Schwägerin die Rede … Tausend Pfeile hatten in dem Moment ihr Herz durchbohrt, und sie war in Tränen ausgebrochen, was man allseits als ein Zeichen ihrer Loyalität und Sensibilität gewertet hatte.

»Was ist los, Susan, du zitterst ja, ist alles in Ordnung?«, fragte Teubert und riss sie damit aus ihren Gedanken. »Du bist plötzlich ganz blass. Möchtest du an die frische Luft?«

Der Ärger des Mediziners schien mit einem Mal verflogen zu sein. In seinen Augen lag ein Ausdruck tiefer Besorgnis.

»Was? Ich, nein ...«, stammelte sie. »Es geht schon wieder.«

Der Arzt beobachtete sie für einen Moment kritisch, schien zu registrieren, dass ihre Wangen wieder Farbe annahmen, und sprach dann leise weiter.

»Was erwartest du von mir, Susan? Meinst du, ich möchte dich verletzen oder bin glücklich mit dieser Situation? Glaub mir, unter anderen Umständen würde ich ...«

»Ich hatte so sehr gehofft, das Baby würde alles ändern«, flüsterte Susan. Sie fühlte sich hilflos und sehnte sich so verzweifelt nach einer Umarmung, dass es sie fast innerlich zerriss.

Teubert lehnte sich mit einem tiefen Seufzer in seinem Stuhl zurück und sah ihr direkt in die Augen. »Babys fallen nicht vom Himmel, Susan. Du hast diese Entscheidung getroffen, ohne mich nach meiner Meinung zu fragen.«

»Ich habe dir doch gesagt, es war ein Unfall«, verteidigte sie sich und schlug die Augen nieder, weil sie ihm ansah, dass er ihr nicht glaubte. Man brauchte weder Arzt noch Gynäkologe zu sein, um die Risiken einschätzen zu können, die tatsächlich für eine Frau gegeben waren, um trotz regelmäßiger Einnahme der Pille schwanger zu werden – auch sie wusste, diese gingen gegen null. Schon als sie ihm sechs Wochen zuvor unter Tränen in ihrer Wohnung von der Schwangerschaft berichtet hatte, war unübersehbar gewesen, dass er die Geschichte von der ungewollten Schwangerschaft für ein Märchen hielt, was irgendwie ja auch stimmte. Sie vermochte nicht zu leugnen, bei der Einnahme der Pille trotz der möglichen Konsequenzen zunehmend nachlässig geworden zu sein.

»Du könntest dich scheiden lassen«, sagte sie tonlos und fühlte sich gleichzeitig wie eine jämmerliche Bettlerin. Ihre zitternde Hand tastete auf dem Tisch nach der seinen, und noch bevor er sich ihr entziehen konnte, zuckte auch sie wie ertappt zurück, als sie bemerkte, dass der Kellner wieder an den Tisch getreten war, um die Bestellung aufzunehmen.

Teubert räusperte sich.

»Du musst etwas essen«, entschied er und orderte eine große Platte Antipasti und einen weiteren halben Liter Rotwein, ohne sie auch nur zuvor zu fragen, ob sie einverstanden war. Vermutlich konnte er ihr ansehen, dass sie ohnehin keinen Wunsch äußern würde.

»Mach es mir nicht so schwer, Susan«, sagte er, als der Kellner wieder gegangen war. »Ich stecke bis über beide Ohren in Schwierigkeiten. Wenn mir die Kredite für die Finanzierung des Ärztehauses gekündigt werden, weil der Praxisskandal publik wird und ich den Regressansprüchen der Kassen ausgesetzt bin, droht mir das finanzielle Aus.«

»Aber du bist doch unschuldig«, protestierte Susan, die von alledem nichts hören wollte, und blickte ihn aus verzweifelten Augen an.

Teubert seufzte und fuhr sich über die Stirn. Die Praxissache machte ihm offenbar mehr zu schaffen als ihre Schwangerschaft, und das versetzte ihrem Herzen einen Stich.

»Ich bin fünfundfünfzig und zu alt, um noch einmal von vorne anzufangen. Die Kassen interessiert es nicht, ob ich oder Röhrs die Falschabrechnungen zu verantworten haben. Die Gesellschaft, für die ich mit einem Großteil meines Privatvermögens bürge, haftet für den finanziellen Schaden, der entstanden ist. Susan, ich fühle mich alles andere als in der Lage, jetzt auch noch eine Trennung oder gar Scheidung durchzustehen.«

»Mir ist aber egal, ob wir von vorn anfangen müssen«, flüsterte Susan.

»Glaubst du im Ernst, dass es dir gefallen würde, auf Dauer mit einem über zwanzig Jahre älteren Mann zusammenzuleben, der keinen Pfennig verdienen darf, weil er in der Insolvenz ist?« Teubert lachte verächtlich auf.

Susan versuchte sich selbst gegenüber zu leugnen, dass auch der Wohlstand, der mit einer Beziehung zu Konrad verbunden war, sie reizte.

»Du hältst mich für komplett naiv, stimmt's?«, fragte sie traurig.

Er antwortete nicht, sondern zuckte nur resigniert mit den Schultern.

»Ich will diese Heimlichkeiten nicht mehr«, erklärte sie und erinnerte sich wieder daran, in welche Richtung sie das Gespräch hatte lenken wollen.

»Zu mehr bin ich nicht bereit.« Teubert klang so entschlossen und klar, wie er es bei allen seinen Entscheidungen war. »Ich habe dir schon neulich gesagt, dass ich dich unterstützen will, und ich werde auch deine Entscheidung respektieren, das Kind auf die Welt zu bringen. Aber ich bin – und das gilt vor allem, solange meine Frau sich in dieser Ausnahmesituation befindet – nicht bereit, mich scheiden zu lassen.«

»Ihre Ausnahmesituation?«, brach es aus Susan heraus,

und sie funkelte ihren Geliebten aus ihren tiefblauen Augen wütend an. »Fragst du dich manchmal auch, wie es für mich ist?« Obwohl Susan mit den Tränen kämpfte, wurde ihre Stimme immer lauter, und sie begann, sich in Rage zu reden. »Fragst du dich, ob es keine Ausnahmesituation darstellt, wenn man schwanger ist und der Mann, den man liebt, nur vorbeischaut, um mit einem zu schlafen und sich eine halbe Stunde später ins Wochenende mit seiner Frau verabschiedet?«

»Susan, bitte!« Teubert war anzusehen, dass er sich zusammenriss.

Obwohl Susan fürchtete, dass er jeden Moment aus der Haut fahren würde, sprach sie unbeirrt weiter: »Fragst du dich nie, ob es für mich keine Ausnahmesituation darstellt, immer auf dich warten zu müssen? Zu hoffen, dass du nach Feierabend oder an einem Montagmorgen eine Stunde vor Dienstbeginn unangemeldet in meiner Wohnung auftauchst, nur um …!«

»Verdammt, Susan, es reicht!«, zischte Teubert und vergaß sich für einen Moment offenbar so sehr, dass er mit der Faust auf den Tisch schlug. Dann senkte er seine Stimme wieder. »Wenn ich mich recht entsinne, hattest du an unseren Nächten in der Vergangenheit nicht weniger Spaß als ich.«

Sie blickten einander schweigend an, und Susan konnte deutlich sehen, dass auch Teubert schwer atmete und versuchte, seine Fassung zurückzugewinnen. Ihre Augen schwammen vor Tränen, als er nach einer Pause zu ihr sagte: »Du weißt, dass ich verrückt nach dir bin, immer sein werde.« Seine Stimme klang plötzlich ein wenig rau und heiser. Nur für einen kurzen Moment streifte sein Blick ihre

Brust, die sich unter ihrem Dekolleté im Rhythmus ihres Atems hob und senkte, und in seinen Augen flackerte neben der Wut das gewohnte Begehren auf.

Susan schluckte. »Ich will dich ganz, Konrad«, flüsterte sie. Das erste Mal an diesem Abend glaubte sie, nicht mehr weinen zu müssen. Das Verlangen, das er nach ihr verspürte, verlieh ihr zumindest ein wenig Macht. Sie hatte vor, ihre Trümpfe auszuspielen.

Susan ignorierte den Kellner, der mit einem prall gefüllten Tablett neben sie trat und das Essen servierte, als sie unter dem Tisch fast unmerklich den Reißverschluss ihres Stiefels öffnete und diesen abstreifte. Dann fuhr sie mit dem Fuß ganz langsam an Konrads Bein hoch, bis sie oben zwischen seinen Schenkeln angekommen war.

Sie sah, dass er schluckte, und war sicher, dass er vermutlich aufgestöhnt hätte, wenn nicht gerade serviert worden wäre. Susan wartete, bis sich der Kellner wieder entfernt hatte, und begann sanft ihre Zehen zu bewegen. Trotz ihrer Aufregung versuchte sie ihrer Stimme Festigkeit zu verleihen: »Was meinst du, was passiert, wenn deine Frau es nicht von dir, sondern von jemand anderem erfährt, dass es uns gibt. Was, wenn ich es ihr sage?«

14

Carla zog die Haustür hinter sich ins Schloss und verriegelte gewissenhaft die Tür. Sie verspürte noch keinen Hunger und entschied sich deshalb, erst nach oben zu gehen und sich ein Bad einlaufen zu lassen. Nun war auch noch Smilla weg, und sie war gänzlich allein. Als sie den oberen Treppenabsatz erreichte, stutzte sie. Die Zimmertür zum Schlafzimmer ihrer Schwester, das oben rechts vom Flur abging, stand sperrangelweit offen, und es brannte Licht.

Ach ja, die Putzfrau war da, fiel ihr ein. Sie hatte Felize am Morgen gebeten, hier oben sauberzumachen, und es war keineswegs untypisch für sie, dass sie am Tag Licht einschaltete, um ja kein Staubkorn zu übersehen. Vermutlich hatte sie es versehentlich brennen lassen, als sie gegangen war.

Bisher hatte Carla es meist vermieden, das Zimmer ihrer Schwester zu betreten, denn hier wurde sie regelmäßig von ihren Gefühlen übermannt. Deshalb war sie auch davon überzeugt, dass es vermutlich Monate dauern würde, bevor sie sich imstande sähe, Hannas Sachen auszusortieren. Vorerst brachte sie es nicht übers Herz, irgendetwas in Hannas Reich zu verändern. Sie wollte alles so belassen, wie es war, so, als ob Hanna noch da wäre und jederzeit nach Hause kommen könnte.

Carla warf nur einen flüchtigen Blick in den Raum und wollte den Lichtschalter neben dem Türrahmen betätigen, als ihr noch etwas auffiel. Eine der Schranktüren des weißen Einbauschrankes, der sich links an der Wand befand, stand einen Spalt breit offen, und auch auf Hannas Balkon brannte Licht. War Felize wirklich so dreist und hatte in Hannas Schrank gestöbert? Sie ging zum Schrank und drückte die Tür gegen die Magnetvorrichtung, ohne hineinzuschauen. Dann begab sie sich zur Balkontür hinüber und blickte auf die weißen Säulen des ovalen Geländers, von dem der Wind einige Flocken aufwirbelte und in die Nacht hinaustrug. Carla schaute dem Schauspiel einen Moment lang zu, und erst dann fiel ihr auf, dass etwas in der Mitte des überdachten Balkons auf dem Steinfußboden lag. Sie öffnete die Glastür. Der Wind blies ihr kalt um die Nase, als sie hinaustrat und die Balkontür hinter ihr zuschlug. Ungläubig stand sie mit verschränkten Armen zitternd da und starrte auf die leblose, schwarze Krähe vor ihren Füßen. Sie war nicht in der Lage, sich von dem verendeten Tier abzuwenden. Sie sah den bizarr verdrehten Kopf des Tieres, den geöffneten Schnabel und den gespreizten, gebrochenen Flügel und schluchzte laut auf. Heiße Tränen rannen ihr über das Gesicht, und ihr wurde schwindelig. Der Wind rauschte durch das aufgestellte nasse Gefieder der Krähe.

Carla schloss für einen Moment die Augen und hoffte, der Vogel möge aufstehen und davonfliegen. Der Gedanke, das verendete Tier die ganze Nacht hier draußen auf Hannas Balkon liegen zu lassen, schien ihr unerträglich. Zitternd ging sie deshalb in die Knie, umschloss den dürren, eiskalten Körper und hob ihn auf. Sie drohte in der Flut ihrer Gefühle zu ersticken, als sie mit dem Ellbogen die Tür aufdrückte, und obwohl ihre Augen vor Tränen schwammen, erkannte sie eines doch: Die Schranktür, die sie eben erst zugemacht hatte, stand wieder offen.

15

Anna saß Hauptkommissar Braun gegenüber an dessen Schreibtisch im Präsidium, als Bendt eintrat.

»Das ist ja mal eine Überraschung«, sagte der junge Kommissar sichtlich verdutzt. »Was machst du denn zu nachtschlafender Zeit hier?«

»Emily hat sich heute spontan entschlossen, bei meinen Eltern zu übernachten«, erklärte Anna. »Du weißt doch, dass wir heute Nachmittag gemeinsam im Kindermuseum waren und dann noch zu meinen Eltern gefahren sind. Da habe ich gedacht, ich kontrolliere mal, ob hier nach sechs auch wirklich noch gearbeitet wird. Außerdem wollte ich dich überreden, Feierabend zu machen und mit mir eine Pizza essen zu gehen.«

»Sollte Ihnen das nicht gelingen, gehe ich mit«, scherzte Braun.

»Nichts da, du bist auf Kohlsuppendiät«, tadelte Bendt und ging, weil der einzige noch verfügbare Stuhl, der neben Annas stand, von einem Riesenstapel Akten blockiert war, zur Fensterbank hinüber und lehnte sich dagegen. Zwischen einigen Grünpflanzen stand Brauns uralte Kaffeemaschine, in der, wie Anna vermutete, mindestens seit Mittag abgestandener Kaffee vor sich hin schmorte.

»Das klingt ja ähnlich lecker, wie die Suppe da drüben aussieht«, sagte sie mit Blick auf das dunkelbraune Gebräu. »Das wollen Sie doch nicht ernsthaft noch trinken?«

»Wieso?« Braun schien ihren Ekel nicht zu teilen. »Der

ist gegen die Suppe, die meine Frau mir verordnet hat, das reinste Aphrodisiakum.«

»Na dann! Und Sie machen ernsthaft Diät?«, wollte Anna wissen. Braun streckte sich in seinem Stuhl und zog den Bauch ein. Anna schmunzelte, weil sich das Oberhemd des Hauptkommissars dennoch gefährlich über seinem Bauch spannte. Er wollte offenbar gerade etwas erwidern, doch Bendt kam ihm zuvor:

»Der Chef macht immer zwischen zwölf und dreizehn Uhr Kohlsuppendiät, wenn er seine Suppe isst. Für den Rest des Tages macht er dann wie immer Schnittlauchdiät, also alles essen außer Schnittlauch.«

»Glauben Sie diesem Mann kein Wort«, protestierte Braun. Er nahm eine Akte in die Hand und deutete an, sie in Bendts Richtung zu schleudern. »Wir hatten uns gerade über Teubert unterhalten, bevor du hier aufgetaucht bist.«

»Ach, wie spannend!«, erwiderte Bendt. »Habt ihr bei der Durchsuchung etwas gefunden, was uns weiterbringen kann?«

»Vor allem haben wir in der Praxis Berge von Abrechnungsunterlagen sichergestellt.« Anna schüttelte sich einmal demonstrativ, um zu zeigen, wie gruselig sie das fand. »Ich hoffe, eure Kollegen hier im Haus brauchen möglichst lange, um alles im Detail zu sichten und ihren polizeilichen Abschlussbericht zu erstellen. Ich verspüre wenig Neigung, die Akte allzu schnell wiederzusehen.«

»Und hast du irgendwelche Zufallsfunde gemacht, die uns weiterhelfen können?«, fragte Bendt.

Anna zuckte mit den Schultern. »Ich bin auf den Ehevertrag von Teubert und seiner Frau gestoßen. Sie haben Gütertrennung vereinbart.« Bendt gähnte demonstrativ. »Na, das ist ja eine unglaubliche Nachricht«, rief er ironisch. »Und was soll uns das sagen? Dass er sie umbringen müsste, um an ihr Geld zu kommen? Die Erbfrage hatten wir doch schon geklärt, oder nicht?«

Anna sah Bendt strafend an. »Leider kann ich euch nur sagen, was ich gefunden habe, ich habe nicht versprochen, dass es euch auch wesentlich weiterbringt.«

»Immerhin wissen wir jetzt, dass Teubert im Falle einer Scheidung keine Ansprüche gegen seine Frau hätte«, sagte Braun in versöhnlichem Ton.

»Na ja, sie umgekehrt aber auch nicht«, meinte Anna. »Ich schätze, dass er im Falle einer Scheidung dankbarer über das Bestehen dieses Ehevertrages sein kann als seine Frau.«

»Wieso?«, fragte Bendt. »Sie ist doch bestimmt viel reicher als er.«

»Du weißt immer noch nicht, wie man Zugewinn errechnet, oder?«, fragte Anna.

»Entschuldige, aber ich musste mich damit zum Glück noch nicht auseinandersetzen. Wie du weißt, bin ich unverheiratet«, entgegnete Bendt spöttisch.

»Frau Frombach hatte ihr großes Vermögen ja schon, als sie ihren Mann geheiratet hat«, erklärte Anna. »Auch wenn Eheleute keinen Ehevertrag haben, profitieren sie nach der Scheidung nur von dem Anteil des Vermögens, der während der Ehe erwirtschaftet wurde. Wenn schon Vermögensgegenstände vorhanden waren, zählt zum Zugewinn nur das, was gegebenenfalls an Wertsteigerung erzielt wurde.«

»Und im Zweifel hat Teubert mit seiner neuen Praxis einen weit höheren Zugewinn erzielt als seine Ehefrau«, schaltete Braun sich ein. »Die Pferdezucht der Schwestern wirft jedenfalls laut Frau Frombach nichts ab, und ob nun alle Immobilien, die die beiden haben, so wertstabil sind, weiß man nicht.«

»So ist es«, bestätigte Anna. »Und so ein Ehevertrag kann Gold wert sein, weil er es beiden erspart, im Falle einer streitig durchgeführten Scheidung die Vermögenswerte zu ermitteln. Das kann viel Geld verbrennen und führt oft zu nichts außer exorbitanten Anwaltskosten.«

»Na toll«, grunzte Bendt, »wenn jetzt der Kurs in Scheidungsrecht beendet ist, können wir ja über etwas anderes reden. Hast du also was gefunden?«

»Nur mal zur Klarstellung«, erwiderte Anna, die sich ein wenig angegriffen fühlte. »Ich war nicht dort, um euren Mordfall aufzuklären. Aber eine interessante Sache habe ich tatsächlich herausgefunden. In einem der Ordner habe ich das Testament oder vielmehr die beiden Testamente der Schwestern gefunden.«

»Ja, und?« Braun war deutlich anzusehen, dass er gespannt war.

»Beide haben für diesen Stallmeister Johannes Hansen ein Vermächtnis von 80 000,– Euro ausgesetzt.«

»Davon wussten wir schon«, sagte Bendt und gähnte mit vor den Mund gehaltener Hand übertrieben laut.

»Das vielleicht«, erwiderte Anna süffisant, »aber den Zusatz zum Testament, den kennt ihr nicht, oder?«

»Nein.« Braun sah Anna erwartungsvoll an. »Von einem Zusatz wissen wir tatsächlich nichts.«

»In dem Zusatz haben die Schwestern diesen Hansen schon vor vielen Jahren für den Fall, dass er beide Schwestern überleben sollte, was man im Hinblick auf sein Alter offenbar für sehr unwahrscheinlich hielt, noch einmal zusätzlich bedacht.«

Braun zog die Brauen hoch.

»Für den Fall, dass er die Schwestern beide überlebt«, erzählte Anna weiter, »haben sie ihm erstens das Mehrparteienhaus vermacht, in dem er derzeit seine Wohnung angemietet hat, und zweitens einen Betrag von 250 000,- Euro. Drittens sämtliche Pferde, die sich zum Zeitpunkt des Todes der Schwestern im Privateigentum der Frombachs befinden.«

Bendt pfiff durch die Zähne. »Es wurden schon Leute für weit weniger Geld um die Ecke gebracht.«

»Das stimmt zwar«, bestätigte Braun und lehnte sich in seinem Schreibtischstuhl zurück, »allerdings existiert dieses Testament ja schon ewig. Warum sollte er sie dann erst jetzt umbringen? Und außerdem hat Carla Frombach ihn als väterlichen Freund beschrieben. Ein Motiv haben wir, und nachgehen müssen wir dem auch, aber so richtig zutrauen tue ich ihm das nicht.«

»Ich habe ihn ja nicht kennengelernt«, räumte Anna ein, »und kann es nicht beurteilen, aber hinsichtlich des Zeitpunktes für die Tat wäre ja möglich, dass er erst vor kurzem von dem Testament erfahren hat. Vielleicht hat Hanna Frombach davon gesprochen, ohne dass ihre Schwester davon wusste.«

»Na ja«, mutmaßte Braun, »vielleicht hat Hanna Frombach sich ihm gerade aufgrund ihrer Krankheit anvertraut und den Passus erwähnt.«

»Wer weiß«, sagte Anna. »Auf jeden Fall solltet ihr den Mann im Auge behalten.«

16

Carla stieg in die Wanne und war dankbar, dass die Wärme des Wassers sie umgab und sie endlich aufhörte, so erbärmlich zu zittern. Sie war gänzlich durchgefroren. Sie nahm ihr Glas Rotwein vom Beckenrand und trank einen großen Schluck. Sie konnte nicht fassen, wie hysterisch sie reagiert hatte. Als sie den offenen Schrank im Zimmer ihrer Schwester gesehen hatte, war sie sicher gewesen, jeden Moment würde jemand daraus hervorspringen und sie mit bloßen Händen erwürgen. Sie hatte geschrien, die Krähe fallenlassen, war wie von der Tarantel gestochen nach unten gerannt und hatte zu allem Überfluss die große Vase im Flur umgestoßen, die zu Bruch gegangen war. Ihre Hände hatten so gezittert, dass es ihr kaum gelungen war, den Schlüssel im Türschloss umzudrehen und in ihr Auto zu fliehen. Ihr war erst ein Licht aufgegangen, nachdem sie bereits den Motor gestartet und die Türen von innen verriegelt hatte. Schon vor Monaten hatte Hanna erwähnt, dass der Schließmechanismus ihres Schrankes defekt war und sich die Tür immer dann öffnete, wenn es eine leichte Erschütterung im Raum gibt. Es reichte also aus, nur die Balkontür zuzuschlagen, um den Schrank wie von Geisterhand zu öffnen. Wie dumm sie doch war! Für eine Weile hatte sie, den Kopf auf das Lenkrad gelegt, im Auto gesessen und sich für ihre Hysterie verflucht. Als sie wieder ins Haus zurückgekehrt war, hatte sie dann auch noch festgestellt, dass sie die Haustür offengelassen hatte, als sie voller Panik nach draußen gerannt war.

Jetzt war nicht nur die Vase vom oberen Flur kaputt, sondern der aufkommende Sturm hatte auch noch die kleine Leuchte vom Schränkchen in der Diele gefegt. Dieses wertvolle Stück war einzigartig und unersetzbar.

Carla ließ sich etwas tiefer ins Wasser sinken und drehte den Heißwasserhahn noch einmal auf. Langsam wurden ihre Füße wieder warm. Obwohl sie ein Beruhigungsmittel eingenommen hatte, fühlte sie sich noch immer sehr aufgewühlt. Der Sturm pfiff gespenstisch ums Haus und peitschte den Schnee gegen die Scheibe des Fensters. Sie überlegte, Hansen zu bitten, herüberzukommen und mit ihr im Haus zu übernachten, verwarf den Gedanken jedoch. Solange sie sich erinnern konnte, war nie jemand in ihr Haus eingebrochen, und Hansen hatte mit Smilla weiß Gott genug zu tun. Außerdem hatte sie registriert, wie besorgt er sie angesehen hatte, als sie ihre Reitgerte am späten Nachmittag nicht hatte finden können. Er sollte nicht denken, dass auch ihr Hannas Schicksal drohte. Sie selbst musste sich vor allem von diesem Gedanken frei machen. Ihren Mann wollte sie erst recht nicht bitten, seinen Besuch in Hamburg zu unterbrechen. Denn angesichts der Witterung gab es mit Sicherheit viele Unfälle auf den Straßen. Carla schloss die Augen und atmete den heißen Dampf des Eukalyptusbades ein, der das Wasser grün färbte. Sie fuhr mit den Händen durch die Schaumkronen des Badewassers und spürte, dass der Alkohol und das Beruhigungsmittel langsam ihre Wirkung taten.

Carla lag noch eine Weile in der Wanne, zwang sich dann jedoch herauszusteigen, um nicht darin einzudämmern. Während sie sich abtrocknete, musste sie erneut an die Krähe denken. Sie konnte nicht fassen, den toten Vogel ins Haus geschleppt zu haben. Inzwischen lag die verendete Krähe, in einen Pappkarton verpackt, vor der Haustür in der Diele. Carla streifte ihr schulterfreies Nachthemd und den Frotteebademantel über und leerte ihr Glas, bevor sie sich die Zähne putzte. Heute war es ihr egal, ob sie Alkohol trank, obwohl sie ein Medikament eingenommen hatte. Das Wichtigste war, dass es ihr einigermaßen schnell gelingen würde, einzuschlafen. Sie ging in ihr Schlafzimmer und stutzte erneut, als sie ihre Hausschuhe nicht fand. Sie hätte schwören können, sie neben dem Stuhl ausgezogen zu haben, wo sie vor ihrem Bad ihre Kleidung abgelegt hatte. Sie lief zurück ins Bad und fand sie neben dem Waschbecken. Carla atmete durch und ermahnte sich, die Ruhe zu bewahren. Dann lief sie noch einmal durch das ganze Haus und kontrollierte gewissenhaft alle Fenster und Türen, bevor sie ins Bett ging. Und tatsächlich gelang es ihr, wohl auch dank des Alkohols und der Tabletten, nach kurzer Zeit einzuschlafen.

Ohne zu wissen, wie lange sie geschlafen hatte, wurde sie plötzlich aus einem unruhigen Schlaf wieder geweckt. Sie hatte wirr geträumt und musste sich orientieren:

Was war das? Carla setzte sich auf.

Sie fühlte sich benommen und hatte Kopfschmerzen. Habe ich tatsächlich ein Poltern gehört, oder war das ein Traum? Sie schaute sich in ihrem Zimmer um. Die Schlafzimmertür war wie immer angelehnt, und durch den schmalen Spalt schien ein wenig Licht. Draußen war es dagegen stockfinster. Noch immer war es stürmisch, und feuchte Schlieren rannen an dem Glas herunter. Der Mond hatte sich offenbar hinter den Wolken verschanzt, und so konnte Carla nur erahnen, dass sich die Äste der massiven Eiche vor dem Fenster im Sturm bogen. Erinnerungen an die zahllosen Nächte, in denen Hanna sie geweckt hatte, kamen Carla ins Gedächtnis, und sie fröstelte. Ob das Geräusch von draußen gekommen war? Carla spitzte die Ohren. Ein vom Baum gefallener Ast vielleicht? Sie vernahm nichts als die vertrauten Geräusche einer stürmischen Nacht, deren Melodie sie seit Kindheitstagen kannte. Das Zimmer war schon Hannas und ihr gemeinsames Kinderzimmer gewesen. In unzähligen Nächten hatten sie sich als Mädchen hier verschanzt, sich die Decke über den Kopf gezogen und einander im Schein der Taschenlampe Gruselgeschichten erzählt oder Geheimisse zugeflüstert. Carla ermahnte sich, bei der Erinnerung an ihre Schwester nicht wieder zu weinen. Und doch konnte sie den Gedanken daran nicht verdrängen, wie stark und geborgen sie sich in jenen Nächten ihrer Kindheit neben ihrer Schwester gefühlt hatte. Es war ihnen gemeinsam gelungen, die Dämonen der Nacht zu vertreiben, denen Carla sich jetzt allein so hilflos ausgesetzt fühlte. Denn entgegen aller Vernunft verspürte sie wieder Angst.

Dennoch zwang sie sich zu dem Schluss, dass sie objektiv keine Gefahr zu fürchten und sich das Geräusch nur eingebildet hatte. Das Neonlicht der Digitalanzeige ihres Radioweckers brannte in ihren Augen. Es war kurz vor eins, und mit Ausnahme des vertrauten Rauschens des Receivers, der auf dem Sideboard neben dem Fernseher stand, war es drinnen absolut still. Sie tastete über die kalte Oberfläche ihres Nachttischs und fand neben ihrem Buch und einem Paket Taschentücher endlich die kleine Schale, in der sie zwei weitere Beruhigungstabletten abgelegt hatte. Sie warf sich eine der glatten Kapseln in den Mund und spülte sie mit einem Schluck Wasser herunter, das sie sich vor dem Zubettgehen mit nach oben genommen hatte. Dann zog sie sich die Decke über die nackten Arme, saß noch eine Weile reglos da und lauschte in die Dunkelheit.

»Ich bin überreizt, keine Frage«, gestand sie sich ein. »Wieso sollte ein Einbrecher so töricht sein, in ein so gut gesichertes Haus einzubrechen?« In Gedanken vollzog Carla noch einmal ihren letzten Gang durch das Haus vor dem Schlafengehen nach und mahnte sich zur Ruhe. Dennoch entschloss sie sich, ihr Handy auf den Nachttisch zu holen, um sich ein wenig sicherer zu fühlen und im Notfall Hilfe herbeirufen zu können. Sie überlegte kurz, und dann fiel ihr ein, dass sie es auf dem Sideboard gegenüber abgelegt hatte, bevor sie sich ausgezogen und ein Bad genommen hatte. Carla knipste ihre Nachttischlampe an und stieg aus dem Bett. Dann huschte sie auf Zehenspitzen über den kalten Pitchpineboden und fand ihr Handy genau dort, wo sie es vermutete. Das griffbereit auf dem Nachtschrank abgelegte Telefon ließ sie sich sicherer fühlen, und sie hüllte sich wieder in ihre warme Decke. Ihr Innerstes war auf sonderbare Weise aufgewühlt, und dennoch fühlte sie sich gleichzeitig todmüde. Die Erlebnisse der letzten Wochen zerrten an ihren Nerven. Um sich abzulenken, schaltete Carla den Fernseher an und zappte sich für eine Weile von Kanal zu Kanal. Schließlich zog sie ein Film in seinen Bann, der in Venedig spielte. Sie erkannte einige der Brücken und Kanäle wieder, die in dem Film bei gänzlich trübem und ungemütlichem Wetter gezeigt wurden. Auch wenn die Stimmung in dem Film eher düster und fast ein wenig unheimlich war, erinnerten die Bilder sie an ihre Hochzeitsreise mit Konrad, die sie dorthin gemacht hatten. Und während in dem Film die Gondeln langsam durch nebelverhangene Kanäle schipperten, dachte auch Carla daran, wie sie dort herumgefahren waren. Die Reise schien ihr Lichtjahre her zu sein, und dennoch versuchte sie, sich eine Weile an der Erinnerung festzuhalten, weil der Urlaub in Venedig einer der wenigen war, die sie nicht mit Hanna unternommen hatte und sie deshalb nicht sentimental werden ließ. Nach einer Weile wurde Carla wieder schläfrig und legte sich auf die Seite. Die Bilder, die über den Bildschirm flimmerten, warfen tanzende Lichter in den Raum, und sie dämmerte wieder ein. Doch dann: Jemand rief nach ihr.

»Hallo?« Carla brauchte einen Moment, um zu realisieren, dass die Stimme, die sie hörte, aus dem Fernsehapparat kommen musste. Verschlafen tastete sie nach ihrer Fernbedienung und verfluchte sich dafür, den Abschalttimer nicht programmiert zu haben. Wo ist das verdammte Ding?, fragte sie sich und nahm aus dem Augenwinkel wahr, dass ein Mann in dem Film nach einem Kind in einem roten Regenmantel rief und ihm offenbar nachlief. Beide hielten an, und der Mann sprach ganz freundlich zu dem Kind, das ihm den Rücken zugewandt hatte. Carla erinnerte sich plötzlich ganz dunkel daran, diesen Film schon einmal gemeinsam mit Hanna gesehen zu haben, und erneut lief ihr ein kalter Schauer über den Rücken. Sie waren ungefähr zwölf Jahre alt gewesen damals. Ihr Vater hatte Gäste gehabt, und sie hatten sich heimlich in sein Schlafzimmer geschlichen und dort den Fernseher eingeschaltet. Keiner hatte nach ihnen geschaut und entsprechend bemerkt, dass sie sich einen Gruselfilm angesehen hatten. Die Erinnerung war mit einem Mal wieder da. Denn Carla hatte diesen Film bitter bereut und mit zahllosen Alpträumen gebüßt. Wie damals saß sie plötzlich wieder klein zusammengekauert da, hielt die Decke tief unter das Kinn gezogen und starrte reglos auf den Bildschirm. Ihr war, als würde sie ein Déjà-vu erleben. Carlas Hand krampfte sich um den Zipfel ihrer Bettdecke, wie damals um Hannas Hand. Aus irgendeinem Grund war sie so gefesselt, dass es ihr nicht gelang, das Gerät abzuschalten. Gegenwart und Vergangenheit verwischten in Carlas wirrem Kopf und wurden zu einer Mischung aus Grauen und Faszination, die sie fast glauben ließ, Hanna physisch neben sich zu spüren.

Carla zuckte zusammen, als das Kind im roten Regenmantel sich plötzlich umdrehte und nicht mehr Kind, sondern Monster war und dem Mann in dem Film die Kehle durchschnitt. Erst jetzt erwachte sie aus ihrer Trance und schaltete ab. Dann verkroch sie sich unter ihrer Decke und machte sich so klein, wie es nur ging. Wir hätten das lieber nicht anschauen sollen, oder?, hörte sie plötzlich Hannas leise Kinderstimme. Gleich darauf war sie mit einem Mal sicher, die Stille mit jemandem zu teilen. Sie setzte sich auf und starrte erneut zur Tür. Und tatsächlich: Als hätte sie es heraufbeschworen, vernahm sie plötzlich auf dem Flur Geräusche. Es war wie in jener Nacht, als Hanna sie bei den Schultern gepackt und geschüttelt hatte.

Ich habe Schritte gehört, Carla. Ich täusche mich nicht, er ist im Haus, schien ihr Hanna zuzuflüstern, und Carla stockte der Atem. Denn je intensiver sie jetzt in den Flur hinaus lauschte, desto sicherer war sie, dass sie wirklich Schritte vernahm. Ganz leise und schlurfend näherte sich unten jemand der Treppe. Sie presste sich die Hand vor den Mund. Das Knarren der untersten Stufe der Treppe ließ sie zusammenzucken. Sie hatte es in ihrem Leben zu oft gehört, um sich zu täuschen. Jemand war auf dem Weg zu ihr nach oben. Irgendwo draußen schrie jetzt eine Katze, und es klang, als würde jemand ein verzweifeltes Kind quälen.

Hanna, mein Gott! Mit einem Mal waren all die Gedanken wieder da. Die Krähe, der offene Schrank, Smilla. Jetzt schienen ihr das alles plötzlich unheilvolle Vorboten dessen zu sein, was sie in dieser Nacht erwarten sollte.

Er bringt mich um, Carla. Vielleicht bringt er auch uns beide um, hörte sie Hanna erneut flüstern, und die Worte hallten in ihrem schmerzenden Kopf wider. »Hanna, hilf mir«, flüsterte Carla, und war jetzt sicher, hören zu können, dass die Schritte den oberen Treppenabsatz erreicht hatten. Kein Zweifel. Carla fingerte zitternd auf dem Nachttisch nach ihrem Handy, griff aber so ungeschickt danach, dass es ihr aus der Hand und auf den Teppich fiel. Sofort lehnte sie sich kopfüber über die Bettkante und forschte mit ihren unruhigen Händen in der Dunkelheit danach. Sie wischte über den Boden und stieß dann, anstatt das Mobiltelefon zu greifen, so unglücklich dagegen, dass es unter das Bett rutschte. Jetzt war es auf einmal mucksmäuschenstill.

Mit einem Satz sprang sie aus dem Bett, kniete sich davor und suchte hektisch den Boden darunter ab. Die Schritte wurden lauter und kamen unausweichlich näher. Wieder starrte Carla zur Tür und widerstand dem Impuls, um Hilfe zu schreien. Warum sollte sie? Hier draußen in der Einöde würde sie niemals jemand hören können. Nie in ihrem Leben hatte sich Carla so nackt und so hilflos gefühlt wie in diesem Moment. Sie traf innerhalb des Bruchteils einer Sekunde eine Entscheidung, zog ganz leise ihre Nachttischschublade auf und griff nach der Pistole, die sie Hanna in jener unheilvollen Nacht weggenommen hatte. Wie sehr hatte sie Hanna damals dafür verflucht, dass sie diese Waffe an sich genommen hatte. Monatelang hatte sie die Pistole in einem Schrank im Büro eingeschlossen gehabt, um sie irgendwann zur Polizei zu bringen, und es dann doch nicht getan, um nicht in Erklärungsnöte zu geraten. Seit Hanna tot war und sie sich täglich unsicherer fühlte, lag die Waffe in ihrem Nachtschrank.

Den Finger am Abzug, huschte Carla gerade noch rechtzeitig unter die Decke, um aus dem Augenwinkel wahrnehmen zu können, dass die Tür ganz leise und langsam aufgeschoben wurde. Sie stellte sich schlafend und traute sich nicht, sich auch nur einen Millimeter zu rühren. Viel zu groß war ihre Angst, der Eindringling könnte sofort bemerken, dass sie wach war. Ihr Herzschlag dröhnte ihr so laut in den Ohren, dass sie fürchtete, er müsse es auch hören können. Sie lag auf der Seite, den Kopf in Richtung der Bettseite ihres Mannes geneigt, und hielt die Augen fest verschlossen. Ihre Hände umklammerten den Lauf der Pistole. Fast lautlos schob jemand die Schublade von Konrads Nachtschrank auf und wühlte darin herum. Ein gewöhnlicher Dieb? Die Zeit schien ihr wie in Zeitlupe zu vergehen.

Carla nahm den beißenden Geruch von Alkohol wahr, und sie glaubte fast, sich vor Angst und Ekel übergeben zu müssen. Sie war sicher, dass es ein Mann war, der dort stand und dessen Atmung sie vernahm. Er schien einen Moment zu verharren und zu überlegen, was er als Nächstes tun sollte. Dann hörte Carla, wie er ganz langsam um das Bett herumschlich und direkt neben ihr stehenblieb. Es war ein fürchterliches Gefühl, ihn in ihrem Nacken zu spüren, seinen Atem zu riechen und zu fürchten, dass er jede Sekunde über sie herfallen konnte. Carla wagte es nicht einmal, auch nur zu blinzeln. Sie hielt sich an der Waffe fest und hoffte, dass er das Beben ihres Körpers nicht sehen konnte. Nach einer gefühlten Ewigkeit wurde auch ihre Nachttischschublade hörbar aufgezogen. Es raschelte, die Schublade wurde wieder zugeschoben und dann: Totenstille. Carla meinte, jeden Moment ohnmächtig zu werden. Ihr stand der kalte Schweiß auf der Stirn, und ihr wurde schlecht. Er schien bewegungslos zu verharren, und sein Atem ging keuchend und stoßweise. Sie spürte förmlich, wie er sie mit Blicken verschlang. Der Geruch des Alkohols erfüllte den Raum, und dann war da noch ein süßlicher Geruch, den sie nicht einzuordnen vermochte.

»Bitte verschwinde!«, betete sie. Es kroch ihr heiß und kalt den Rücken hinauf und hinunter. Sie hätte nicht sagen können, ob Sekunden oder Stunden vergangen waren, bevor sie begriff, dass er offenbar nicht vorhatte, den Raum zu verlassen. Denn plötzlich beugte er sich über sie, und sie spürte die Hitze seines Atems direkt an ihrem Ohr. Sie öffnete die Augen, sah, dass eine große, graue Hand die Decke auf der Innenseite des Bettes berührte und zögerte nicht mehr.

Gib mir Kraft, Hanna, dachte sie und gab, noch während sie sich umdrehte, einen Schuss ab, der dumpf durch die Nacht hallte. Der Mann sackte unmittelbar über ihr zusammen. Sie schrie. Sein massiver Körper lag auf ihr und nahm ihr die Luft. Der heiße Lauf der Pistole brannte wie ein offenes Feuer auf ihrem Bauch, und sie meinte zu ersticken, während sie versuchte, die Waffe und ihre verdrehte Hand herauszuziehen. Sein Speichel floss über ihren Hals. Ihr wurde schwindelig. Sein Körper begrub sie förmlich unter sich und schien sie zu erdrücken. Ihre Gesichter rieben sich fast aneinander, während sie sich unter ihm hindurchzuzwängen versuchte und ihre heißen Tränen sich mit Blut vermischten. Sie winselte und stemmte sich mit aller Macht gegen seine Brust. Sein Keuchen und Stöhnen dröhnte in ihren Ohren, und er starrte sie mit weit aufgerissenen Augen an. Carlas Schreie drangen durch die Nacht, als sie die Augen schloss, weil das, was sie sah, schlimmer war als jeder Alptraum.

17

Gähnend stieg Braun die Steintreppe zur Villa Frombach hinauf. Das Haus und der Vorplatz waren hell erleuchtet, während man die angrenzenden Koppeln und Felder in der Dunkelheit nur erahnen konnte. Braun war alles andere als begeistert gewesen, als man ihn um kurz vor fünf Uhr morgens aus dem Bett geklingelt hatte. Er hasste Einsätze zu so früher Stunde, und ein Blick auf die gusseiserne Türklinke, von der ein Mitarbeiter der Spurensicherung gerade Blutanhaftungen abkratzte, hob seine Laune auch nicht gerade. Der Mann winkte ihm mit seinem Gummihandschuh flüchtig zu, als Braun an ihm vorbei in die warme Halle hineinschlurfte.

»Moin«, rief er laut und schaute auf die Mitte der Treppe, wo ein junger Kollege von der Spurensicherung auf der Tastatur einer Digitalkamera herumdrückte. Er schien, seinem Gesichtsausdruck nach zu urteilen, mit seinen Bildern nicht zufrieden zu sein, und war so vertieft in seine Arbeit, dass er erst auf Braun aufmerksam wurde, als der sich laut und vernehmlich räusperte. Dann sah er von seinem Display auf und starrte Braun für einen Moment gedankenverloren an.

»Moin, ich glaub, Ihr Kollege ist schon oben«, sagte er endlich und deutete mit dem Daumen hinter sich die Treppe hinauf, bevor er aufstand und die Kamera auf das Geländer ausrichtete. Dabei stellte er sein linkes Bein mehrere Stufen unter dem rechten ab, was derart ungelenk und wackelig aussah, dass Braun instinktiv einen Schritt nach rechts machte, bevor er hinaufstieg. Als er ungefähr die Höhe des jungen Mannes erreicht hatte und das Geländer von oben betrachten konnte, begriff er, was dieser abzulichten versuchte. Die Blutanhaftungen auf dem hölzernen, dunklen Handlauf waren auf den ersten Blick zwar schwer zu erkennen, sprachen jedoch eine eindeutige Sprache. Hier hatte ohne Zweifel jemand seine blutigen Hände abgewischt, während er die Treppe hinauf- oder hinuntergegangen war.

»Das ist ganz schlecht zu fotografieren hier!«, schimpfte der junge Mann, den Braun zwar schon bei anderen Einsätzen gesehen hatte, an dessen Namen er sich aber nicht erinnern konnte.

»Es ist doch immer dasselbe mit den Tätern«, scherzte Braun. »Die wissen gar nicht, wie schwer sie es uns oft machen.«

Auf dem oberen Treppenabsatz war eine grüne Bodenvase zu Bruch gegangen. Zwei übergroße Scherben des massiven Stücks hatte man gegen das Geländer gelehnt. Braun versuchte vergeblich, sich daran zu erinnern, an welchem Platz er die Vase gesehen hatte, als er das erste Mal nach Hanna Frombachs Tod hier hinaufgestiegen war, um sich gemeinsam mit Teubert deren Zimmer anzusehen. Wo immer die Vase gestanden haben mochte, jedenfalls hatte sie den Sturz vergleichsweise glimpflich überstanden. Möglicherweise war das dem zart gemusterten Orientteppich zu verdanken, der die Dielen am oberen Treppenabsatz zierte. Anders als bei seinem ersten Besuch wandte sich Braun diesmal nicht nach rechts, sondern linksherum und ging an der offenen Badezimmertür zum Schlafzimmer der Eheleute hinüber, das am Ende des Flurs lag. Bendt und Fischer standen beide mit verschränkten Armen am Fußteil des Bettes und unterhielten sich, als Braun in den Türrahmen trat.

»Moin, die Herren«, grüßte Braun und registrierte, dass Bendt ziemlich müde aussah. Auch er war kein Frühaufsteher.

»Morgen«, antworteten die beiden.

Braun trat nicht sofort an das Bett heran, sondern verharrte zunächst auf der Schwelle. Es kam ihm durchaus gelegen, dass ihm seine Kollegen die direkte Sicht auf das Bett versperrten, denn so konnte er zunächst den Rest des Raums auf sich wirken lassen. Rechts von ihm an der Seitenwand fand sich ein, mit einer weißen Front versehener, massiver Einbauschrank, der über die ganze Breite des Raums reichte und dessen letzte Tür mit einem verschmierten roten Handabdruck versehen war. Selbst für den Laien wäre erkennbar gewesen, dass es sich um Blut handeln musste. Braun betrachtete das sonstige moderne und überwiegend in Weiß gehaltene Mobiliar und sah, dass auch am TV-Schrank Blutanhaftungen zu finden waren. Auf einem gestreiften Samtsessel daneben hatte Carla Frombach einen fein säuberlich zusammengelegten roten Damenpullover und eine Jeans abgelegt. Mit Ausnahme der Blutanhaftungen wirkte der Raum aufgeräumt. Braun trat zwischen Fischer und Bendt an die Fußseite des Bettes heran und blickte auf die beigegestreifte Bettwäsche, deren Farbe in vollendeter Harmonie zu den Flokativorlegern und den Vorhängen gestanden hätte, wäre da nicht das Loch in der Decke gewesen, um das herum sich der vornehme Bettbezug mit Blut vollgesogen hatte und aus dem einige Daunenfedern ausgetreten waren, was aussah, als habe man hier ein

Federvieh geschlachtet. Braun inspizierte das Laken, die helle Kopfstütze und den weißen Nachtschrank links des Bettes und betrachtete auch hier die Blutanhaftungen. Dann registrierte er die leere Matratze.

»Wurde Frau Frombach schon weggebracht?«, erkundigte sich Braun.

»Nein, sie ist unten. Du willst sie doch gleich sehen, oder?«, fragte Bendt.

»Klar«, bestätigte Braun, stemmte seine Arme in die Hüften und streckte sich einmal ausgiebig. »Ich dachte, ich fange erst mal hier oben an und mache mich warm. Ist ja schließlich noch verdammt früh heute.« Er ging gähnend zu einem der Fenster hinüber und öffnete es. Die kalte Winterluft war erfrischend.

»Was kannst du mir bisher sagen?«, fragte er Fischer.

Fischer nahm aus seinem mit Tiegeln versehenen Koffer ein offenbar mit dickem, fast schwarzem Blut gefülltes Glasröhrchen heraus und schwenkte es kurz vor Brauns und Bendts Augen hin und her, bevor er es wieder in den Koffer legte. »Das ist schon einmal mein heutiges Andenken an Frau Frombach«, sagte er, »das wird es mir ermöglichen, kurzfristig ziemlich genau etwas dazu zu sagen, ob und gegebenenfalls was sie in den vergangenen Stunden so zu sich genommen hat.« Fischer deutete auf den tellergroßen Fleck auf der Daunendecke.

»Zum Zustand des unfreiwilligen Blutspenders kann ich für den Moment noch reichlich wenig sagen. Ich habe ihn mir ja nicht anschauen können. Aber angesichts der Menge an Blut, die hier vergossen wurde, kann er wahrscheinlich von Glück sagen, dieses Haus nicht in einem geschlossenen Behältnis verlassen zu haben.«

»Warten wir es ab«, merkte Braun an. »vielleicht ist er schon tot und ...«

Ein vernehmliches Räuspern ließ ihn verstummen. Der junge Mann mit der Kamera stand unschlüssig in der Tür und wurde von Fischer hereingewinkt.

»Wir machen jetzt hier erst einmal unsere Fotos, und dann schauen wir mal, was die Rekonstruktion des Geschehens so bringt«, sagte Fischer.

Braun kannte den Rechtsmediziner gut genug, um zu wissen, dass der sehr ungern über Geschehnisse mutmaßte, bevor er nicht alle Fakten und Untersuchungsergebnisse beisammen hatte.

»Na gut«, seufzte Braun. »Dann widmen wir uns mal dem unangenehmeren Teil des Abends und gucken uns an, was wir ...?« Er stockte.

»... im Kaminzimmer!«, ergänzte Bendt.

»... im Kaminzimmer so vorfinden.«

Der Hauptkommissar machte auf dem Absatz kehrt, um den Raum zu verlassen, Bendt hielt ihn jedoch zurück, indem er ihm auf die Schulter tippte. Als Braun sich umdrehte, hielt sein Kollege ihm ein in Plastik verpacktes Handy unter die Nase.

»Und«, fragte Braun kritisch, »was ist das?«

»Das Handy von Carla Frombach. Es lag unter dem Bett«, entgegnete Bendt.

Braun zog den Kopf ein wenig zurück und kniff die Augen zusammen, um die Nachricht auf dem Display ohne Brille entziffern zu können.

»Wie lange liest du denn?«, fragte Bendt ungeduldig und schob das Gerät noch näher an Brauns Gesicht.

»Gib her!«, forderte der Hauptkommissar seinen Kollegen auf und nahm ihm das Telefon aus der Hand. Dann las er die Nachricht in Ruhe durch.

»Aha!«, war das Einzige, was er von sich gab, bevor er das Gerät wieder an Bendt zurückreichte. In seinem Kopf arbeitete es heftig. Beide sprachen kein einziges Wort, während sie die Treppe hinuntergingen und sich über die Halle in Richtung des Raums begaben, in dem Braun Carla Frombach vor gar nicht langer Zeit die Nachricht vom Tod ihrer Schwester überbracht hatte. Heute brannte in dem offenen Kamin, vor dem u-förmig zwei Couchen und ein Sessel angeordnet waren, allerdings kein Feuer. Es war grabesstill. Eine junge Beamtin in Uniform erwartete sie am offenen Durchgang zu dem Raum am Ende des Esszimmers. Als sie die Kommissare kommen sah, deutete sie mit einem Nicken auf die hohe Rückenlehne einer der beiden Ledercouchen hinüber.

»Dort liegt sie«, sagte sie leise. Um die Sitzfläche einsehen zu können, trat Braun an die Sitzgruppe heran. Dabei nahm er aus dem Augenwinkel wahr, dass die Beamtin Bendt noch etwas zuflüsterte und ihm dann einen Zettel zusteckte. Der ließ die Nachricht wortlos in seine Tasche gleiten und trat dann neben Braun. Der Raum war nur schwach beleuchtet. Die an der Wand angebrachten Lampen waren stark abgedimmt worden und spendeten ein warmes, honigfarbenes Licht, das in einem seltsamen Kontrast zu dem grellen Schein der messingfarbenen Leseleuchte stand, deren schmaler Lichtkegel auf das blasse Gesicht der zarten blonden Frau gerichtet war. Braun betrachtete ihre geschwollenen Lider und ihre farblos und aschfahl wirkenden Lippen. Carla Frombach lehnte halb sitzend, halb liegend auf der breiten Sitzfläche des glatten, braunen Leders, ihre Beine waren in eine Kamelhaardecke gehüllt. Als Brauns Blick ihre schlaffe Hand streifte, die irgendwie merkwürdig verdreht wirkte, kam ihm wieder das Bild der Schwester in den Sinn, die ihn aus dem Asphalt angestarrt hatte. Erneut wurde ihm bewusst, wie ähnlich sich diese Zwillinge gesehen hatten, und er empfand wieder ein befremdliches Gefühl, als handele es sich bei den beiden Frauen um ein und dieselbe Person.

Braun setzte sich in den rechts von ihrer Couch gelegenen Sessel und betrachtete Carla Frombach für eine Weile schweigend, während er sich einen Reim darauf zu machen versuchte, was sich in diesem Haus abgespielt hatte. Er schaute zu Bendt auf, der hinter dem Sofa, auf dem Carla Frombach lag, stehen geblieben war und versuchte, in dessen Gesicht zu ergründen, welche Gedanken er sich zu dem Geschehen machte. Der verstand Brauns Blick offenbar als Aufforderung und räusperte sich, während er gleichzeitig ganz leicht Carla Frombachs Schulter berührte.

Die zuckte sogleich zusammen und blickte sichtlich benommen aus verweinten Augen von einem der Kommissare zum anderen.

»Wie geht es meinem Mann? ... O Gott, ich muss ganz kurz eingenickt sein.« Carla Frombach setzte sich auf. »Ich wollte das alles nicht«, flüsterte sie und sah dabei so verstört und hilflos aus.

Braun sah sie eindringlich an, um sicherzugehen, dass sie die Bedeutung dessen, was er jetzt sagen würde, auch begriff.

»Frau Frombach, bevor sie weitere Angaben machen, möchte ich Sie darüber belehren, dass Sie Beschuldigte in einem Strafverfahren sind und demgemäß das Recht haben zu schweigen. Sie können sich äußern, müssen dies aber nicht und haben ebenfalls das Recht, einen Anwalt hinzuzuziehen«.

Carla Frombachs Hände begannen heftig zu zittern.

»Aber wieso?«, stammelte sie. »Ich …«« Ihre Stimme brach.

Braun sah nur für einen winzigen Moment zu Bendt hinüber und wusste, dass der sich gerade die gleiche Frage stellte wie er selbst: War Carla Frombach in der Lage, solch ein Verbrechen zu begehen? Er rief sich den Wortlaut des Notrufs ins Gedächtnis, mit dem Frau Frombach nach Angaben der uniformierten Kollegen die Polizei informiert hatte.

»Ich habe soeben meinen Mann erschossen!«, hatte sie gesagt. »Bitte kommen Sie, ich habe meinen Mann erschossen.«

Jetzt schaute Carla Frombach auf ihre verkrampften Hände und schien nach Worten zu ringen.

»Das ist alles ein Alptraum«, stammelte sie schließlich, und ihr Blick wirkte in diesem Moment derart entrückt, dass sich Braun fragte, ob sie Alkohol oder Medikamente eingenommen hatte. Die vorliegende Blutprobe würde das eindeutig klären.

»Wie geht es meinem Mann? Bitte bringen Sie mich zu ihm«, wisperte sie.

»Ihr Mann wird derzeit operiert«, wiederholte Braun ganz ruhig das, was die junge Beamtin Carla Frombach an diesem Morgen vermutlich schon mehrfach mitgeteilt hatte. »Sie werden umgehend informiert, wenn wir Genaueres wissen. Wir können von Glück reden, dass der Rettungswagen so schnell vor Ort war und Erste Hilfe geleistet werden konnte.«

Braun beobachtete jede von Carlas Regungen genau.

»Ich bitte Sie, mich ins Krankenhaus zu bringen, damit ich bei ihm sein kann«, flehte sie. »Ich war so sicher, dass er tot ist, mein Gott. Plötzlich hat er sich nicht mehr bewegt und …« Sie brach in Tränen aus.

Bendt zog eine Packung Taschentücher aus seiner Tasche und reichte ihr eines.

»Frau Frombach«, erklärte Braun, »Sie sind im Moment dringend tatverdächtig, versucht zu haben, Ihren Mann zu töten.«

»Ich habe doch nicht gewusst, dass es mein Mann ist, der da ins Zimmer kommt. Ich bin davon ausgegangen, dass es ein Einbrecher ist. Ich …« Carlas Stimme überschlug sich förmlich.

»Möchten Sie eine Aussage machen, Frau Frombach?«, vergewisserte sich Braun erneut und ließ sie erst weitersprechen, nachdem sie diese Frage bejaht hatte.

»Der Vorwurf, den Sie mir da machen, ist doch absurd. Wieso sollte ich denn meinen Mann erschießen wollen?«, verteidigte sie sich.

»Schildern Sie uns bitte, warum Sie auf Ihren Mann geschossen haben?«, bat Braun.

Braun und Bendt hörten genau zu, während Carla Frombach ihre Version vom Geschehen schilderte, und unterbrachen sie nicht. »Als ich gemerkt habe, dass es mein Mann ist, war es schon zu spät«, sagte sie unter Tränen. Braun und Bendt sahen einander an. Braun konnte in Bendts Augen genau das lesen, was er auch in diesem Moment dachte. Entweder sie sagte die Wahrheit, oder sie musste eine verdammt gute Lügnerin sein.

»Frau Frombach, ich möchte noch einmal an der Stelle

einhaken, als Sie ein Poltern in der Diele vernommen haben wollen«, erklärte Braun. »Wäre es an Ihrer Stelle nicht naheliegend gewesen, daran zu denken, dass es Ihr Mann sein musste, der nach Hause kam?«

Carla Frombach schüttelte den Kopf. »Aber mein Mann war doch in Hamburg, oder ich dachte jedenfalls, dass er in Hamburg ist. Ich konnte doch gar nicht damit rechnen, dass er mitten in der Nacht nach Hause kommt.«

»Wann genau haben Sie von Ihrem Mann erfahren, dass er in Hamburg übernachten wollte?«, fragte Braun sachlich.

Carla Frombach dachte nach. »Das muss so gegen fünf Uhr nachmittags gewesen sein.«

Bendt holte das Mobilfunktelefon aus der Tasche und legte es vor Frau Frombach auf dem Tisch ab.

»Sie sagten vorhin, Sie hätten sich ihr Mobilfunktelefon ans Bett geholt, um sich sicherer zu fühlen. Ist Ihnen nicht in den Sinn gekommen, es einzuschalten und vielleicht sogar Ihren Mann anzurufen?«, fragte Bendt.

»Mitten in der Nacht, nein«, sagte Carla Frombach entschieden. »Warum hätte ich das tun sollen? Ich sagte doch, dass ich meinte, mir das Poltern nur eingebildet zu haben.«

Bendt drückte auf das Display und las ihr die Nachricht vor, die zirka um null Uhr auf ihrem Handy eingegangen war.

»Liebling, ich bin in ungefähr einer halben Stunde zu Hause. Schlaf gut.«

Die Kommissare beobachteten Carla Frombach genau, während die Bedeutung der Worte, die Bendt ihr vorgelesen hatte, ganz langsam in ihr Bewusstsein vorzudringen schienen.

»Hätten Sie diese Nachricht nicht spätestens sehen müssen, als Sie das Handy vom Sideboard herüber auf Ihren Nachttisch geholt haben?«, hakte Braun nach. »Hatten Sie uns nicht gesagt, dass es bereits weit nach zwölf gewesen sei, als ein Poltern Sie geweckt hat?«

»Ich habe nicht darauf geschaut, wirklich«, flüsterte Carla, die sich sichtlich in die Ecke gedrängt fühlte. »Vielleicht war es ja auch doch noch nicht ganz so spät.« Ihre Worte klangen wenig überzeugend.

»Hätte Ihnen nicht spätestens in dem Moment, als Sie Schritte auf der Treppe gehört haben, der Gedanke kommen müssen, dass Ihr Mann seine Pläne geändert haben könnte und vielleicht aus Hamburg zurückgekehrt war?«, fragte Bendt.

Carla Frombach war anzusehen, dass die Befragung ihr an die Nieren ging. Sie fuhr sich mit der Hand über die Augen. »Darüber habe ich überhaupt nicht nachgedacht«, versuchte sie sich zu rechtfertigen. »Es waren so merkwürdige Dinge passiert.« Sie starrte in den Kamin. »Erst die tote Krähe auf dem Balkon meiner Schwester und ihr Schrank, die Sache mit unserem Hund …«

»Bitte der Reihe nach«, sagte Braun und ließ Carla von ihrem Erlebnis mit der Krähe berichten. Mit einem Seitenblick gab er der Beamtin, die noch immer im Türrahmen stand und das Gespräch verfolgte, zu verstehen, dass sie nach dem Kadaver Ausschau halten solle.

Noch bevor Carla Frombach ihre Erzählung beendet hatte, war die Polizistin zurück und dokumentierte mit einem Schulterzucken, dass niemand eine Krähe im Hausflur gefunden hatte.

»Frau Frombach, wo ist eigentlich Ihr Hund?«, erkundigte sich Braun nach einer Weile.

»Mein Stallmeister, Johannes Hansen, hat ihn gestern Abend mitgenommen, um ihn zum Tierarzt zu bringen und dann über Nacht zu Hause zu versorgen. Smilla ist schwer verletzt«, berichtete sie und begann wieder zu weinen.

»Wann genau hat Herr Hansen mit Ihnen gesprochen, Frau Frombach?«, bohrte Braun weiter.

»So gegen sechs«, erklärte sie unsicher, als sie sich wieder ein wenig gefasst hatte.

»Dann kann Herr Hansen also bestätigen, dass Ihr Mann über Nacht wegbleiben würde?«, fragte Braun.

Carla Frombach sah dem Hauptkommissar in die Augen. »Nein, er wusste es nicht«, gestand sie leise. »Ich habe es ihm nicht gesagt.«

Braun seufzte. »Warum nicht?«

Sie schien nach Worten zu ringen, bevor sie weitersprach: »Ihm missfällt es, wenn mein Mann mich im Moment allein lässt, weil ich nervlich so angespannt bin. Ich wollte nicht, dass er sich Sorgen macht oder sich gar verpflichtet fühlt, über Nacht hierzubleiben.«

»Gibt es sonst irgendjemanden, der außer Ihnen davon wusste, dass Ihr Mann die Nacht in Hamburg verbringen wollte?«

Carla Frombach schluckte. »Nein, den gibt es nicht«, flüsterte sie kaum hörbar.

»Frau Frombach.« Bendt konfrontierte sie jetzt mit einer Information, die er von den Kollegen der Spurensicherung erhalten hatte. »Auf dem Tisch im Wintergarten standen, als die Spurensicherung eintraf, zwei Gläser, ein Rotwein- und ein Whiskyglas. Wie erklären Sie sich das?«

»Ich nehme an, mein Mann hat noch etwas getrunken, als er heimkam«, mutmaßte sie.

»Sie haben aber nicht gemeinsam mit ihm dort gesessen?«, hakte der Hauptkommissar nach.

Carla Frombach schluchzte laut auf. »Nein, bitte glauben Sie mir, das habe ich doch schon gesagt.«.

»Frau Frombach, Sie haben gegen vier Uhr morgens einen Schuss auf Ihren Mann abgegeben«, erklärte Braun. »Wenn es stimmt, dass Ihr Mann um zirka null Uhr dreißig heimgekommen ist, dann hätte er sich über drei Stunden allein hier unten aufgehalten, ohne von Ihnen bemerkt worden oder ins Bett gegangen zu sein. Kommt so etwas häufiger vor?«

Carla zuckte mit den Schultern. »Vielleicht ist er eingeschlafen?«

»Sie sagen, Frau Frombach, Sie hätten die ganze Zeit nicht die Augen geöffnet, während Ihr Mann offenbar bereits in Ihrem Zimmer war und seinen Nachtschrank durchsucht hat«, wiederholte Braun im ruhigen Tonfall das, was Carla Frombach ihnen geschildert hatte. »Sie sagten auch, dass Sie mit dem Kopf in die Richtung gelegen hätten, in der Ihr Mann zunächst an das Bett herangetreten sei. Warum haben Sie nicht einen Blick riskiert, um herauszufinden, wer dort steht?«

»Ich sagte doch, dass ich mich nicht getraut habe«, flüsterte sie. »Ich bestand nur noch aus Angst.«

»Können Sie sich vorstellen, was Ihr Mann in seinem Nachtschrank gesucht hat?«, fragte Braun weiter.

»Nein.«

»Gibt es denn aus Ihrer Sicht irgendeinen triftigen Grund, weshalb Ihr Mann auch Ihren Nachtschrank geöffnet haben könnte?«

Carla zuckte resigniert mit den Schultern und umklammerte den Saum ihrer Wolldecke. »Ich habe dafür im Moment keine Erklärung«, antwortete sie sichtlich zermürbt.

»Sie sagten vorhin, Sie hätten den Geruch von Alkohol wahrgenommen. Hätten Sie da nicht auf den Gedanken kommen können, Ihr Mann suchte vielleicht nach einer Kopfschmerztablette?«, sprach Braun einen sehr naheliegenden Gedanken aus.

Carla Frombach schaute ins Leere und erwiderte nichts.

Braun rief sich das Bild des Schlafzimmers ins Gedächtnis und erinnerte sich, dass die Schubladen beider Nachtschränke geschlossen gewesen waren.

»Frau Frombach, haben Sie gehört, dass die Schubladen wieder zugeschoben wurden, nachdem Sie im Bett wahrgenommen hatten, dass diese beide durchsucht worden waren?«, fragte er.

»Ja, ich glaube schon«, sagte Carla Frombach.

»Sprach das nicht auch gegen einen Einbruch?«, fuhr Braun fort.

Carla war deutlich anzusehen, dass sie nicht wusste, worauf der Hauptkommissar hinauswollte.

»Wie wahrscheinlich ist es, Frau Frombach, dass ein Einbrecher, der ja ohnehin nach Möglichkeit so wenig Krach wie möglich verursachen möchte, eine Schublade wieder zurückschiebt? Hätte Sie nicht auch das vermuten lassen müssen, dass es Ihr Mann war, der nach irgendetwas suchte?«

Carla antwortete erneut nicht, sondern schlug die Augen nieder. Ihr schien langsam zu dämmern, warum sie unter Verdacht stand. Heftig schlucken musste sie allerdings erst, als Bendt nun den rechteckigen kleinen Zettel aus der Tasche zog, den ihm die junge Beamtin kurz zuvor zugesteckt hatte.

Braun bedeutete Bendt mit einem Nicken, dass auch er sich für dessen Inhalt interessierte.

»Frau Frombach«, setzte Bendt an, »während er das schmale Papier behutsam glatt strich. »Das hier ist eine Rechnung eines Lübecker Restaurants, das Sie eventuell kennen. Es hat den Anschein, als habe ihr Mann dort gestern Abend gegessen – jedenfalls hatte er diesen Beleg in seiner Geldbörse, die er offenbar nach seiner Heimkehr auf dem kleinen Tisch in der Diele abgelegt hatte.«

Braun streckte sofort die Hand aus und ließ sich den Beleg überreichen. Die Rechnung war um 21:00 Uhr ausgestellt worden. Braun überflog die Speisen und Getränke, die abgerechnet worden waren.

»Frau Frombach, Ihr Mann hat am gestrigen Abend weit vor seiner Ankunft hier offenbar eine Platte Antipasti, eine Flasche Wasser und zwei halbe Liter Wein in diesem Lokal bezahlt. Können Sie sich das irgendwie erklären?«, fragte er streng.

Carla Frombach starrte wie versteinert auf den kleinen Couchtisch vor ihrem Sofa und schüttelte den Kopf.

18

»Guten Morgen, ihr zwei«, rief Bendt und drückte Emily und Anna zur Begrüßung einen Kuss auf die Wange. Emily war mit Wonne dabei, ein Nutellabrot zu essen.

»Du machst das toll«, lobte Bendt Emily lachend, die ihr Frühstück wie immer mit vollem Körpereinsatz genoss und reichlich Schokolade im Gesicht und an den Händen kleben hatte.

»Ich koche mir schnell einen Kaffee, willst du auch noch einen?«, wollte er von Anna wissen und machte sich sogleich in der Küche an der Espressomaschine zu schaffen.

»Ja, gern«, antwortete Anna und versuchte gleichzeitig, unter Einsatz einer beachtlichen Anzahl von Kleenex den Bademantel ihrer Tochter zu retten. »Das ist ja toll, dass du schon wieder da bist«, sagte sie erfreut. »Nachdem ich deine Nachricht heute Morgen gelesen hatte, habe ich gedacht, ich sehe dich vor heute Abend nicht wieder. Und jetzt sind wir gerade mal bei unserem zweiten Frühstück. Wann bist du denn überhaupt weggegangen. Ich habe nicht einmal gehört, dass du aufgestanden bist?«

»Das war auch zu nachtschlafender Zeit«, stöhnte Bendt. »So gegen fünf kam der Anruf. Aber du freust dich leider zu früh, wenn du denkst, ich kann bleiben. Ich muss gleich wieder weg.«

»Och nein.« Anna seufzte. Sie hatte sich schon auf einen gemeinsamen Tag gefreut.

»Stell dir vor«, erzählte Bendt. »Carla Frombach hat heute

Nacht auf ihren Mann ge...« Er unterbrach sich selbst, weil er sich offenbar gerade daran erinnerte, dass er in Emilys Gegenwart nicht von Mord und Totschlag sprechen sollte.

»Das ist nicht dein Ernst? Und, ist er ...?« Anna sprach es nicht aus, sondern sah Bendt nur fragend an.

Bendt schüttelte den Kopf. »Zum Glück nicht«, sagte er. »Sie wird gerade dem Untersuchungsgefängnis zugeführt.«

»Das gibt es doch gar nicht«, rief Anna aus. »Die wollte ihren Mann umbringen? Sag bloß, sie hat herausgefunden, dass er der Mörder ihrer Schwester ist.«

»Also, wenn ich das jetzt gesagt hätte«, sagte Bendt grinsend, »hättest du mir eine Predigt gehalten, dass ich bestimmte Worte nicht in Gegenwart deiner Tochter in den Mund nehmen soll.«

»Da hast du recht.« Anna fühlte sich sofort schuldbewusst, stellte aber erleichtert fest, dass Emily viel zu sehr mit Essen beschäftigt war und gar nicht zuhörte. »Das möchte ich aber unbedingt näher wissen, bevor du wieder abhaust. Schön weiteressen«, befahl sie Emily und stahl sich zu Bendt in die Küche hinüber.

»Emilys Bademantel wirst du jetzt aber vergessen können«, bemerkte Bendt trocken.

»Man muss Opfer bringen«, gab Anna ungerührt zurück und stellte sich neben ihn vor den Tresen. »Also, ist es so, wie ich vermute, und Carla Frombach wollte ihn umbringen, weil er ihre Schwester getötet hat?«

»Wir haben keine Ahnung«, gab Bendt zu, reichte Anna ihren Milchkaffee und prostete ihr zu. »Die Frombach sagt, es sei ein Irrtum gewesen und sie habe ihren Mann gar nicht erschießen wollen, sondern gedacht, einen Einbrecher vor sich zu haben.«

Bendt referierte kurz, was Frau Frombach im Einzelnen ausgesagt hatte.

»Jetzt mal der Reihe nach. Wenn es stimmt, was sie sagt, verstehe ich nicht, dass man sie in Haft genommen hat. Denn dann wäre sie aufgrund der vorliegenden Irrtumsproblematik rechtlich nicht wegen versuchter Tötung, sondern wegen fahrlässiger Körperverletzung oder, wenn ihr Mann stirbt, wegen fahrlässiger Tötung in Tateinheit mit einem möglichen Verstoß gegen das Waffengesetz zu bestrafen. Das ist zwar alles nicht schön, dafür bekommt sie aber keine langjährige Haftstrafe, die jetzt erwarten ließe, dass sie flieht, wenn man sie nicht sofort in Haft nimmt. Habe ich irgendwas verpasst, oder hast du mir verschwiegen, dass ihr Mann ihr vorwirft, vorsätzlich auf ihn geschossen zu haben?«

»Er kann im Moment gar nichts sagen, sondern wird noch operiert«, antwortete Bendt. »Wir haben aber einige Indizien zusammengetragen, die jedenfalls für den Moment den dringenden Tatverdacht begründen, dass sie mit Absicht auf ihren Mann geschossen hat.«

Anna war aber immer noch nicht zufrieden. »Selbst wenn! Habt ihr geprüft, ob zu ihren Gunsten von einem strafbefreienden Rücktritt nach §24 des Strafgesetzbuches auszugehen ist?«

Als Staatsanwältin dachte Anna natürlich gleich daran, dass Frau Frombach im Falle eines Rücktritts zumindest dann nicht wegen versuchten Mordes ihres Mannes bestraft werden könnte, wenn sie zwar absichtlich auf ihn geschossen, nachfolgend aber durch Herbeirufen der Polizei rechtzeitig seine Rettung veranlasst hätte. »Sie hat doch die Polizei gerufen oder nicht?«, fragte Anna deshalb irritiert.

»Entschuldige«, bat Bendt, der offenbar schmunzelte, weil Anna sofort die passende Vorschrift parat hatte: »Ich habe vergessen, eine Kleinigkeit zu erwähnen. Frau Frombach dachte, er sei tot, als sie die Polizei angerufen hat. Sie hatte gar nicht damit gerechnet, ihn noch retten zu können.«

»Kleinigkeit vergessen ist gut«, schnaubte Anna und zog die Stirn in Falten. »Rechtlich ist das natürlich der casus knacktus.«

»Ich weiß, Frau Staatsanwältin. Wenn sie dachte, er sei tot, konnte sie nicht mehr vom Tötungsdelikt zurücktreten.«

»So ist es«, bestätigte Anna. »Dann musstet ihr sie tatsächlich zunächst zuführen und müsst die Vernehmung ihres Mannes abwarten. Das war richtig. Woher hatte sie überhaupt die Waffe?«

»Ihre Schwester muss sich vor Jahren illegal eine Pistole beschafft haben. Carla Frombach will angeblich nicht wissen, woher diese Pistole genau stammt. Ihre Schwester hat ihr damals wohl gesagt, dass sie es um keinen Preis verraten wollte. Wir werden hoffentlich schnell herausfinden, auf wen die Waffe ursprünglich registriert war und wie sie möglicherweise abhandengekommen ist.«

Anna trank einen Schluck aus ihrer Tasse. »Das wird ja wirklich nicht einfacher mit eurem Fall«, sagte sie nachdenklich.

Sie schwiegen einen Moment. »Wie ist das Ganze eigentlich rechtlich genau einzuordnen, wenn er nicht aufwacht?«, stellte Bendt eine Frage, die auch Anna gerade durch den Kopf ging.

»Dann kommt es darauf an, ob ihr ihre Schilderung aufgrund irgendwelcher Indizien widerlegen könnt. Ansonsten wäre das rechtlich eine versuchte Tötung zu Lasten eines imaginären Einbrechers, die dann wohl aber aufgrund einer anzunehmenden Notwehrlage als gerechtfertigt gelten würde und somit nicht strafbar wäre. Dann bliebe noch eine fahrlässige Tötung zu Lasten ihres Mannes, die in Tateinheit mit dem Waffendelikt stünde.«

»Und, was bekäme sie dafür?«, erkundigte Bendt sich.

»Hier wäre natürlich ganz wesentlich zu berücksichtigen, dass sie sich in einer psychischen Ausnahmesituation befand, und vor allem müsst ihr noch den Alkohol- und möglichen Medikamentenkonsum feststellen.« Anna überlegte kurz. »Sie käme wohl mit einer Bewährungsstrafe davon.«

»Wenn er allerdings aufwacht«, sagte Bendt, »und in der Vernehmung aussagt, sie hätte ihn umbringen wollen, könnte das für Frau Frombach einen sehr langen Aufenthalt hinter Gittern bedeuten.«

»Allerdings«, bestätigte Anna.

19

Braun und Bendt kannten das Lokal Alberto. Ein kleiner, vergleichsweise unscheinbarer Laden, in dem er einen Mann wie Konrad Teubert eher nicht als Gast vermutet hätte. Die Kommissare hatten sich entschieden, einen kurzen Abstecher hierher zu machen, bevor sie dann in Richtung Krankenhaus aufbrechen wollten, wo Teubert hoffentlich bald aufwachen und vernehmungsfähig sein würde. Ein untersetzter Mann, der dem ersten Anschein nach Italiener war und dessen kugelförmiger Bauch von einer blütenweißen Schürze bedeckt wurde, war gerade dabei, die Borde hinter seinem Tresen mit Weinflaschen und anderen Alkoholika zu bestücken.

»Scusi, Signori«, rief er und trat sofort hinter seinem Tresen hervor, als die Kommissare das Lokal betraten, »wir noch nicht haben geöffnet, erst um elf Uhr dreißig, scusi. Die Tür ist nur offen, weil ich muss lüften gerade«, sagte er mit deutlichem italienischen Akzent.

»Wir sind nicht zum Essen gekommen«, erwiderte Braun, der das angesichts der verheißungsvollen Düfte, die ihm von der Küche aus in die Nase stiegen, ausgesprochen bedauerte. »Ich bin Hauptkommissar Braun, und das ist mein Kollege Kommissar Ben Bendt. Wir sind dienstlich hier.«

Dem Wirt wich sofort die gesunde Farbe aus dem Gesicht.

»Keine Sorge, es geht nicht um Sie oder Ihre Mitarbeiter,

wir haben Fragen zu einem Gast, der hier am gestrigen Abend vermutlich bewirtet wurde«, erläuterte Braun.

»Madonna!« Der Italiener schlug sich die Arme vor die Brust. »Sie haben mich erschreckt, Herr Commissario«, rief er aus. Vermutlich hatte er sein klischeehaft wirkendes Temperament besonders kultiviert, um den deutschen Gästen »ein kleines Stück Italien« zu bieten.

»Sind Sie hier der Chef?«, wollte Braun wissen.

»So ist es, ganz korrekt, Commissario. Alberto Lumbardi, mein Name. Möchten Sie einen Espresso, Kaffee oder Cappuccino, Signori?«

»Danke, nein, das ist sehr freundlich von Ihnen.« Braun lächelte.

Der Italiener trat wieder hinter seinen Tresen und bat die Kommissare, auf den Barhockern Platz zu nehmen: »Also, was kann ich fur Sie tun?«, erkundigte er sich.

»Können Sie mir sagen, wer hier gestern Abend bedient hat?«, kam Braun sogleich zur Sache. »Wir haben ein paar Fragen zu einem Gast, der vermutlich in Ihrem Lokal gegessen hat.« Braun zog ein Porträtfoto aus der Tasche, auf dem Teubert abgebildet war und das er am Morgen aus der Villa Frombach mitgenommen hatte.

Der Restaurantinhaber beugte sich zu dem Bild auf dem Tresen hinunter und warf einen Blick darauf.

»Madonna, was hat die gutaussehende Schurke angestellt?«, fragte er mit hochgezogenen Brauen.

»Man hat auf ihn geschossen«, gab Braun zurück.

Der Italiener machte große Augen. »Madonna«, rief er wieder. »Dann war wirklich keine so gute Tag fur die Mann gestern.«

»So in etwa kann man das wohl ausdrücken«, bestätigte

Braun schmunzelnd. »Erkennen Sie den Mann wieder, und können Sie uns sagen, wann und gegebenenfalls mit wem er hier war?«

Die Antwort kam prompt. »Diese Mann war hier. Carlo hat bedient.« Lumbardi deutete auf einen Tisch in der Ecke des Lokals.

»Ist dieser Carlo hier?«

»No, Commissario, isse seine freie Tag.«

»Schade«, seufzte Braun enttäuscht. »Können Sie uns vielleicht etwas zu dem Mann sagen?«

»Ja, ich kann.« Lumbardi machte ein Gesicht, als würde es ihn ausgesprochen freuen, den Kommissaren weiterhelfen zu können. »Ich habe gekocht in meine Kuche, als Carlo kam zuruck mit eine Platte von Antipasti, von der gegessen nur eine klitzekleine Spatz.« Der Italiener formte seine Hände, als halte er ein zerbrechliches Vögelchen in seinen Händen. »Ich habe gesagt: Was los, Carlo? Warum die Leute nicht geschmeckt. Ich war geschockt. Denn meine Antipasti sind ganz kostlich!« Lumbardi führte seine Fingerkuppen zum Mund und küsste sie. »Molto bene, alles super lecker bei mir. Ich mache ein Vitello tonnato, fur das auch Sie wurden Mord begehen, ich verspreche!«

Die Kommissare nickten beide sichtlich amüsiert und beobachteten Lumbardi, der sich offenbar gern in Szene setzte.

»Nur Frauen essen meine Antipasti wie Spatz, wenn sie frisch verliebt und mit schöne Mann in Lokal sind. Wenn sie erst sind verheiratet, dann sie essen meine Antipasti wie Raubvogel oder noch sehr viel großeres Tier.« Er bildete mit einer ausschweifenden Handbewegung einen großen Kreis in die Luft und blickte die Kommissare an, als habe er den aufgerissenen Schlund eines Löwen oder vielleicht auch seine Ehefrau vor Augen. »Also, Commissario, ich naturlich wollte hinaus zu die Gast und fragen, was war falsch. Aber Carlo sagen: ›Das Essen war nicht schlecht, die nur nicht essen wegen Streit.‹ Er glaube, die Mann an die Tisch ein Idiot und machen Schluss mit wunderschone junge Frau.«

Er stemmte seine Hand in die Seite und fuhr mit erhobener Stimme fort. »Ich gesagt: Das so tupisch ist, wenn jemand will rumkriegen schone Frau, er geht in Hüxstraße zu teure Italiener und bestellt teure Flasche Wein und große Menu. Wenn machen Schluss, komme zu mir und bestellen billige Wein aus Karaffe.«

»Hat Ihnen Ihr Mitarbeiter gesagt, was genau er gehört hat und woraus er geschlossen hat, dass der Mann an dem Tisch gerade mit einer jungen Frau Schluss machte?«, fragte Braun weiter.

»Das ich habe auch gefragt«, entgegnete der Italiener und guckte Braun an, als hätte der eine besonders geistreiche Frage gestellt. »Carlo sagte, weil sie Tränen in die Augen hatte und war ganz verzweifelt. Dann hat meine Kuchenhilfe Franco gesagt, dass das nichts sagen muss, weil seine Freundin auch geweint, obwohl nicht er, sondern sie gemacht haben Schluss. Carlo dann geantwortet, dass – so wie Franco aussehen – jede Frau sowieso sofort weinen musste, wenn sie ihn nur anschaut, und dafur muss keiner mussen machen Schluss. Carlo selbst auch jeden Tag musse weinen, wenn er Franco nur anschauen muss.«

Braun konnte sich ein Lachen nicht verkneifen.

»Wir auch alle haben gelacht in Kuche, sehr lustig war wegen das Paar an Tisch in Ecke. Carlo ist immer lustig.«

»Hat Ihr Mitarbeiter sonst etwas über das Gespräch der beiden erzählt, oder waren Sie oder sonst jemand hier draußen und haben die beiden beobachtet oder das Gespräch verfolgt?«, schaltete sich Bendt ein.

»Ich glaube nicht, Carlo viel gehort hat. Er musste schließlich auch bedienen andere Gäste. Ich selbst war einmal an eine Tisch, um Stammgäste zu begrußen. Dann ich habe gesehen die beide.«

»Und, was hatten Sie für einen Eindruck von dem Paar, und wie genau sah die Frau überhaupt aus?«

Der Italiener streifte mit seinen Armen rechts und links an seinem Köper entlang, als wäre er eine bildschöne Filmdiva, und schwang seine Hüften von rechts nach links. »Blond und groß und bella.« Er seufzte. »Vielleicht dreißig Jahre alt.«

»Und welchen Eindruck hatten Sie nun genau von der Situation?«, wollte Bendt wissen.

Der Italiener schien verwirrt. »Wenn sie auf ihn hat geschossen, dann ist wohl klar, dass er hat gemacht Schluss, oder?« Er schaute die Kommissare an, als seien die ein wenig begriffsstutzig.

»Die Frau, die Sie beschreiben, hat nicht auf den Mann geschossen«, erläuterte Braun ruhig.

»Madonna, Gott sei Dank!« Lumbardi streckte die Arme gen Himmel. »Ich meine, er vielleicht hat Strafe verdient, aber erschießen ist vielleicht doch ein kleines bisschen übertrieben.«

»Ein bisschen«, bestätigte Bendt.

Der Italiener zuckte mit den Schultern, bevor er weitersprach: »Dann habe ich keine Ahnung, ob und wer da gemacht haben Schluss. Vielleicht hat auch gar keiner gemacht

Schluss, und die Frau hat einfach nur so geweint. Frauen weinen oft einfach so, und keine Mann versteht, aber ihm auf jeden Fall der Appetit vergeht auch. Aber wenn diese Mann die Frau verlassen hat oder hat Streit gemacht, dann er ist eine sehr große Idiot.« Er seufzte.

»War die Frau häufiger hier? Kannten Sie sie?«, wollte Braun wissen.

»Ich glaube, sie holt sich ab und zu hier eine Pizza fur zu Hause. Das hat Carlo gesagt. Aber eine Adresse habe ich leider nicht fur Sie.«

Braun schob dem Italiener seine Karte über den Tresen. »Sagen Sie Ihrem Mitarbeiter bitte, dass wir ihn sprechen müssen. Und sollte die bella signorina je wieder in Ihrem Lokal auftauchen, rufen Sie mich bitte sofort an und halten Sie sie auf, bis wir hier eingetroffen sind.«

20

Die Zellentür fiel hinter Carla mit einem lauten Krachen ins Schloss. Dann wurde der eiserne Riegel davorgeschoben, und sie war allein. Sie setzte sich auf die schmale Pritsche und blickte sich in dem kahlen, kleinen Raum um. Durch ein winziges, verriegeltes Fenster, das sich in einer Ecke über einem Klapptisch mit einem Stuhl davor befand, fiel ein wenig Tageslicht. In der anderen Ecke befanden sich die Kloschüssel und das Waschbecken. Dann gab es noch eine schmucklose Klemmlampe am Bett, und das war's. Carla legte sich zur Seite und rollte sich wie ein Embryo auf der stacheligen grauen Wolldecke zusammen. All das, was sie gerade erlebte, war schlimmer als jeder Alptraum. Und das Schlimmste war, dass ihr schien, als solle sie im Zeitraffer all die Dinge erleben, vor denen sich ihre Schwester immer gefürchtet hatte. Dazu hatte auch die Angst davor gehört, irgendwann verhaftet und eingesperrt zu werden. Wenn Hanna mal nicht gerade daran gedacht hatte, dass Keller sie umbringen würde, dann war sie immerhin sicher gewesen, dass er ihr aus Rache etwas anhängen und sie hinter Gitter bringen würde.

Es war kalt im Raum. Carla fröstelte. Die Geräusche, die sie von draußen vernahm, waren gleichermaßen fremd wie unheimlich. Carla hatte trotz der Zellentür, die sie von den anderen Häftlingen auf dem Flur trennte, Angst. Sie zuckte jedes Mal zusammen, wenn draußen einer der Wärter etwas rief oder eine der eisernen Türen zuschlug. Sie mochte sich nicht vorstellen, auch nur die Nacht hier drinnen verbringen zu müssen. Sie wünschte sich, bei Konrad zu sein, und betete darum, dass er bald aufwachen und sie entlasten würde. Inzwischen hatte man ihr die Nachricht überbracht, dass er zwar zur Beobachtung noch auf der Intensivstation sei, aber zumindest nicht in akuter Lebensgefahr schwebe. Das war für den Moment das Wichtigste. Und dann würden sich hoffentlich auch die vielen offenen Fragen klären lassen, die in ihrem Kopf herumschwirrten, vor allem die, weshalb er sie angelogen hatte.

Vom Präsidium aus hatte sie einen Anwalt konsultieren dürfen. Sie hatte den Anwalt ihres Mannes aus Hamburg angerufen, weil er der Einzige war, den sie kannte, und er außerdem bisher alle Fälle betreut hatte, die sie beide beruflich oder privat betrafen. Konrads Termin in seiner Kanzlei hatte er zwar bestätigt, aber auch gesagt, dass ihr Mann schon um 16:30 Uhr wieder gegangen sei. Demnach hatte Konrad sie erst über seine Übernachtungspläne in Hamburg informiert, nachdem er das Anwaltsbüro bereits verlassen hatte. Konrad hatte gelogen, und sie wollte wissen, warum. Aber immerhin: Als Rechtsanwalt Niemeyer erfahren hatte, was ihr passiert war, hatte er sich sofort darum gekümmert, einen Kollegen herbeizuschaffen. Dr. Just hatte jetzt ihre Vertretung übernommen und sie auch zum Termin vor dem Haftrichter begleitet. Im Wesentlichen hatte sie dort noch einmal ihre Angaben aus der polizeilichen Vernehmung bestätigt. Er war nicht begeistert gewesen, dass sie vor ihrer ersten Vernehmung keinen Rechtsanwalt verlangt hatte.

»Das Wichtigste ist«, hatte er dann noch erklärt, »dass wir keine Überraschungen erleben, wenn ihr Mann aufwacht.«

Die Art und Weise, wie er sie dabei angesehen hatte, war irritierend für sie gewesen, und sie hatte sich gefragt, ob er allen Ernstes glaubte, sie habe mit Absicht auf ihren Mann geschossen. »Natürlich wird mein Mann meine Angaben bestätigen«, hatte sie gesagt; und er hatte geantwortet: »Wenn das so ist, dann sind Sie in ein paar Tagen wieder zu Hause.« Carla hoffte inständig, dass er recht behielt.

21

Anna warf nur einen flüchtigen Seitenblick in den Flurspiegel. Ihr war klar, dass Georg die dunklen Ränder unter ihren Augen nicht entgehen würden. Sie atmete einmal tief durch und griff nach der Türklinke.

»Papi«, schrie Emily und sprang, kaum dass Anna die Haustür geöffnet hatte, an ihrem Vater hoch und schlang ihre Arme um seinen Hals.

»Du erwürgst mich ja fast«, krächzte Georg lachend und drückte Emily fest an sich, bevor er auch Anna einen Kuss auf die Wange gab.

»Komm ruhig einen Moment rein, wir sind noch nicht ganz startklar«, bot Anna an und ließ die Tür hinter Georg ins Schloss fallen.

»Eigentlich müssten wir zwar längst gestiefelt und gespornt hier stehen, weil Emily schon heute Morgen um halb sechs angefangen hat, ihre Tasche für ihren Besuch bei dir zu packen, wir sind aber kurioserweise trotzdem nicht fertig.« Anna stemmte ihre Hände in die Hüften und blickte ihre Tochter mit gespielt strenger Miene an. Sie versuchte ganz bewusst, fröhlich zu klingen und sich die große Anspannung, unter der sie stand, nicht anmerken zu lassen.

»Emily fand heute mal wieder, dass Viertel nach fünf, auch an einem Sonntag, eine hervorragende Zeit sei, um mich in meinem Bett zu überfallen und aus dem Tiefschlaf zu rütteln.«

»Ich weiß genau, wovon du sprichst.« Georg zwinkerte

Anna zu, die ihm ansehen konnte, dass er ihre aufgesetzte Fröhlichkeit als das entlarvte, was sie war: Fassade.

»Ich glaube, Emilys morgendlicher Überfall war heute genau das richtige Rezept, um dich zu wecken«, sagte Georg, und er hatte recht. Denn sie hatte sich nicht, wie sonst, müde und ein bisschen genervt noch einmal das Kissen über den Kopf gezogen und sich nach ein paar weiteren Minuten kostbaren Schlafes gesehnt, sondern war einfach nur dankbar dafür gewesen, an diesem Tag wenigstens ihre jüngste Tochter in die Arme schließen zu dürfen. Heute war Maries Todestag und gleichzeitig der Tag, an dem sie sechs Jahre alt hätte werden sollen. Marie hatte nur wenige Stunden gelebt, und jede Sekunde dieser kostbaren Zeit hatte sich in Annas Gedächtnis eingebrannt. Seit Emily auf der Welt war, war der Schmerz für Anna erträglicher geworden, und gerade am Todestag von Marie halfen Emilys Unbefangenheit und ihre Fröhlichkeit ihr, mit dem Verlust umzugehen. Anna zwang sich, sich zusammenzureißen und den Kloß in ihrem Hals hinunterzuschlucken.

»Möchtest du vielleicht einen Kaffee, bevor ihr losfahrt?«, fragte sie.

»Sehr gern!« Georg setzte Emily auf dem Boden ab und zog seine Jacke aus. Er tat einfach so, als hätte er die Tränen, die Anna in den Augen standen, nicht bemerkt.

»Ist der Herr Kommissar nicht da?«, erkundigte er sich.

Anna warf ihm einen strafenden Blick zu und half ihm dann, an der überfüllten Garderobe einen Platz für seine Jacke zu finden.

»Mein Kommissar heißt Ben Bendt und ist mal wieder außerplanmäßig im Dienst.« Die kleine Stichelei war typisch für Georg und schon fast zu einem kleinen Ritual zwischen ihnen geworden. Anna war dankbar, dass Georg sich auch heute nicht zurückhielt. Er besaß die richtigen Antennen, um zu erkennen, ob Anna auf Marie angesprochen werden wollte oder nicht. Und er gehörte nicht zu den Menschen, die laut aussprechen mussten, dass sie Mitleid empfanden oder für sie da sein würden.

»Möchtest du noch einen Kakao?«, fragte Anna, und Emily lief sogleich begeistert in die Hände klatschend über den Flur voraus in Richtung Küche. Anna folgte ihr und kam ins Stolpern, als das Mädchen plötzlich wie angewurzelt stehenblieb.

»Vorsicht«, rief Georg und griff helfend nach Annas Arm, während Emily auch schon auf dem Absatz kehrtmachte und mit den Worten: »Ich muss was holen!«, zurück durch den Flur und die Treppe in ihr Zimmer hoch jagte.

Anna und Georg sahen ihr lachend nach und gingen dann gemeinsam in die Küche, wo Anna sich sofort daranmachte, Milch aufzuschäumen und Espresso aufzubrühen.

»Ich muss mich immer noch daran gewöhnen, dass es hier inzwischen ganz anders aussieht«, stellte Georg fest und blickte über die Mittelinsel in den geräumigen offenen Wohnbereich hinüber. »Das ist wirklich richtig schön geworden«, sagte er anerkennend.

»Danke. Ich habe dieses Haus besonders günstig von einem sehr wohlhabenden Immobilienkaufmann und Bauunternehmer erwerben dürfen«, spielte sie zwinkernd auf die Tatsache an, dass das Haus früher Georg gehört hatte und er es ihr zu einem Preis überlassen hatte, der als weit mehr als nur fair zu bezeichnen war.

»Ach, das muss ja wirklich ein besonders netter Mann sein«, sagte Georg mit einer unüberhörbaren Ironie in der Stimme.

»Ist er«, bestätigte Anna. Sie war unendlich dankbar dafür, dass es Georg gab und sie ein so ungezwungenes Verhältnis zueinander hatten. Sie waren ein halbes Leben lang nur gute Freunde gewesen, und dann hatten sie in einer einzigen folgenschweren Nacht miteinander geschlafen und Emily gezeugt. Georgs Ehe steckte damals in einer tiefen Krise und war quasi emotional schon geschieden. Auch Annas Gefühlswelt konnte man zu jener Zeit nur als ein einziges Trümmerfeld bezeichnen. Sie hatte sich von ihrem Exmann Tom getrennt, nachdem Marie gestorben war, und hatte sich damals emotional weder in der Lage noch bereit gefühlt, eine neue Beziehung zu Georg zu beginnen. Und angesichts des Ballasts, den Georg und sie damals beide mit sich herumgeschleppt hatten, glaubte Anna nicht, dass ihre Beziehung, selbst wenn sie es um Emilys willen miteinander versucht hätten, immer noch Bestand gehabt hätte. Inzwischen war sie froh, wie die Dinge sich entwickelt hatten. Georg und sie verband eine tiefe und lange Freundschaft, die ihre beiden Ehen überdauert hatte und durch ihre Liebe für das gemeinsame Kind noch gewachsen war. Anna fand, dass sie ihrer Tochter nicht das schlechteste Elternmodell boten. Denn dadurch, dass Emily es nicht anders kannte und nie mit beiden Eltern zusammengelebt hatte, vermisste sie es auch nicht. Vor allem aber trugen Anna und Georg nicht das schwere Päckchen anderer getrennt lebender Eltern auf dem Rücken, in dem eine meist hochexplosive Mischung aus Enttäuschung, Verletzlichkeit und der oft existenziellen Frage um »Mein« und »Dein« verpackt war und die oft auch das Leben der Kinder zu einem bedrohlichen Pulverfass werden ließ.

Wenn es zwischen Georg und ihr Meinungsverschiedenheiten gab, dann diskutierten sie in der Sache und fanden stets eine gute Lösung. Es ging nicht hintergründig um verletzte Gefühle oder Stolz, was jedenfalls Georg seit seiner Scheidung in der Auseinandersetzung mit seiner Exfrau nur zu gut kannte. Denn er hatte neben Emily noch zwei größere Kinder, und wenn es um deren Erziehung ging, lief es oft weit weniger harmonisch ab.

»Hattet ihr gestern Besuch?«, riss Georg Anna aus ihren Gedanken und spielte gleichzeitig auf die drei Sekt- und Weinkelche an, die auf Annas Spüle standen.

»Ja, meine Eltern waren ganz spontan zum Abendessen hier.«

»Ach.« Georg hob die Brauen, und Anna war sicher, dass er sich schon seinen Teil dachte, weil er nicht jeweils vier schmutzige Gläser zählte.

»Du kannst dich auch gern an den Esstisch setzen, wenn du möchtest«, bot Anna an, während sie die aufgeschäumte Milch in hohe Gläser füllte.

»Nein, danke, ich sehe dir gern beim Arbeiten zu«, sagte Georg, der lässig am Kühlschrank lehnte.

»Wir haben noch nicht abschließend über Weihnachten gesprochen«, fiel Anna ein.

Georg sah sie prüfend an: »Wir müssen das heute nicht klären, Anna. Ich kann verstehen, wenn dir nicht danach ist.«

»Doch«, sagte Anna mit Nachdruck. »Wann siehst du die Großen?« Sie hatte es sich zur Gewohnheit gemacht, Georgs Kinder aus seiner Ehe entsprechend zu nennen.

»Sie sind Heiligabend wie sonst auch bei Sabine, und ich sehe sie dann am ersten Weihnachtstag ab Mittag«, antwortete er. Anna wusste, dass das, was Georg scheinbar so leicht dahinsagte, ihm dennoch zu schaffen machte.

»Dann kommst du Heiligabend wieder zu uns«, entschied Anna. »Es sei denn, es gibt inzwischen jemand anderen, mit dem du Weihnachten verbringst.«

»Sagen wir mal so«, Georg zwinkerte, »niemanden, von dem du oder Emily wissen müsstest.«

»Also dann ist es entschieden?«, wollte Anna wissen.

Georg zögerte einen Moment, bevor er antwortete. »Ich würde mich natürlich freuen, wenn ich Emily Heiligabend sehen und kurz bei euch vorbeikommen könnte, Anna, aber bist du sicher, dass das eine gute Idee ist? Der Kommissar – entschuldige, Ben Bendt – wird doch sicher auch hier sein oder nicht?«

Georg machte einen Schritt auf Anna zu und sah sie eindringlich an. Anna wich seinem prüfenden Blick jedoch aus. »Ben wird am Tage hier sein, fährt aber abends zu seinen Eltern.«

»Alles klar.« Georg trat jetzt noch näher an Anna heran und strich ihr über die Wange. »Wie wäre es, wenn du den heutigen Tag mit mir und Emily verbringst?«

Anna schüttelte den Kopf. »Ich will zum Friedhof.« Gegen ihren Willen traten ihr Tränen in die Augen. Georg nahm sie in den Arm. Obwohl er es nicht aussprach, wusste sie, dass ihn eine Frage beschäftigte: »Hat dein Kommissar vergessen, was heute für ein Tag ist, oder hast du es ihm nicht gesagt?«

22

Anders als erhofft, hatte es zwei Tage gedauert, bis Teubert tatsächlich vernehmungsfähig war. Der Mediziner hatte eine Gefäßverletzung unterhalb des Schlüsselbeins erlitten. Der damit verbundene hohe Blutverlust hatte ihn stark geschwächt. Immerhin war die Wunde ohne Komplikationen vernäht worden, so dass er mit seiner baldigen Entlassung rechnen konnte. Dennoch hatten die Ärzte den Kommissaren fürs Erste nur einen Besuch von allenfalls zehn Minuten auf der Intensivstation gestattet.

»Dann wollen wir mal«, seufzte Braun und streifte sich in der Sicherheitsschleuse, die auf die Intensivstation der Klinik führte, den vorgeschriebenen Hygienekittel über. »Du siehst aus wie ein Arzt«, sagte er anerkennend zu Bendt, der tatsächlich aussah, als wolle er die Visite übernehmen.

»Danke«, entgegnete Bendt grinsend. »Du siehst aus wie unser Gemüseverkäufer im Supermarkt.«

Braun versetzte ihm lachend einen Seitenhieb, und die Männer folgten der Krankenschwester auf die Station zu Teuberts Bett.

Krankenhäuser waren Braun ein Gräuel. Der Raum, in dem Teubert untergebracht war, war schmal und klein und zudem vollgestopft mit elektronischen Geräten.

»Guten Tag, Herr Dr. Teubert«, begrüßte Braun den Mediziner und blieb neben Bendt am Ende des Bettes stehen. »Wir freuen uns, Sie hier so munter wiederzusehen. Wir haben gehört, es geht bergauf.« Braun musterte Teubert und stellte fest, dass der zwar erwartungsgemäß blass aussah, aber an keines der Geräte mehr angeschlossen war.

»Guten Tag«, krächzte Teubert. »Es ging mir schon wesentlich besser, aber ich lebe.« Er richtete sich mühsam auf und ließ sich von der Krankenschwester helfen, die Kopfstütze ein Stück hochzufahren. Ihm war deutlich anzusehen, dass ihm die Bewegung des Oberkörpers Schmerzen bereitete. Die Schwester ermahnte die Kommissare noch einmal, Herrn Dr. Teubert nicht allzu lange zu beanspruchen, bevor sie sich entfernte.

Braun kam ohne Umschweife zur Sache: »Herr Dr. Teubert, Sie wissen natürlich, weshalb wir heute hier sind ...«

»Ich möchte ...«, unterbrach Teubert den Hauptkommissar.

Braun sah sich jedoch gezwungen, ihm seinerseits in die Parade zu fahren. »Bevor Sie irgendetwas sagen, möchte ich Sie gern als Zeugen belehren. Wie ich Ihnen bereits kurz telefonisch mitgeteilt hatte, ermitteln wir gegen Ihre Frau, die verdächtig ist, Sie in den frühen Morgenstunden vor zwei Tagen angeschossen zu haben. Bevor Sie sich hierzu äußern, möchte ich Sie darauf hinweisen, dass Sie als Ehemann der Beschuldigten das Recht haben, aus persönlichen Gründen die Aussage gegen Ihre Frau zu verweigern. Sollten Sie sich indes entschließen, Angaben zur Sache zu machen, haben Sie die Pflicht, die Wahrheit zu sagen. Wie wollen Sie es halten?«

Der Arzt schwieg eine Weile und schien darüber nachzudenken, wie er sich entscheiden soll.

»Kann ich sicher sein, dass sie entlassen wird, wenn ich keine Angaben mache?«, fragte Teubert endlich.

»Wie soll ich diese Frage verstehen?« Braun sah sein Gegenüber eindringlich an. »Sie sind nicht berechtigt, den Inhalt Ihrer Aussage von dem zu erwartenden Ergebnis abhängig zu machen. Sie sind verpflichtet, die Wahrheit zu sagen, wenn Sie sich zu einer Aussage entschließen.«

»Dann möchte ich Angaben machen«, entschied Teubert.

»Gut«, gab Braun zurück und zückte seinen Notizblock und einen Kugelschreiber, »dann möchte ich Sie bitten, uns zu schildern, was sich in der fraglichen Nacht, in der Sie angeschossen wurden, zugetragen hat.«

Teubert räusperte sich. »Ich bin sicher, dass alles, was meine Frau Ihnen erzählt hat, dem entspricht, was sie erlebt hat.«

»Was meinen Sie mit: ›Was Ihre Frau erlebt hat?‹ Mich interessiert jetzt im Moment ausschließlich, was Sie erlebt haben, Herr Dr. Teubert«, erwiderte Braun.

Der Arzt schien einen Moment lang zu zögern. »Das kann ich leider nicht«, antwortete er matt.

»Wie darf ich das verstehen?«, fragte der Hauptkommissar irritiert.

»Ich kann Ihnen Ihre Frage nicht beantworten, weil ich keine Erinnerung daran habe, was sich in dieser Nacht in unserem Haus ereignet hat«, antwortete er und sah Braun dabei direkt in die Augen. »Offenbar leide ich unter einer partiellen Amnesie.«

Braun tauschte einen vielsagenden Blick mit Bendt. Er fragte sich, ob der auch das Gefühl hatte, dass der Mediziner sie anlog.

»Gut«, fuhr Braun fort. »Dann möchte ich Sie bitten, uns zu sagen, wo Ihre Erinnerung an dem fraglichen Abend endet und wo Sie gegebenenfalls in der Nacht oder dem folgenden Tag wieder einsetzt.«

Teubert setzte sich in seinem Bett zurecht und nestelte an der Verschlusskappe der Braunüle herum, die unter einem Verband an seiner rechten Hand hervorlugte: »Ich erinnere mich nur daran, dass ich nach Hause gekommen bin und mir ein Glas Whisky eingeschenkt habe, das war's.«

Braun entschied sich, diese Aussage zunächst einmal so stehen zu lassen.

»Wo kamen Sie am genannten Tag her, Herr Dr. Teubert?«, wollte der Hauptkommissar zunächst in Erfahrung bringen.

»Wofür sollte das von Interesse sein?« Dem Arzt war deutlich anzusehen, dass er keine Neigung verspürte, auf dieses Kapitel einzugehen.

Nun«, erklärte Braun, »Ihre Frau hat uns mitgeteilt, dass Sie sich in der fraglichen Nacht in Hamburg aufhalten wollten und ...«

»Das entspricht den Tatsachen«, bestätigte Teubert schnell. »Meine Frau ging irrtümlich davon aus, dass ich in Hamburg übernachten wollte.«

»Ich war noch nicht am Ende«, sagte Braun lächelnd. »Wir haben inzwischen in Erfahrung gebracht, dass Sie sich jedenfalls am frühen Abend vor der Tatnacht in einem Lokal namens Alberto aufgehalten haben sollen.«

Braun entging das nervöse Zucken um Teuberts Mundwinkel nicht. »Ich denke, wo ich meinen Abend verbracht habe, spielt für die Frage, was sich in meinem Haus abgespielt hat, nicht die geringste Rolle«, entgegnete der Arzt. »Das ist meine Privatsache.«

»Sehen Sie es mir nach, Herr Dr. Teubert«, widersprach

der Hauptkommissar, »aber wenn jemand niedergeschossen wird, gehört es zu meinem Beruf, mich mit sogenannten Privatsachen zu beschäftigen.« Er lächelte den Mediziner an und hatte keinen Zweifel daran, dass Teubert seine Äußerung unmissverständlich dahingehend deutete, dass die Kommissare nicht nur in Erfahrung gebracht hatten, wo er an dem fraglichen Abend gewesen war, sondern auch, dass er sich in weiblicher Begleitung befunden hatte.

»Dann möchte ich es anders formulieren«, sagte der Mediziner nach einer kurzen Pause ruhig. »Mein Abendessen steht in keinerlei Zusammenhang mit dem, was sich in der fraglichen Nacht abgespielt hat, und ist deshalb eine Privatsache, die Sie nicht zu interessieren braucht.«

»Woher wollen Sie das so genau wissen? Sie leiden doch an einer partiellen Amnesie, wenn ich Sie richtig verstanden habe?«, konterte Braun.

Teubert antwortete nicht, sondern lächelte etwas schief.

»Kann uns Ihre Frau gegebenenfalls weiterhelfen, wenn wir Sie auf Ihre charmante Begleitung von jenem Abend ansprechen?« Der Hauptkommissar setzte ein Unschuldslächeln auf.

»Hören Sie zu, meine Herren!« Teubert wurde sichtlich nervös. »Meine Frau hat in der letzten Zeit genug durchgemacht. Ich glaube nicht, dass es für den Moment hilfreich wäre, wenn Sie sie mit dieser Frage konfrontieren würden.«

»Also gut«, sagte Braun. Durch die Reaktion Dr. Teuberts war für ihn jedenfalls eine Frage hinreichend beantwortet. Jetzt konnten sie immerhin ausschließen, dass es in der Tatnacht zwischen den Eheleuten wegen einer bestehenden Affäre Streit gegeben und Carla Frombach deshalb auf ihren Mann geschossen hatte. Teuberts Reaktion machte nur zu deutlich, dass er dieses Thema nicht mit seiner Frau diskutiert wissen wollte. Braun fragte sich, weshalb Teubert so herumeierte, wenn er seine Frau doch offenbar entlasten wollte.

»Dann will ich Ihnen kurz schildern, was Ihre Frau zu der fraglichen Nacht ausgesagt hat.« Braun berichtete knapp, was die Vernehmung Carla Frombachs ergeben hatte. Teubert hörte aufmerksam zu, aber aus seiner Mimik war keinerlei Gefühlsregung abzulesen. Als Braun seinen Bericht beendet hatte, fragte er: »Ruft das Gesagte Erinnerungen an den Abend bei Ihnen wach?«

Der Mediziner schüttelte den Kopf und schloss für einen Moment die Augen. »Ich möchte unter keinen Umständen etwas sagen, was meine Frau in eine schlechte Lage bringen könnte«, sagte er leise und wirkte plötzlich sehr erschöpft. »Alles, was ich Ihnen sagen kann, ist, dass Carla, meine Frau, aufgrund der Ereignisse der Vergangenheit psychisch sehr angespannt ist. Ich mache mir große Sorgen um sie.« Der Arzt sah Braun an, und der wurde das Gefühl nicht los, dass Teubert ihnen durch die Blume mitteilen wollte, dass auch seine Frau unter Angstzuständen litt, die teils wahnhaften Charakter hatten.

»Woher stammte eigentlich die Pistole, mit der Ihre Frau auf Sie geschossen hat?«, fragte Braun.

Bevor Teubert antworten konnte, schaltete Bendt sich ein und erinnerte seinen Chef daran, dass es angezeigt war, den Zeugen vor Beantwortung dieser Frage ergänzend zu belehren.

»Mein Kollege hat mich gerade auf etwas Wichtiges hingewiesen«, erklärte Braun. Er war dankbar darüber, dass Bendt ihm die Befragung überließ, aber trotzdem aufmerksam darauf achtete, dass er keine zu klärenden Punkte ausließ und vor allem keine Belehrung vergaß. »Sofern Sie sich durch Angaben zur Herkunft der Waffe oder andere Umstände selbst in die Gefahr bringen könnten, sich oder einen Angehörigen einer strafrechtlichen Verfolgung auszusetzen, können Sie die Beantwortung dieser Frage ablehnen. Wollen Sie sich also zur Herkunft der Pistole äußern?«

»Ich gehe davon aus, dass es sich um eine Waffe handelt, die meine Schwägerin sich vor einigen Jahren beschafft hat«, antwortete Teubert. »Wenn es die Pistole ist, die ich vermute, dann hat meine Frau sie ihrer Schwester in der Zeit abgenommen, als sie akut psychotisch war. Ich wusste gar nicht, dass die Waffe noch im Haus ist, geschweige denn im Nachtschrank meiner Frau. Ich bin davon ausgegangen, dass meine Frau sie damals bei der Polizei abgegeben hat.« Der Arzt schüttelte den Kopf, und auf Braun machte es den Eindruck, dass er tatsächlich keinen Schimmer davon gehabt hatte, dass eine Pistole im Haus gewesen war.

»Haben Sie eine Ahnung, woher Ihre Schwägerin die Pistole damals hatte?«, wollte Braun wissen.

Teubert zuckte mit den Schultern. »Glauben Sie mir«, sagte er dann, »das hätte ich damals auch nur allzu gern in Erfahrung gebracht. Ich war stocksauer, dass jemand Hanna eine Pistole in die Hand gegeben hatte. Sie war sowohl eine Gefahr für sich selbst als auch für andere. Wir haben es damals nicht aus ihr herausbekommen können, wo sie das Ding herhatte«, erinnerte er sich. »Hanna hat es um keinen Preis verraten wollen.«

»Verstehe«, sagte Braun, der mit dieser Antwort gerechnet hatte: »Das entspricht dem, was Ihre Frau uns auch gesagt hat. Können Sie uns sonst noch etwas zu der fraglichen Nacht sagen?«

»Nein, nichts.« Teubert griff nach einer Tasse aus Hartplastik und trank Wasser daraus. »Ich möchte mich jetzt ausruhen und Sie bitten zu gehen.«

»Eine kurze Frage hätte ich noch«, fiel Bendt ein. »Haben Sie, als Sie nach Hause kamen, einen Pappkarton gesehen, der in der Diele gestanden haben soll, oder diesen sogar entsorgt?«

»Einen Pappkarton?« Der Mediziner zeigte sich irritiert.

»Ihre Frau will einen Karton mit einer toten Krähe, die sich auf dem Balkon ihrer Schwester befunden haben soll, im Flur abgestellt haben.«

Der Gesichtsausdruck des Mediziners wirkte alarmiert. »Eine Krähe – habe ich das richtig verstanden?«

»Ja«, bestätigte Bendt. »Wir haben in Ihrem Haus aber nichts dergleichen gefunden.«

»Nein, von einer Krähe weiß ich nichts«, gestand Teubert.

Als Braun und Bendt die Station verließen, ahnten sie nicht, dass Teuberts Geliebte genau in diesem Moment die Klinik betrat.

23

Der Himmel war in ein trostloses Dunkelgrau getaucht. Die ganze Nacht hatte es geschneit, und auch jetzt noch fielen dicke weiße Schneeflocken vom Himmel und bedeckten die Grabsteine und zahlreichen Familiengrüfte, für die der Burgtorfriedhof so berühmt war, mit einer dicken Schneeschicht. Außer Anna war noch kaum jemand unterwegs an diesem Morgen. Nachdem Georg Emily abgeholt hatte, war sie sofort aufgebrochen. Anna atmete die Winterluft ein und zog sich ihre Wollmütze in die Stirn. Der Schnee knirschte bei jedem Schritt leise unter ihren Lammfellboots, und die dunstigen Schleier ihres heißen Atems verloren sich in der kalten Winterluft. Auf ihrem Weg zu Maries Ruhestätte passierte Anna ein frisches Grab. Unter dem Schnee lugten einige angefrorene, bunte Blüten der dort abgelegten Blumenkränze und Gestecke hervor, ansonsten war mit Ausnahme der Grabsteine rundherum alles weiß. Anna trat an Maries Grab heran und wischte mit ihrem Handschuh den zentimeterhohen Schnee von dem grauen porösen Naturstein ab. Dann fuhr sie mit der Hand über die in schlichten Lettern eingravierten Buchstaben: Nur Marie und das Datum ihres Geburts- und Todestages mit einem kleinen Kreuz fanden sich darauf.

Anna trat einen Schritt zurück und kramte ihr Taschentuch aus der Manteltasche. Jetzt ließ sie den Schmerz gewähren und den Tränen, die sie den ganzen Morgen zurückgehalten hatte, freien Lauf. Ihr war, als hätte sie erst gestern das nur zwei Pfund schwere bläuliche Bündel Mensch, das so unfassbar niedlich und zerbrechlich gewesen war, im Arm gehalten. Anna schloss die Augen und meinte fast, die Kleine riechen und spüren zu können, Maries zartes Gesicht, ihren zauberhaften Mund und ihren winzigen Körper, den Anna nach der Geburt gewärmt hatte und nie mehr hatte loslassen wollen. Sie schluchzte hemmungslos, weil das Frühchen einfach aufgehört hatte zu atmen. Damals hatte Anna geglaubt, auch ein Teil von ihr sei mit Marie gestorben.

Nach einer Weile beruhigte sich Anna wieder ein wenig, atmete tief durch und trocknete ihre Tränen. Erst jetzt spürte sie, dass sie nicht allein war. Anna wandte sich um und entdeckte Tom, der, seine Hände tief in den Taschen seiner gefütterten Lammfelllederjacke vergraben, etwas abseits an einem Baum lehnte. Er lächelte, als sich ihre Blicke begegneten. Sie winkten einander zu, und Tom kam über den schneebedeckten Weg auf sie zu. Als er sie in seine Arme schloss und fest an sich drückte, brach Anna wieder in Tränen aus. Die Erinnerung daran, wie Tom, Marie und sie eng umschlungen auf dem Bett des Kreißsaals gelegen hatten, war einfach zu viel für sie. Sie hatten einander festgehalten und doch nicht zu verhindern vermocht, dass Marie gegangen war. Nicht viel später hatten sie sich getrennt, weil sie beide geglaubt hatten, sie könnten durch die Flucht vor dem anderen auch ihrer Trauer entfliehen, was, soviel wusste Anna heute, ein Irrtum gewesen war.

Schließlich schob Tom sie ein Stück von sich weg, umschloss ihr Gesicht mit seinen Händen und sah sie an. Auch er hatte Tränen in den Augen. Anna schluckte, als er seine Handschuhe abstreifte und mit seinen beiden Daumen über ihre tränennassen Wangen fuhr. Sie waren einander mehr als ein Jahr nicht mehr über den Weg gelaufen, und doch empfand Anna in seiner Gegenwart eine Vertrautheit, als hätte sie ihn gestern zuletzt gesehen. Für eine Zeitlang standen sie schweigend beieinander und blickten auf Maries Grab.

»Sie wäre dieses Jahr in die Schule gekommen«, sagte Anna leise.

»Ich weiß.« Tom drückte ihre Hand.

»Wenn ich für Emily einkaufen gehe und mir gefällt etwas ganz besonders, schaue ich nach, ob ich es auch in der Größe finden kann, die Marie jetzt hätte. Verrückt, oder?«

Tom schüttelte den Kopf. »Nein, kein bisschen«, widersprach er. »Seit ich Lena habe, ist es leichter, vor allem Weihnachten.«

»Das geht mir mit Emily genaso«, bestätigte Anna. Toms Tochter war nur wenige Monate älter als Emily. Anna hatte das Mädchen nur ein einziges Mal gesehen, als sie ungefähr eineinhalb Jahre alt gewesen war. Das Kind hatte so viel Ähnlichkeit mit ihrem Vater und damit auch mit der Vorstellung, die sich Anna von Marie machte, dass Anna es im ersten Moment kaum hatte ertragen können, sie anzuschauen.

»Deine Tochter, sieht sie immer noch so aus wie du?«, fragte Anna.

»Sie sieht mir ähnlich. Aber Marie sähe jeden Tag mehr aus wie du, glaube ich.« Er sah Anna an, deren nasse Locken unter ihrer Mütze hervorkrochen: »Vor allem hätte sie deine Haare.« Er lächelte. »Ich stelle sie mir nur weniger nass vor.«

»Ich brauche ein Taschentuch«, schluchzte Anna lachend und weinend zugleich.

Tom kramte ein zerknülltes Taschentuch aus seiner Hosentasche hervor und reichte es ihr. »Geh sparsam damit um, ich habe nur das eine.«

Anna schnäuzte sich ausgiebig und laut, und beide mussten lachen.

»Es ist wirklich schön, dich hier zu treffen«, meinte Anna. Merkwürdigerweise waren sie sich in all den Jahren nie auf dem Friedhof begegnet. Anna hatte sogar fast Angst davor gehabt, ihn irgendwann hier zu treffen. Nicht für eine Sekunde hatte sie daran gedacht, Bendt zu bitten, sie an diesem Tag hierher zu begleiten. Ihre Trauer um Marie war etwas, das sie nicht mit ihm teilen konnte. Vielleicht lag es daran, dass er keine eigenen Kinder hatte, und sie meinte, dass er ihre Gefühle deshalb nicht nachempfinden könne.

»Ich finde es auch schön, dass wir uns wiedergesehen haben«, sagte Tom. Anna hatte einen Kloß im Hals. Sie sprachen es beide nicht aus, und doch wusste Anna, dass Tom genauso wie sie schon lange zu der Erkenntnis gelangt war, dass sie mit ihrer Trennung den größten Fehler ihres Lebens gemacht hatten. Noch immer konnte sie in seinen Augen wie in einem offenen Buch lesen. Aber dort stand noch etwas anderes geschrieben: Dort stand, dass sie es nicht mehr ändern konnten. Dafür war zu viel passiert.

Anna dachte einen Moment lang zurück an ihre gemeinsamen Jahre. Sie war seinerzeit sicher gewesen, ihr ganzes Leben mit ihm in dem gemeinsamen Haus am Priwall zu verbringen. Wenn sie damals aus dem Garten über das Wasser der Trave zur Lübecker Altstadt geschaut und dem Schreien der Möwen zugehört hatte, während die Boote direkt an ihr vorbeigeschippert waren, hatte sie sich in jeder Hinsicht zu Hause gefühlt. Sie hatte nie im Leben etwas anderes gewollt. Sie sah erneut zu ihm auf, und wieder wurden ihre Augen feucht.

»Ich wünsche dir frohe Weihnachten«, sagte Anna.

»Das wünsche ich dir auch.« Er strich ihr ein letztes Mal über die Wange und ging dann über den vom Schnee weiß gepuderten Weg des Friedhofs langsam davon.

24

»Ich bin so froh, Konrad, dass wir wieder daheim sind«, sagte Carla glücklich und half ihrem Mann aus der Jacke. »Setz dich ins Kaminzimmer und mache es dir gemütlich. Ich hole eben deinen Koffer aus dem Auto und koche dir dann einen Tee.«

Konrad Teubert lächelte erschöpft: »Danke, Liebling.«

Carla beeilte sich, die Sachen ihres Mannes ins Haus zu holen, und machte sich sogleich daran, ihm einen Tee aufzubrühen und den Apfelkuchen, den sie am Vormittag gebacken hatte, auf einer Porzellanplatte anzurichten. »Da bin ich schon«, flötete sie, als sie kurz darauf mit einem voll beladenen Tablett das Kaminzimmer betrat und alles auf dem Tisch verteilte. »Smilla wird bestimmt auch bald aus dem Stall herüberkommen und dich begrüßen«, sagte sie. »Es geht ihr wirklich schon viel besser. Johannes passt auf wie ein Luchs, damit sie nicht wieder auf dumme Gedanken kommt und an ihrem Verband herumnagt.«

»Ein Segen, dass es mit Smilla wieder bergauf geht«, sagte Teubert und sah Carla dabei zu, wie sie die Holzscheite im Kamin aufstapelte und dann das Feuer mit einem langen Streichholz entzündete.

»Es ist schön, wieder zu Hause zu sein«, stellte er fest, während die Flammen im Kamin langsam zu lodern begannen und der Raum von einer wohligen Wärme erfüllt wurde. Carla setzte sich ganz vorsichtig auf die vordere Kante des Sofas neben ihren Mann. Sie hatte Angst, dass ihm allein eine Erschütterung des Sitzkissens Schmerzen bereiten könnte. Dann begann sie, den Kuchen anzuschneiden und ihre Tassen mit dem dampfenden Darjeeling-Tee zu füllen.

»Es ist lieb von dir, dass du dir so viel Mühe gemacht hast«, bemerkte Teubert, trank einen Schluck aus der Tasse, die Carla ihm angereicht hatte, und gab sie an seine Frau zurück.

»Soll ich dir eine Decke holen, oder kann ich sonst etwas für dich tun?«, fragte Carla, die nicht nur tiefstes Mitleid für ihren Mann empfand, sondern vor allem von Schuldgefühlen geplagt wurde. Er hatte verständnisvoll und geradezu rührend reagiert, als sie sich im Krankenhaus tränenreich bei ihm entschuldigt hatte. Nicht ein einziges vorwurfsvolles Wort war ihm über die Lippen gekommen. Im Gegenteil: Er hatte sie umarmt und seinerseits dafür bedauert, dass sie unter einen so fürchterlichen Verdacht geraten und festgenommen worden war. Carla schauderte, wenn sie an die beklemmenden Nächte in der Zelle des Untersuchungsgefängnisses zurückdachte. Jetzt, wo sie wieder auf freiem Fuß war, musste sie sich zwingen, nach vorn zu schauen.

Ihr Anwalt wollte versuchen, mit der Staatsanwaltschaft eine Einigung dahingehend zu erzielen, dass gegen Carla ein Strafbefehl verhängt und ihr damit eine quälende Hauptverhandlung erspart bleiben würde. Nach Einschätzung des Strafrechtsexperten hatte Carla im schlechtesten Fall mit der Verhängung einer Bewährungsstrafe und einer höheren Geldauflage zu rechnen. Aufgrund der entlastenden Angaben ihres Ehemannes blieben maximal der Vorwurf der fahrlässigen Körperverletzung und der illegale Einsatz der Schusswaffe. Die einzige Prognose, zu der er sich nicht abschließend hatte durchringen wollen, war die, ob man Carla eine Hauptverhandlung ersparen würde. Allerdings war er auch insoweit zuversichtlich, und für Carla war ohnehin das Wichtigste, dass man sie nicht wieder ins Gefängnis sperren würde.

»Möchtest du vielleicht ein bisschen Sahne?«, erkundigte sie sich und bot ihrem Mann den Teller mit Apfelkuchen an.

»Danke, Liebling, ich möchte im Moment gar keinen Kuchen.« Teubert lächelte matt.

»Möchtest du ein Kissen?«, fragte Carla und griff gleichzeitig nach einem braunen Samtkissen.

Teubert nahm das Angebot mit einem Nicken an, und sie half ihm, sich ein Stück aufzurichten, um es ihm ins Kreuz zu schieben. Weil sich sein Gesicht dabei zu einer schmerzverzerrten Grimasse verzog und er leise aufstöhnte, sagte sie: »Ich hole dir gleich ein Schmerzmittel.« Sie wollte bereits aufspringen, als ihr Mann sie am Arm zurückhielt.

»Danke, Carla. Bleib einfach einen Moment bei mir sitzen und unterhalte dich mit mir«, forderte er seine Frau auf. Er blickte sie so eindringlich an, dass Carla schlucken musste: »Wenn ich dich anschaue, so blass und vor allem so dünn, wie du bist, habe ich das Gefühl, ich müsste mich eher um dich kümmern als umgekehrt. Du bist so zerbrechlich geworden, dass ich manchmal glauben könnte ...« Er führte den Satz nicht zu Ende, weil er sich offenbar besann, doch Carla wusste, was er hatte sagen wollen.

»Sprich es ruhig aus, ... dass du glauben könntest, ich sei Hanna?«

Teubert nickte, und Carla ergriff seine Hand.

»Ich bin so froh, dass du wieder bei mir bist«, flüsterte sie.

»Ich weiß nicht, wie ich all das wieder gutmachen kann. Ich kann noch immer nicht glauben, dass ich dir das angetan habe.« Carla schlug die Augen nieder, und für einen Moment lang sprach keiner von ihnen ein Wort. Sie schauten beide in den Kamin und hörten dem Knistern der Glut zu.

»Wir müssen über das sprechen, was in jener Nacht passiert ist«, begann Teubert ernst das Gespräch.

Carla war dankbar, dass er dieses Thema aufgriff. Denn er hatte sie in der Klinik gebeten, nicht im Krankenhaus über diese grauenvolle Nacht zu sprechen.

»Ich weiß, dass wir uns unterhalten müssen«, bestätigte sie, »ich habe auch Fragen an dich.«

Teubert ergriff das Wort, bevor Carla Gelegenheit erhielt, ihre Fragen zu formulieren: »Du möchtest wissen, warum ich dich angelogen habe? Carla, ich …« Er räusperte sich. »Ich muss dir ein Geständnis machen.« Der Ausdruck in den Augen ihres Mannes wirkte schuldbewusst und verzweifelt zugleich. »Liebling, ich bin ein schrecklich egoistischer Mensch, und du ahnst nicht, wie sehr es mich beschämt, dass du meinst, dich ständig bei mir entschuldigen zu müssen. Ich bin der, der sich zu entschuldigen hat.« Er umschloss ihre zarte Hand mit der seinen. »Ich bin nicht der Mann, für den du mich hältst, Carla. Du glaubst, ich bin stark und habe mein Leben im Griff, aber so ist es nicht. Ich habe riesengroße Fehler gemacht. Ich hätte mich niemals mit Röhrs auf die Vergrößerung der Praxis einlassen dürfen. Ich habe ihm blind vertraut und zu viele Dinge ungeprüft unterschrieben. Als ich dir nach der Durchsuchung gesagt habe, wir hätten nichts zu befürchten, es sei allein Röhrs, dem Strafe drohe, habe ich gelogen. Du weißt, ich bin mehr Arzt als Buchhalter …«

»Aber Konrad, das …«

»Lass mich bitte ausreden, Carla. Als ich in der Nacht, in der du auf mich geschossen hast, aus dem Anwaltsgespräch raus war, habe ich selbst erst begriffen, in welch prekärer Lage ich mich befinde. Ich glaube, ich muss mich mehr vor der Justiz fürchten als du.« Er atmete tief durch. »Ich wollte nicht nach Hause, nachdem ich begriffen hatte, was alles auf mich zukommen könnte. Ich weiß, deine Probleme sind ungleich größer als meine, und deshalb schäme ich mich, dass ich dich tatsächlich in jener Nacht allein lassen wollte, aber ich hatte so viel mit mir zu tun, dass ich das Bedürfnis hatte, mit mir ins Reine zu kommen. Den Grund für meine Übernachtung in Hamburg hatte ich mir nur ausgedacht.«

»Ja, aber, Liebling, wo wolltest du denn hin?«

Konrad hatte mit ihr noch nie so offen darüber gesprochen, welche Ängste er hatte, und vor allem hatte er ihr gegenüber tatsächlich noch nie eingestehen müssen, einen existenziellen Fehler begangen zu haben.

»Ich wollte in kein Hotel, und ich wollte auch von Anfang an nicht in Hamburg bleiben. Ehrlich gesagt, hatte ich mir vorgenommen, in der Praxis zu übernachten, und auf dem Weg dorthin bin ich bei diesem Italiener vorbeigekommen und habe angehalten, weil ich vor lauter Sorge den ganzen Tag vergessen hatte, etwas zu essen. Als ich dann später in meinem Büro saß und die Wände angestarrt habe, ist mir erst bewusst geworden, was für ein Narr und Egoist ich bin, und habe mich dann doch entschlossen, nach Hause zu fahren. Deshalb hast du auch erst so spät eine Nachricht von mir bekommen.« Er stockte erneut: »Jetzt ist es raus, verzeih mir, Carla.« Teubert führte ihre Hand zu seinen Lippen und küsste sie sanft. »Versteh bitte, ich war an jenem Tag so sehr mit meinen Problemen beschäftigt, dass ich keine Kraft hatte, auch noch deine zu ertragen.«

Carla traten Tränen in die Augen. »Das ist in Ordnung«, sagte sie. »Ich bin die, deren ganzes Leben sich seit langem nur noch um Hanna gedreht hat. Erst seit Hanna tot ist, habe ich bemerkt, wie wenig Zeit wir in den letzten Jahren miteinander verbracht haben. Mir ist überhaupt nie in den Sinn gekommen, dass du Probleme haben oder Hilfe brauchen könntest.«

»Es gibt noch etwas, was ich dir sagen muss«, gestand Teubert nach einer Weile des Schweigens. »Es gibt noch eine sehr viel größere Lüge, die ich nicht länger mit mir herumschleppen will.« Er wirkte in diesem Moment so ernst, dass Carla zusammenzuckte.

»Was ...?« Er verschloss sogleich ihre Lippen mit seinem Zeigefinger.

»Das, was ich dir jetzt sage, Carla, muss unter uns bleiben«, beschwor er sie. »Niemand außer dir und mir darf davon erfahren.«

Sie nickte schwach.

»Carla, ich habe nicht nur dich angelogen, sondern auch die Polizei«, sagte er so leise, als fürchte er, jemand könne sie belauschen. »Ich habe der Polizei nicht die Wahrheit gesagt, als ich behauptet habe, mich nicht an die Geschehnisse jener Nacht erinnern zu können.« Teubert sah seiner Frau nicht in die Augen, sondern starrte ins Feuer. »Carla, ich weiß, dass du mich nicht umbringen wolltest, und glaubst, den Beamten die Wahrheit über jene Nacht mitgeteilt zu haben ...«

»Wovon in aller Welt sprichst du?«

Teubert wandte sich seiner Frau wieder zu. »Carla, ich habe lange überlegt, ob ich es dir überhaupt sagen kann.«

»Um Himmels willen, was immer es ist, bitte sag es mir!«

»Wir haben in jener Nacht miteinander gesprochen, bevor du auf mich geschossen hast«, brachte Teubert mühsam heraus.

Carlas Herz begann, wild zu pochen. »Das ist nicht wahr!«

»Doch, Carla, leider ist es wahr. Ich bin, kurz nachdem ich nach Hause gekommen war, zu dir nach oben gegangen. Ich hatte gehört, dass der Fernseher lief, und gedacht, du seist noch wach.«

Carla hatte plötzlich so große Angst vor dem, was er sagen würde, dass ihr übel wurde.

Ihr Mann sprach weiter: »Du hast dich kurz aufgesetzt, und ich habe Hallo gesagt und dass ich noch einmal nach unten gehe, um etwas zu trinken. Du warst ganz verschlafen und hast genickt, und dann hast du dich wieder umgedreht.«

Carla blickte ihn wie versteinert an, während er fortfuhr: »Als ich später zu Bett gehen wollte und nach einer Tablette gesucht habe, habe ich mich gewundert, warum du so tust, als ob du schlafen würdest. Ich habe gemerkt, dass du gezittert hast.«

Carla schlug ihre Hände vor das Gesicht. »Mein Gott«, stammelte sie. Jetzt war ihr klar, weshalb er so lange neben ihrem Bett gestanden und sie angestarrt hatte.

»Und dann wollte ich nach der Fernbedienung greifen, die auf dem Bett lag …« Er atmete vernehmlich aus und strich ihr über die Wange.

Carla biss sich auf die Lippe. »Ich erinnere mich nicht daran, dass du mich begrüßt hast.«.

»Ich weiß, dass du dich nicht daran erinnerst. Du hattest Alkohol getrunken und Tabletten genommen, und das in Kombination mit deiner ...«, er rang nach Worten, »Situation«, brachte er heraus.

»Glaubst du, ich werde verrückt?«, fragte Carla und begann zu weinen. Sie hatte immer versucht, den Gedanken zu verdrängen, dass wegen ihrer familiären Vorbelastung die statistische Wahrscheinlichkeit für sie, psychotisch zu werden, bei fast fünfzig Prozent lag.

Teubert fasste sie, obwohl es ihm ersichtlich Schmerzen bereitete, bei den Schultern. »Nein, Carla, du bist nicht verrückt, und du wirst es auch nicht«, erklärte er bestimmt.

»... aber die genetische Veranlagung ...«, sagte Carla.

»Carla, du weißt, dass auch Umwelteinflüsse eine große Rolle spielen, und deine Schwester war aufgrund ihres Kindheitstraumas sehr viel anfälliger für solch eine Erkrankung als du.«

Konrad hatte in den letzten Jahren immer wieder versucht, sie mit diesem Argument zu beruhigen. Dennoch war ihr klar, dass er als Arzt wahrscheinlich besser als sie wusste, dass die Psychose ihrer Schwester nicht zwingend mit dem Kindheitstrauma zu tun hatte.

Konrad legte seine Hand unter Carlas Kinn und zwang sie, ihn anzusehen. »Denk bitte immer daran: Du bist nicht Hanna. Du bist Carla Frombach. Ihr seid nicht ein und dieselbe Person.«

Carla begann hemmungslos zu schluchzen. Sie sprach nicht aus, woran sie dachte.

»Hanna?« Carla lief ins Bad und zog den Duschvorhang zurück. Hier war sie nicht, und Carla atmete erleichtert auf. Jedes Mal, wenn Hanna hier pitschnass und fast erfroren in der hintersten Ecke der Dusche hockte, erschütterte es Carla aufs Neue. Sie unterließ es einfach, sich abzutrocknen, nachdem sie den Hahn abgedreht hatte. Carla wusste nicht genau, warum sie das tat. Vielleicht will sie einfach nur erbärmlich frieren, um für eine Weile etwas anderes zu empfinden als Trauer, oder sie läutert sich, weil sie nicht aufhören kann, sich für Mamas Tod schuldig zu fühlen, dachte sie. Letzteres erschien Carla bei dem erschreckenden Anblick, den ihre Schwester in ihrer blaugefrorenen Nacktheit bot, besonders naheliegend.

Carla zog sich ihre Regenjacke an, nachdem sie im Haus überall erfolglos nach Hanna Ausschau gehalten hatte, und lief zu den Ställen hinüber. Es war ein trostloser Novembertag, und es schien Carla, als würde der Regen noch die allerletzten braunen Blätter von den Bäumen fegen. Früher hatten Hanna und sie sich immer auf den Herbst gefreut, wenn sie, in Gummistiefeln durch die Pfützen stapfend, Kastanien gesammelt oder sich mit dem heruntergefallenen Laub der großen Eiche vor dem Haus beworfen hatten. Erst jetzt verstand sie, was die Erwachsenen meinten, wenn sie von der dunklen Jahreszeit sprachen.

Im Stall lief Carla Hansen über den Weg. Er erkannte offenbar sofort, dass sie nach Hanna Ausschau hielt, und schüttelte den Kopf. »Vielleicht ist sie bei den Katzen auf dem Heuschober«, rief er ihr nach, als sie mit genau diesem Ziel auf dem Absatz kehrtmachte und wieder auf den Hof hinauslief.

Inzwischen gingen Hanna und sie seit über drei Monaten zur Schule. Carla war froh darüber, dort vormittags Ablenkung zu finden. In der Schule gelang es ihr immerhin ab und zu, für *ein paar Stunden ihre Trauer zu vergessen, und sie konnte der erdrückenden Stimmung entfliehen, die zu Hause herrschte. Sie hoffte, irgendwann eine richtige Freundin zu finden. Im Moment waren Hanna und sie noch Außenseiterinnen. Die anderen Kinder schienen nicht recht zu wissen, wie sie mit ihnen umgehen sollten. Sie waren nicht nur deshalb Exoten, weil sie Zwillinge waren, sondern vor allem, weil sie keine Mutter hatten. Carla fröstelte auch jetzt noch bei der Erinnerung an die Stille, die im Klassenzimmer geherrscht hatte, als Hanna und sie eine Woche nach der offiziellen Einschulungsfeier ihren Mitschülern vorgestellt worden waren. Wahrscheinlich hatte die Lehrerin die anderen vorher ermahnt, besonders nett zu ihnen zu sein, woraufhin sich gar keiner auch nur getraut hatte, ein einziges Wort zu sagen. Alle hatten Hanna und sie nur angestarrt oder betreten zu Boden geblickt. Carla wäre es lieber gewesen, sie und Hanna wären wie alle anderen am ersten Schultag zur Schule gegangen. Ihre Großmutter hatte das allerdings als untragbar empfunden. Sie hatte gesagt, dass es geschmacklos und pietätlos wäre, wenn sie an einer Einschulungsfeier teilnehmen würden. Auch wenn Carla die Bedeutung des letztgenannten Ausdrucks »pietätlos« nicht verstand, war ihr klar, dass ihre Oma die Teilnahme an der Feier als Beweis mangelnder Achtung ihrer Mutter gegenüber gedeutet hätte. Daher hatte sich Carla auch nicht getraut, sich einzugestehen, dass sie gern hingegangen wäre. Denn sie hatte allen Kindern ihre Schultüte zeigen wollen, die ihre Mutter noch vor ihrem Tod für sie gebastelt hatte und auf die sie so stolz war. Weiße, lachende Engel waren auf die mit rosa Filz beklebten Tüten gestickt gewesen, die mit Hannas und Carlas Namen versehen waren. Carla hatte nicht formulieren können, was sie empfand. Aber zur Ein-*

schulung zu gehen hätte ihr ein letztes Mal das Gefühl gegeben, ihre Mutter zu einem besonderen Anlass mitnehmen zu können. Sie hatten dieses Ereignis gemeinsam geplant und viel darüber gesprochen, und ihre Mutter hatte versichert, dass sie sich ein Leben lang an diesen Tag erinnern würden.

Noch am Abend der Beerdigung hatte es einen schrecklichen Streit zwischen ihrem Vater und ihrer Großmutter gegeben. Hanna und Carla hatten heimlich von der Treppe aus gelauscht. Ihr Vater hatte sie zur Einschulungsfeier gehen lassen wollen, damit sie beide, so gut es eben ging, zur Normalität zurückfänden. Ihre Großmutter war darüber so entsetzt gewesen, dass sie nahezu einen Herzanfall erlitten hatte. Jedenfalls hatte sie das gesagt, und ihr Vater musste nachgeben. Deshalb saßen Hanna und sie am Einschulungstag allein und weinend mit ihren Schultüten in ihrem Zimmer, und ihre Oma hatte mit ihrem Vater geschimpft. »Da kannst du sehen, wie schrecklich es für die Kinder ist, allein diese Schultüten zu bekommen. Da siehst du, wo deine Schnapsideen hinführen.«

Carla betrat den Heuschober und zog sich die nasse Kapuze vom Kopf. »Hanna«, rief sie erneut, und obwohl sie keine Antwort erhielt, spürte sie doch die Gegenwart der Schwester. Sie kletterte die angelehnte Leiter hinauf, die auf den Boden der Scheune führte, und entdeckte Hanna sofort. Sie saß im Stroh und starrte ins Leere. Auf ihrem Schoß hatte sich eine kleine Katze zusammengerollt, die sie streichelte. Sie schien so in ihre Gedanken versunken zu sein, dass sie erst aufsah, als Carla sich neben sie auf den Boden setzte.

»Hier steckst du also«, sagte Carla und blickte in das traurige Gesicht ihrer Schwester.

»Ich möchte auch tot sein, Carla«, flüsterte Hanna. Sie sagte das oft, und Carla wusste, warum. Obwohl inzwischen einige

Monate verstrichen waren, erlebte sie den Unfall in ihren nächtlichen Alpträumen wieder und wieder. Hanna glaubte, dass Gott sie diese Träume erleben ließ, um sie zu bestrafen.

»Du darfst mich nicht allein lassen«, flüsterte Carla und sah ihre Schwester für eine Weile an. Dann sagte sie: »Nur du hast gesehen, was an jenem Tag mit Mama passiert ist. Versuche es zu vergessen, und tu so, als seist du ich. Dann gibt es die traurige Hanna nicht mehr, dann ist es so, als seien wir ein und dieselbe Person und hätten das nie erlebt ...«

25

»Nehmen Sie Platz, Herr Keller«, bat Braun und deutete auf einen der Stühle in dem karg eingerichteten Vernehmungsraum. Keller setzte sich auf die Kante des Stuhls. Braun gewann den Eindruck, als würde er am liebsten jeden Moment wieder aufspringen wollen. Bendt stand etwas abseits an die Rückwand gelehnt, während Braun sich seinem Zeugen gegenüber auf den Stuhl auf der anderen Seite des kleinen Tisches setzte.

»Ich danke Ihnen, dass Sie unserer Einladung ins Präsidium gefolgt sind«, sagte Braun einleitend. Er war tatsächlich erleichtert, den Zeugen an diesem Tag nun endlich vernehmen zu können. Denn der hatte sich nach Erhalt der Zeugenladung zunächst schriftlich gemeldet und den von Braun ursprünglich anberaumten Termin wegen einer Geschäftsreise abgesagt. Er sei für die kommenden zwei Wochen unabkömmlich, hatte Keller geschrieben, und Braun hatte schon befürchtet, dass der Zeuge ihn auf seine zweite Ladung hin erneut versetzen würde.

»Herr Keller, wir haben Sie heute hierher eingeladen, um die Todesermittlungen im Fall Hanna Frombach voranzubringen. Was können Sie uns hierzu mitteilen?«

»Gar nichts«, lautete die ebenso schlichte wie patzig klingende Antwort des ehemaligen Gutsverwalters der Schwestern. »Kann ich jetzt wieder gehen?«, fragte er und schickte sich an aufzustehen.

»Moment bitte«, sagte Braun und wies sein Gegenüber

mit einer Geste an, sitzenzubleiben, »so schnell geht das hier nicht. Ich habe noch die eine oder andere Frage an Sie.«

Keller schien über Brauns Ausspruch nicht sonderlich überrascht. »Und, was wäre noch?«, fragte er und sank zurück auf die Kante seines Stuhls.

»In welchem Verhältnis standen Sie zu Hanna Frombach?«

»Ich habe für sie und ihre Schwester gearbeitet«, antwortete Keller. »Dazu wurde ich, wie Sie sicher wissen, auch schon in anderer Sache befragt und sehe nicht die geringste Veranlassung, hier weitere Angaben zu machen.«

Braun nickte. »Das müssen Sie auch nicht«, sagte er gelassen. »Da Sie ja derzeit im Verdacht stehen, sich in diesem Arbeitsverhältnis möglicherweise strafbar gemacht zu haben, steht Ihnen das Recht zu, die Angaben auf solche Fragen zu verweigern, durch die Sie sich einer strafrechtlichen Verfolgung aussetzen könnten. Entsprechend habe ich auch nicht vor, näher auf ihre berufliche Verbindung zu den Frombachs einzugehen. Was mich allerdings interessiert, ist, wie Sie privat zu Hanna Frombach standen.«

Keller antwortete ebenso prompt wie gereizt: »Ich weiß nicht, worauf Sie hinauswollen. Ich stand, wie Sie es ausdrücken, privat überhaupt nicht zu Frau Frombach.«

Braun musterte sein Gegenüber, bevor er wieder zu sprechen begann: »Wir haben gehört, dass sich zwischen Frau Frombach und Ihnen eine Liebesbeziehung angebahnt haben könnte und ...«

»Jetzt will ich Ihnen mal etwas sagen«, fuhr Keller in hitzigem Tonfall dazwischen. »Ich hatte keine Beziehung zu Frau Frombach, und ich weiß auch nicht, wer Ihnen das erzählt hat. Noch weniger klar ist mir, was das mit Frau Frombachs Tod zu tun haben sollte.«

»Gemach, gemach.« Braun gab sich betont gelassen. Er lehnte sich in seinem Stuhl zurück und hob die Hände. »Ich weiß gar nicht, weshalb Sie sich aufregen. Ich kann mich nicht erinnern, Ihnen irgendeinen Vorwurf gemacht zu haben.«

»Warum sollten Sie mich das sonst fragen?«, zischte Keller, der nun plötzlich einen sehr nervösen Eindruck machte. Braun fragte sich sofort, warum. Sein Zeuge wusste doch, dass es in dieser Befragung nicht um die ihm vorgeworfenen Betrugsdelikte ging. Was zum Teufel hatte er also zu verbergen? Offenbar wollte auch Bendt das gern so schnell wie möglich aus dem Zeugen herauskitzeln. Er löste sich jetzt von der Wand, trat an den Tisch heran und stützte sich mit beiden Händen darauf ab. Dann sah er Keller von oben herab an und fragte: »Wo waren Sie an dem besagten Samstagnachmittag, Herr Keller?«

»Ich habe Weihnachtseinkäufe in Lübeck erledigt. Das ist wohl kein Verbrechen, oder?«

»Ganz und gar nicht«, antwortete Bendt. Er richtete sich auf und trat hinter den Zeugen. Braun und Bendt verständigten sich mit einem Blick dahingehend, dass Braun den Faden wieder aufnehmen sollte.

»Sind Sie bei Ihrem Einkaufsbummel zufällig Frau Frombach begegnet?«, fragte der Hauptkommissar.

Keller machte es offenbar nervös, dass Bendt hinter seinem Rücken stand. Bevor er Braun antwortete, spähte er über die Schulter zu dem jungen Kommissar hinüber und maß ihn mit einem kritischen Blick. »Nein«, erwiderte er schroff. »Ich habe Frau Frombach nicht getroffen, und vom Balkon gestoßen habe ich sie übrigens auch nicht.«

»Dann sind wir doch schon wieder ein ganzes Stück vorangekommen.« Braun lächelte überlegen. »Wussten Sie denn zumindest, dass Hanna Frombach an diesem Tag in der Stadt sein würde?«

»Nein, ich wusste nicht, dass Hanna Frombach an jenem Tag in Lübeck sein würde«, antwortete Keller.

»Anders gefragt«, Braun versuchte, seine Frage so beiläufig wie möglich klingen zu lassen, »sind Sie eventuell davon ausgegangen, dass Carla Frombach sich an jenem Tag in der Stadt aufhalten würde?«

Keller atmete vernehmlich laut ein. Ihm war anzusehen, dass er ahnte, dass die Kommissare Bescheid wussten. »Sie haben mit Johann Hansen gesprochen?«, lautete daher seine Gegenfrage.

»Sie können offenbar Gedanken lesen«, gab Braun zurück.

»Ich hatte ein paar Tage vor Hanna Frombachs bedauerlichem Unfall mit Hansen telefoniert«, gestand Keller das, was die Kommissare in Erfahrung gebracht hatten. »Ich versuche im Moment, meine finanziellen Angelegenheiten zu ordnen. Sie wissen sicher, dass ich zur Zahlung von Schadensersatz an die Schwestern verurteilt worden bin? Um zu verhindern, dass Carla aus dem Zivilurteil vollstreckt und dann für mich die Insolvenz unabwendbar wird, wollte ich mich mit ihr auf eine Summe einigen.«

»Warum wollten Sie mit Carla und nicht mit Hanna Frombach sprechen?«, fragte Braun sofort.

»Weil Carla auch in dem Verfahren gegen mich vor Gericht ausgesagt hat und ihre Schwester aus der ganzen Sache heraushalten wollte.«

Braun beließ es zunächst dabei und kam wieder auf die

Insolvenzsache zurück. »Also, Sie wollten wegen Ihres Insolvenzverfahrens mit Carla Frombach in Kontakt treten. Welche Motivation sollte sie haben, sich mit Ihnen zu einigen?«

»Damit sie wenigstens einen Teil ihrer Forderung realisieren kann«, sprach Keller aus, was Braun bereits vermutete. »Ich hatte vor, mir bei Freunden Geld zu leihen. Ich wollte Carla vorschlagen, von der geliehenen Summe anteilig die bestehende Forderung unter der Bedingung zu begleichen, dass auf den gesamten Rest verzichtet wird. Ich habe entsprechende Einigungen auch mit meiner Bank und anderen Gläubigern getroffen.«

»Verstehe«, sagte Braun. Ihm war natürlich klar, was Keller bezweckte. Er hatte den Gläubigern vermutlich unter dem Motto »Friss Vogel oder stirb« verschwindend geringe Beträge als Sofortzahlungen angeboten und ihnen andernfalls die Durchführung des Insolvenzverfahrens in Aussicht gestellt. Das würde dann bedeuten, dass am Ende gar keiner einen Cent erhielt. Keller würde vermutlich für die nächsten sechs Jahre offiziell am Existenzminimum leben und nur ein pfändungsfreies Gehalt beziehen, während er sich den Rest schwarz in die Tasche stecken könnte.

»Wirtschaftlich würden die Gläubiger besser fahren, wenn sie mein Angebot akzeptierten«, sagte Keller und bestätigte mit diesem süffisant klingenden Ausspruch Brauns Vermutung.

»Gut«, murmelte Braun. »Sie haben also von Herrn Hansen gewusst, dass Carla Frombach an jenem Nachmittag in Lübeck sein sollte?«

»Ja, und?« Keller verschränkte die Arme vor der Brust und lehnte sich zurück.

»Lag es da nicht nahe, sie in der Stadt aufzusuchen? Herr Hansen hat uns verraten, dass Sie die Immobilie der Schwestern dort kennen und er Ihnen auch gesagt hat, dass Carla Frombach sich nachmittags dort aufhalten wollte.«

»Wie wir heute wissen, war sie ja aber gar nicht dort«, entgegnete Keller ausweichend.

»Wussten Sie, dass Carla ihre Pläne aufgrund eines Magen-Darm-Infektes änderte und stattdessen Hanna Frombach in die Stadt fuhr?«

»Ich hatte nicht die geringste Ahnung.«

»Tatsächlich nicht?« Braun sah sein Gegenüber misstrauisch an. »Sie haben meine Frage allerdings noch nicht beantwortet«, fuhr er fort. »Was hat Sie davon abgehalten, Carla in der Wohnung aufzusuchen, um mit ihr über das offenbar dringliche Thema Insolvenz zu sprechen?«

»Ich war nicht dort, weil ich zu der Meinung gelangt bin, dass ich bei den Schwestern auf Granit beißen würde«, sagte er.

»Und zu dieser Auffassung hat Sie was genau bewogen?«, fragte Braun. »Immerhin waren Sie doch nach dem Telefonat mit Hansen noch voller Hoffnung, oder nicht?«

Keller räusperte sich. »Ja, das war ich, aber da hatte ich auch noch nicht mit Konrad Teubert gesprochen, was, wie ich heute weiß, ein Fehler war.«

»Sie haben mit Teubert gesprochen?« Braun war erstaunt.

»Ja, nachdem ich mit Hansen telefoniert hatte, wollte ich mich tatsächlich mit Carla treffen und habe versucht, sie telefonisch auf dem Gut zu erwischen. Ich hatte Pech, und Teubert war am Apparat.« Keller verzog das Gesicht. »Ich hätte auflegen sollen. Es war dumm von mir, ihn auf die

Sache anzusprechen. Dabei hatte ich gedacht, dass er derjenige sei, der am Ende vielleicht sogar am meisten Sinn für Wirtschaftlichkeitserwägungen aufbringen würde, wenn Sie verstehen.«

Braun verstand nur zu gut. »Und wie hat Teubert reagiert?«

»Er hat gesagt, dass ich mich unterstehen soll, mit Carla zu sprechen oder mich in der Nähe des Hofes aufzuhalten. Außerdem meinte er, dass ich ein Entgegenkommen vergessen könne. Da habe er schließlich auch noch ein Wort mitzureden.«

Braun nahm sich vor, diese Angaben zu überprüfen. Zwar war er relativ sicher, dass Keller das Telefonat wahrheitsgetreu wiedergegeben hatte, dennoch sagte ihm sein Instinkt, dass der sich in irgendeiner Art und Weise schuldig fühlte. Braun nahm sich vor, herauszufinden, warum.

26

Carla versuchte, so schnell wie möglich die überfüllte Gasse des Weihnachtsmarktes zu verlassen. Aber der Parkplatz, auf dem sie ihr Auto abgestellt hatte, ließ ihr kaum eine andere Wahl, als diesen Weg in die Königstraße zu nehmen. Es war Carla ein Bedürfnis, in die Wohnung zu gehen, von deren Balkon Hanna gestürzt war. Sie wollte mit ihr und ihren Gedanken allein sein und so schnell wie möglich dorthin gelangen. Aber sie kam zwischen all den Touristen und Lübeckern, die sich an diesem Nachmittag zu einem Bummel verabredet hatten, kaum voran. Die Besucher standen wie eine Wand vor den Ständen mit Holzschnitzereien, dem Christbaumschmuck und Adventsgestecken, und sie musste sich zwischen den Buden hindurchzwängen, um weiterzukommen. Schon die Anfahrt in die Stadt war für sie eine Qual gewesen. Denn die Illuminationen, die die zentralen Zugänge der Altstadt sowie das Holstentor und die historischen Gebäude in Szene setzten, machten es unmöglich, das bevorstehende Weihnachtsfest zu verdrängen, das mit so vielen sentimentalen Gedanken verbunden war. Sie ignorierte die teils verwirrten, aber auch empörten Blicke, die sie auf sich zog, wenn sie wieder jemanden anrempelte. Aus dem Augenwinkel nahm sie wahr, dass jemand fluchte, weil ihm der heiße Glühwein auf die Handschuhe schwappte, als sie sich an ihm vorbeidrängte. Sie murmelte eine Entschuldigung und eilte weiter.

Der Geruch von gebrannten Mandeln, Schmalzgebäck

und Lebkuchen stieg ihr nicht süß und verheißungsvoll, sondern bitter und beklemmend in die Nase. Das Kinderkarussell mit seinen hölzernen Pferden tauchte vor ihr auf. Die bunt bemalte Kutsche schaukelte friedlich im Takt der Musik im Kreis, während die schwarzen und weißen Rösser sich im Gleichklang hoben und senkten und ihre vor Kälte und Aufregung rotgesichtigen Reiterinnen und Reiter um die eigene Achse trugen. Nur für ein paar Sekunden wurde Carla von ihren Erinnerungen eingeholt und dachte daran, wie oft sie selbst als Kind mit ihrer Schwester Ross an Ross in so einem Karussell gesessen und sich in Gedanken in eine Welt aus Prinzen, Rittern und Königen hatte entführen lassen. Wie durch einen Schleier vernahm sie das Lachen jener Tage, in denen sie die Zügel fest in der Hand gehalten hatte, und meinte, die Zuckerwatte zu schmecken und das Kratzen ihrer dicken Wollstrumpfhose zu spüren. Sie kämpfte den Kloß in ihrem Hals hinunter und lief weiter.

Susan hatte Carla Frombach sofort erkannt, als sie sich kaum einen Meter neben ihr einen Weg durch die Menge vor den Kunsthandwerkbuden gebahnt hatte. Sofort hatte Susan die Christbaumkugel, die sie sich angesehen hatte, abgelegt und war Konrads Frau gefolgt. Jetzt stand Susan vor dem Haus der Schwestern in der Königstraße und blickte zu dem Balkon hinauf, von dem Hanna Frombach gestürzt war. Carla Frombach war vor wenigen Minuten in das Haus hineingegangen und war kurz darauf auf den Balkon getreten. Der Klang der Musik aus den Weihnachtsbuden hallte in Susans Kopf wider, während sie in der Dämmerung stand und daran dachte, wie es aussähe, wenn Carla Frombachs Körper genau dort auf den Asphalt aufschlagen würde, wo schon ihre Schwester zu Tode gekommen war. Sie sehnte sich so sehr danach, ohne Sorgen zu sein. Susan strich über ihren Bauch, in dem Konrads Kind heranwuchs. Es ging nicht mehr allein um sie, sondern um dieses ungeborene Kind, das sie jetzt schon liebte und dem sie eine gute Zukunft bieten wollte.

Ohne Hast betrat sie das Gebäude und stieg die knarrende Treppe in den zweiten Stock hinauf. Sie konnte noch immer nicht fassen, dass diese dumme Frau Konrad um ein Haar erschossen hätte. Nicht auszudenken, wenn er in jener Nacht gestorben wäre. Ihre ganze wirtschaftliche Existenz hing an einem seidenen Faden. Sie war verblüfft, wie schwach und verletzbar er in seinem Krankenbett gewirkt hatte. Im Krankenhaus hatte sie einen anderen Mann vorgefunden als den, der sie in jener verhängnisvollen Nacht zurückgelassen hatte. Susan zitterte bei der Erinnerung an die Stunden nach Verlassen des Lokals Alberto.

Sie hatte Konrad niemals zuvor so wütend gesehen wie an jenem Abend. Er hatte gesagt, dass sie von ihm keinerlei Unterstützung mehr erwarten könne, sofern sie auch nur ein einziges Sterbenswort zu seiner Frau sage. Dann hatte er mit den Worten »Ich lasse mich von dir nicht erpressen« auf dem Absatz kehrtgemacht und sie einfach stehenlassen. Weinend und ziellos war sie durch die Altstadtstraßen gestreift, und erst nachdem der Sturm aufgezogen war und es heftig zu schneien begonnen hatte, war Susan nach Hause gelaufen. Als sie pitschnass und frierend ihren Schlüssel aus ihrer Handtasche gekramt und die Haustür aufgeschlossen hatte, war sie sicher gewesen, dass sich Konrad und sie für immer trennen würden. Sie hatte nicht bemerkt, dass Konrad ihr ins Gebäude gefolgt war. Als käme er aus dem

Nichts, hatte er plötzlich vor der Wohnungstür hinter ihr gestanden. Dann hatte er sie zu sich herumgedreht, an die Wand gedrückt und sie so leidenschaftlich geküsst, dass ihr schwindelig geworden war.

In jenem Moment hatte es für Susan kein Gestern und kein Morgen gegeben, sondern nur den schmerzlich-süßen Moment der Gegenwart, und als er ihr in ihrer Wohnung die nassen Kleider vom Leib gerissen und sie geliebt hatte, hatte sie sich ihm verzweifelt und voller Hoffnung zugleich hingegeben. Er war nicht geblieben, sondern hatte sie am späten Abend allein zurückgelassen. Als er ging, obwohl er die ganze Nacht mit ihr hätte verbringen können, hatte er sie gedemütigt und ihr ihre Grenzen aufgezeigt.

Susan schüttelte die Gedanken an jene Nacht ab, als sie das zweite Stockwerk erreichte. Neben der Wohnungstür klebten Reste des polizeilichen Absperrbandes. Susan blieb stehen und lauschte. Aus dem Innern war kein Geräusch zu hören, und nur von unten aus dem Flur vernahm sie leise Stimmen. Nach einer Weile schaltete sich das Licht im Treppenhaus mit einem vernehmlichen Klicken automatisch aus.

Neben dem Begehren, das Susan nach Konrad empfand, hatte er in ihr noch andere Bedürfnisse geweckt. Sie wollte auch den Luxus, den sie durch ihn kennengelernt hatte, nicht mehr missen. Die Welt hatte mehr zu bieten als eine zweiwöchige Pauschalreise für maximal sieben- oder achthundert Euro im Jahr, die sie sich als Arzthelferin so eben leisten konnte. Seit sie ihn kannte, konnte sie sich Dinge kaufen, einfach weil sie ihr gefielen.

Susan schaltete das Licht im Flur nicht wieder ein. Sie betätigte sofort den Klingelknopf.

27

Braun hatte nicht gezögert. Sofort nachdem Dr. Teubert sie alarmiert hatte, war er mit Bendt zur Wohnung in die Königstraße aufgebrochen und hatte jetzt, da sich trotz mehrfachen Klopfens niemand rührte, die gewaltsame Öffnung der Wohnung angeordnet. Der Schlüsseldienst war auf dem Weg, und auch Teubert war inzwischen eingetroffen.

»Ich mache mir wirklich große Sorgen um meine Frau«, sagte der Arzt und trat von einem Bein auf das andere. »Es ist überhaupt nicht ihre Art, nicht ans Telefon zu gehen, zumal sie längst wieder zu Hause sein wollte.«

»Vielleicht gibt es einen ganz banalen Grund dafür, und Ihre Frau hat einfach nur die Zeit vergessen«, sagte Braun, um den blassen Mediziner ein wenig zu beruhigen. »Vielleicht hat sie irgendwo in der Stadt jemanden getroffen und ist ohne Ihr Wissen essen gegangen.«

Teubert nickte, auch wenn ihm anzusehen war, dass er diese Möglichkeit nicht ernsthaft in Betracht zog. Braun entschied sich, die Gelegenheit beim Schopfe zu packen und Teubert noch einige Fragen zu stellen.

»Wir haben inzwischen Herrn Keller vernommen«, berichtete Braun. »Er hat uns mitgeteilt, dass er kurz vor dem Tod Ihrer Schwägerin mit Ihnen telefoniert habe. Es ging wohl um eine zu treffende Gläubigerabrede wegen der drohenden Insolvenz?«

Der Arzt zog die Stirn in Falten. »Ja«, bestätigte er dann. »Das stimmt. Wir haben recht kurz miteinander gesprochen. Jetzt, wo sie es sagen, fällt es mir wieder ein. Wofür soll das wichtig sein?«

»Eine reine Routinefrage«, erklärte Braun, der für den Moment keinen Anlass sah, irgendeinen Verdacht gegen den ehemaligen Verwalter zu säen. »Können Sie sich noch genauer an den Inhalt Ihres Gespräches erinnern?«

Teubert schüttelte den Kopf. »Nicht im Detail. Mir war das damals auch nicht so wichtig. Ich erinnere mich nur, dass er anfragen wollte, ob meine Frau und ihre Schwester bereit wären, auf einen Teil der Forderung zu verzichten, und er hatte mich gefragt, ob er sich zu diesem Zweck an dem ersten Adventssamstag, wenn Carla ohnehin in der Stadt sei, mit ihr oder uns zusammensetzen könne.« Teubert machte eine kurze Pause, denn gerade kam ein Mann die Treppe herauf. Es war aber offenbar nicht der Mitarbeiter vom Schlüsseldienst, denn der Mann grüßte nur freundlich und ging an ihnen vorbei in den dritten Stock hinauf.

»Ich habe Keller gesagt, dass er sich seine Idee aus dem Kopf schlagen kann«, fuhr Teubert fort. »Auch wenn Carla vielleicht sogar bereit gewesen wäre, sich mit ihm zu einigen, um seinen Namen nie wieder hören zu müssen, würde ich ihm nicht den Gefallen tun, sich bequem vor der Vollstreckung des Titels zu drücken.«

Braun horchte auf: »Verstehe ich das richtig, Sie haben Keller signalisiert, dass Ihre Frau gegebenenfalls bereit wäre, mit ihm zu verhandeln?«

»Was heißt verhandeln. Meine Frau wollte schon kaum den Zivilprozess führen, geschweige denn die strafrechtliche Verfolgung Kellers aktiv unterstützen. Sie wollte eigentlich alles vermeiden, was ihre Schwester gegebenenfalls noch mehr belasten könnte, und hat versucht, ihr gegenüber den Eindruck zu erwecken, als sei alles längst abgeschlossen.«

Braun kam nicht dazu, seine Befragung fortzusetzen, denn nun war der Mann vom Schlüsseldienst vor Ort und machte sich sogleich daran, das Türschloss zu öffnen. Um eine Erkenntnis war er schlauer geworden. Keller hatte durchaus nach dem Telefonat mit Teubert noch Hoffnung hegen dürfen, sich mit Carla Frombach einigen zu können. So wie Teubert das Gespräch wiedergab, schien es ihm nicht unwahrscheinlich, dass Keller doch am fraglichen Nachmittag aufgetaucht war, um Carla Frombach hinter dem Rücken ihres Mannes zu einer Einigung zu bewegen. War Keller also doch auf Hanna Frombach gestoßen?

»Die Tür ist offen«, sagte der Mann vom Schlüsseldienst und stieß sie auf. Im gleichen Moment schlug durch den Luftzug die Balkontür im Wohnzimmer zu.

»Carla?«, rief Teubert und ging als Erster hinein. Braun folgte ihm ins Wohnzimmer, in dem sich seit ihrem letzten Besuch nichts verändert hatte. Das Oberlicht dort war eingeschaltet. Bendt wandte sich sofort nach rechts, um in der Küche nachzusehen.

»Frau Frombach?«, hörte Braun seinen Kollegen rufen, während er selbst hinter Teubert auf den dunklen Balkon trat.

»O mein Gott«, rief Teubert aus, bevor er sich zu seiner Frau hinunterbeugte.

28

»Wieso dauert denn das so lange?«, fragte Susan. Das Lokal war nahezu leer, und sie verstand nicht im Geringsten, weshalb sie noch immer auf ihre Pizza mit Schinken und Champignons warten musste, die sie sich mit in ihre Wohnung nehmen wollte.

Lumbardi kam prompt aus der Küche: »Es tut mir leid, Signora, wir haben ein Problem mit unsere Ofen«, entschuldigte er sich und eilte auf sie zu. »Es dauert nur noch eine Sekunde und dann ...« Er brauchte seinen Satz nicht zu Ende zu führen, denn in diesem Moment betraten Braun und Bendt das Lokal. Lumbardi hatte die Kommissare sofort angerufen, nachdem die junge Frau bei ihm aufgetaucht war. Er hatte sie sofort wiedererkannt. Lumbardi war die Situation sichtlich unangenehm, und als Susans Blick ihn streifte, errötete er und zog den Kopf ein. Susan wusste sofort, dass hier etwas nicht mit rechten Dingen zuging.

»Ich bin Hauptkommissar Braun, und das ist mein Kollege Ben Bendt«, stellte Braun sie vor und trat an die junge Frau heran. »Wir möchten Sie gern sprechen, es geht um Frau Frombach.«

Die junge Frau wurde blass.

»Wir möchten Sie bitten, uns zur Vernehmung aufs Präsidium zu begleiten«, sagte Braun ernst.

»Scusi, was ist mit die Pizza?«, fragte Lumbardi, als die drei sich zum Gehen wandten.

»Die können Sie gern für die Dame einpacken, falls ihr der Appetit nicht vergangen ist«, bemerkte Braun.

Braun musterte die junge Frau durch den Rückspiegel seines Wagens, während er auf dem Weg zur Polizeidirektion in der Possehlstraße 4 das Geniner Ufer überquerte. Susan Kiefer hatte ihren Karton mit der Pizza auf den Knien. Ihr war anzusehen, dass sie die bevorstehende Vernehmung beunruhigte. Zwar hatte sich Teubert bei seiner Befragung im Krankenhaus bedeckt gehalten und nicht offen ausgesprochen, dass er sich an dem Abend, bevor er niedergeschossen worden war, mit seiner Geliebten getroffen hatte, jetzt, nachdem Braun die attraktive Blondine gesehen hatte, stand das für ihn außer Frage. Die junge Frau entsprach mit ihren wohlgeformten Rundungen und den langen blonden Haaren ohne Zweifel mancher Männerfantasie. Dennoch schien sie nicht sehr selbstbewusst zu sein und wirkte auf eine Art und Weise schüchtern, die zu der Rolle der ewigen Zweiten im Leben eines erfolgreichen Mannes nahezu klischeehaft passte.

Seinen Wagen stellte Braun auf dem Parkplatz vor der Polizeidirektion ab und ging Bendt und der Zeugin voraus durch das Gebäude in sein Büro. Dort angekommen, kam er schnell auf den Kern der Sache zu sprechen.

»Frau Kiefer«, sagte er zu der jungen Frau, die ihm gegenüber neben Bendt an seinem Schreibtisch saß, »ich habe vorhin im Lokal kurz angerissen, dass wir die Todesermittlungen in der Sache Frombach leiten und auch die Geschehnisse rund um …«, er stockte, »ich nenne es mal den Anschlag auf Herrn Dr. Teubert ermitteln und hierzu ein paar Fragen haben.«

Susan Kiefer trank einen Schluck aus dem Glas Wasser, das Bendt ihr vor der Vernehmung gereicht hatte. Als sie es wieder vor sich abstellte, entging Braun nicht, dass ihre Hand leicht zitterte.

»Vielleicht sollten Sie doch ein Stück von Ihrer Pizza essen?«, schlug der Hauptkommissar lächelnd vor.

Die junge Frau schüttelte den Kopf. »Nein, danke. Ich möchte das lieber erst hinter mich bringen.«

»Wie Sie wollen«, sagte Braun. »Dann möchte ich gern von Ihnen erfahren, was Sie uns über die Nacht berichten können, in der …«

»Sie verdächtigen mich, weil ich Carla Frombach vorgestern verfolgt habe«, brach es aus ihr heraus, »aber ich schwöre Ihnen, dass ich Hanna Frombach nichts angetan habe.«

Braun konnte Bendt ansehen, dass der ebenso wie er selbst im Moment nur Bahnhof verstand. Er hatte Susan Kiefer eigentlich zunächst zu der Nacht befragen wollen, in der Teubert von seiner Frau angeschossen worden war. Dass die junge Frau sich sofort verdächtigt fühlte, Hanna Frombach getötet zu haben, irritierte ihn. Zugleich kam ihm der desolate Zustand von Carla Frombach in den Sinn, die er gemeinsam mit Bendt und Teubert zwei Tage zuvor zitternd und weinend auf dem Balkon der Wohnung in der Königstraße vorgefunden hatte. Carla Frombach hatte allerdings nicht erwähnt, dass es zuvor zu einem Zusammentreffen zwischen ihr und Susan Kiefer gekommen war.

»Sie haben Frau Carla Frombach verfolgt?« fragte er alarmiert.

»Deshalb bin ich doch hier oder nicht?«‹ Susan Kiefer schien sichtlich verwirrt.

Braun entschied sich, für den Moment eine Antwort schuldig zu bleiben. »Sie haben Frau Frombach in die Königstraße verfolgt?«, wiederholte er stattdessen.

»Ja, aber ich wollte ihr nichts tun, ich wollte nur ...« Sie verstummte.

»Sie wollten nur was?« Braun fühlte sich ein wenig aus dem Konzept gebracht. Als die Zeugin nichts erwiderte, sondern die Augen niederschlug, ergriff er wieder das Wort: »Jetzt einmal der Reihe nach. Wenn ich Sie richtig verstehe, haben Sie vorgestern mit Carla Frombach in der Wohnung gesprochen, von deren Balkon ihre Schwester gestürzt ist?«

Die junge Frau schüttelte energisch den Kopf. »Nein, ich ... ich wollte wegen Konrad ... Sie wissen ...?«

»Im Moment weiß ich nicht, was Sie meinen«, gestand Braun, »aber ich vermute, dass es um Ihre Liebesbeziehung zu Herrn Teubert ging.«

Susan Kiefer blickte hilflos zwischen Braun und Bendt hin und her. »Sie wissen ja offenbar schon ... dass ich und Konrad ... also Herr Teubert ... dass wir schon seit längerer Zeit ...«

»Sie schlafen miteinander«, brachte Bendt es auf den Punkt.

Susan Kiefer nickte. »Ich wollte mit seiner Frau sprechen, aber nicht über das Baby ...«

»Welches Baby?«, fragte Braun, dem jetzt dämmerte, dass die hübschen Rundungen der jungen Frau offenbar auch Teuberts Einsatz zu verdanken waren.

Susan Kiefer schlug die Hand vor den Mund. »O Gott, das hätte ich nicht sagen dürfen!« Sie begann zu schluchzen.

Bendt zog sofort ein Taschentuch aus der Hosentasche und gab es ihr. Dann legte er ihr die Hand auf die Schulter. »Hey, alles gut«, sagte er. »Jetzt beruhigen Sie sich erst einmal. Hier tut Ihnen niemand etwas.« Es dauerte eine Weile, bis die Zeugin sich wieder gefasst hatte und einmal laut aufseufzte.

Bendt sah Braun an. Der Hauptkommissar wusste, woran der junge Kollege ihn erinnern wollte.

»Frau Kiefer«, sagte er freundlich, »bevor wir uns beide jetzt weiter unterhalten, möchte ich eines klarstellen. Ich habe Sie hier heute in erster Linie eingeladen, um einige Fragen zu der Nacht zu stellen, in der Herr Teubert angeschossen worden ist. Ich habe bisher keinen Anlass gesehen, Sie hier als Beschuldigte zu vernehmen. Entsprechend habe ich Sie auch als Zeugin belehrt. Natürlich hätte ich Ihnen heute auch noch die Frage gestellt, ob Sie etwas zu den Todesermittlungen bezüglich Hanna Frombach beitragen können. Wir haben Sie aber nicht hierhergebracht, weil wir einen konkreten Tatverdacht gegen Sie oder jemand anderen hätten. Dennoch möchte ich Sie, und zwar rein vorsorglich, darüber belehren, dass Sie hier nichts sagen müssen, was Sie in die Gefahr bringen könnte, sich selbst einer Strafverfolgung auszusetzen. Haben Sie das verstanden?«

Susan Kiefer nickte. Die junge Frau schien ihr kurzer Gefühlsausbruch befreit zu haben.

»Ich bin schon seit längerer Zeit mit Herrn Teubert zusammen«, berichtete sie verschämt. »Konrad, also Herr Teubert ...«

»Sagen Sie ruhig Konrad«, bot Braun an, »wenn es Ihnen leichter über die Lippen kommt.«

»Danke«, sagte Susan. »Als Hanna Frombach starb, dachte

ich erst, dass Carla tot sei. Das war schön.« Sie schlug die Augen nieder.

»Die Gedanken sind frei, Frau Kiefer«, bemerkte Bendt. »Es ist kein Verbrechen, sich den Tod eines anderen zu wünschen, nur dazu beitragen darf man nicht.«

»Ich schwöre Ihnen, dass ich niemanden umgebracht habe«, sagte Susan Kiefer.

»Wo waren Sie, als Hanna Frombach starb?«, wollte Bendt wissen.

»Ich war in meiner Wohnung«, antwortete sie prompt.

»Allein?«, fragte jetzt wieder Braun.

Susan zuckte mit den Schultern. »Konrad war an dem Tag bei mir. Der Samstag ist sozusagen ...« Sie stockte.

»Ihr Tag«, ergänzte Braun, der sich eine bildhafte Vorstellung davon machen konnte, wie der Mediziner seinen angeblich so arbeitsreichen Buchhaltungssamstag verbrachte. Vermutlich ließ er sich abends, wenn er zu Frau Frombach auf das Gut kam, noch dafür bedauern, dass er einen so anstrengenden Tag hinter sich hatte. »Sie wissen nicht, wann Konrad Teubert Ihre Wohnung verlassen hat?«

»Ich bin wohl irgendwann zwischen zwei und vier Uhr nachmittags eingeschlafen.« Susan Kiefer wurde rot, und Braun ersparte ihr die Frage, warum sie den frühen Samstagnachmittag, ohne auf die Zeit zu achten, im Bett verbracht haben und dort eingeschlafen sein wollte. Gleichzeitig dachte er darüber nach, ob ihre Antwort hinsichtlich der Zeitangabe ehrlich oder taktisch verdammt gut gewählt war. Denn so hielt sie Teubert die Tür offen, ihnen beiden ein glasklares Alibi zu geben. Sie setzte sich auf der anderen Seite nicht zu seinen möglicherweise abweichenden Angaben in Widerspruch, falls er sich zur Tatzeit bereits wieder in seinem Büro oder andernorts aufgehalten haben sollte und dort von Dritten gesehen worden war.

»Also gut«, murmelte Braun. »Wussten Sie, dass die Frau Ihres Geliebten an diesem Tag in der Königstraße einen Termin hatte?«

»Ja, das wusste, glaube ich, fast jeder in der Praxis, weil der Kollege, der die Wohnung eventuell anmieten wollte, schon Wochen zuvor darüber herumlamentiert hat, ob es sinnvoll sei, eine Wohnung der Frau seines Chefs zu beziehen. Er hat auch an dem Freitag vor der geplanten Besichtigung in der Mittagspause von der Verabredung erzählt. Das haben sicher viele Kollegen mitgekriegt.«

Braun nickte. Ähnliche Informationen hatte er von dem Zeugen Köhler erlangt, wenngleich der Susan Kiefer nicht persönlich als Zuhörerin bezeichnet hatte.

»Sie sagten vorhin, dass Sie geglaubt hätten, Carla Frombach sei tot«, wiederholte Braun die Angaben der Zeugin, »ich darf also davon ausgehen, dass Sie keine Kenntnis von der Planänderung der Schwestern an diesem Tage hatten?«

»Nein, davon wusste ich nichts.«

»Wie kamen Sie denn darauf, dass Carla Frombach tot sei?«, erkundigte sich Bendt.

»Ich kam am Montag in die Praxis«, berichtete Susan Kiefer und schien in ihren Gedanken zu diesem Tag zurückzuwandern. »Es war merkwürdig. Am Wochenende hatte ich im Radio gehört, dass in der Innenstadt eine Frau von einem Balkon gestürzt war. Dabei habe ich mir zunächst gar nichts gedacht und wäre auch nicht darauf gekommen, dass das Frau Frombach gewesen sein könnte. Aber als ich dann am Montag in die Praxis kam und hörte, wie Stefan Köhler am Tresen stand und erzählte, dass Carla Frombach nicht zu der Verabredung gekommen war, und meine Kollegin Jutta gleichzeitig alle Termine wegen eines Todesfalls absagte, da …« Susan Kiefer kreuzte ihre Arme vor der Brust und rieb sich die Schultern, als würde sie frieren. Dann traten ihr wieder Tränen in die Augen. »Es hätte alles so einfach gemacht«, flüsterte sie.

Braun ließ der Zeugin einen Moment lang Zeit, um sich zu sammeln.

»Weiß Herr Teubert, dass Sie ein Kind bekommen«, fragte er.

Susan Kiefer nickte.

»Wie hat Herr Teubert reagiert?«

»Er …« Susan Kiefer biss sich auf die Unterlippe. »Er wird mich unterstützen«, sagte sie und sah gleichzeitig völlig verzweifelt aus.

»Darf ich das dahingehend deuten, dass Herr Teubert Ihnen keine Hoffnungen auf ein Zusammenleben gemacht hat?«

Die junge Frau schniefte. »Er hat nicht vor, sie zu verlassen«, sagte sie mit Bitterkeit in der Stimme. »Sein Leben gefällt ihm, glaube ich, genau so, wie es ist.«

Braun atmete einmal tief durch. Immerhin schien die junge Frau sich keine falschen Hoffnungen zu machen. Braun hatte inzwischen ein ziemlich genaues Bild davon, wie Teubert tickte. Er gehörte ganz offenbar zu den Typen, die keine Gewissensbisse hatten, wenn sie im Liebesleben zweigleisig fuhren. Eine Frau fürs Renommee, die sich in der Gesellschaft bewegen konnte und ihm ein angenehmes Zuhause bot, und eine, an der er seine Libido abarbeiten und sein Selbstbewusstsein aufpolieren konnte.

»Was wollten Sie denn vorgestern eigentlich von Frau

Frombach?«, fragte Braun. »Warum sind Sie ihr nachgegangen?«

Susan Kiefer richtete ihren Blick zur Decke und blinzelte ihre Tränen weg, bevor sie antwortete.

»Sie ist in der Stadt rein zufällig an mir vorbeigegangen. Ich weiß nicht, warum, aber ich bin ihr einfach gefolgt ...«

»Irgendeinen Grund müssen Sie doch gehabt haben, ihr nachzugehen?«

»Ich bin bis vor die Wohnungstür gegangen«, erklärte Susan leise. »Ich habe sogar geklopft, aber sie hat nicht aufgemacht.«

»Was wollten Sie von ihr?«

»Ich wollte ihr eigentlich nur sagen, dass ich sie gesehen habe und ihr mein Beileid aussprechen wollte.«

Braun zog die Stirn in Falten.

»Kennen Sie Frau Frombach so gut, dass das angemessen gewesen wäre? Was haben Sie sich davon versprochen?«

Susan Kiefer zögerte einen Moment, bevor sie antwortete, aber Braun nahm deutlich wahr, dass Wut in ihren Augen aufflammte.

»Es ging mir nicht um Frau Frombach. Ich wollte das tun, damit Konrad weiß, dass ich jederzeit mit seiner Frau sprechen kann.«

Braun stützte sich mit den Ellenbogen auf seinem Schreibtisch auf und fuhr sich mit den Händen über das Gesicht.

Bendt wandte sich derweil der Zeugin zu. »Glauben Sie, einen Mann wie Konrad Teubert damit beeindrucken zu können, dass Sie ihm zeigen, auch er sei angreifbar und vielleicht sogar erpressbar?«

Susans Kinn begann zu beben, und dann ließ sie ihren

Tränen freien Lauf. »Ich kann doch so nicht weitermachen«, schluchzte sie. »Wenn das Kind da ist, wie soll denn das überhaupt funktionieren, wenn er nicht …«

Die junge Frau sprach es nicht aus, aber auch Braun war klar, dass Teuberts übliches Ritual am Samstagnachmittag mit einem kleinen Kind so nicht mehr stattfinden konnte. Deshalb hatte sie sich den abstrusen Plan überlegt, ihn so sehr unter Druck zu setzen, dass er sich entweder doch noch für sie entschied oder ihr Schweigegeld zahlte.

»Ich kann Ihnen nur sagen, Frau Kiefer«, meinte Braun streng, »dass ich Erpressung für keine gute Lösung Ihres Problems erachte, wenn das Ihr Ziel gewesen sein sollte.« Er hatte noch einige offene Fragen zu klären. Eines interessierte ihn aber besonders: Wie viel Druck hatte die junge Frau bereits auf Teubert ausgeübt?

29

Emily hatte Anna auf der Autofahrt von Lübeck nach Hamburg gefühlt mindestens einhundert Mal gefragt, wann sie endlich im Theater ankämen. Als sie die Reeperbahn in Richtung Parkhaus entlanggefahren waren, hatte sie es in ihrem Kindersitz kaum noch ausgehalten, und Anna hatte Mühe gehabt, sie davon abzuhalten, sich nicht eigenmächtig abzuschnallen. Emily freute sich so sehr auf das Weihnachtsmärchen, dass ihre Wangen schon vor Aufregung glühten, bevor sie das Foyer erreicht hatten. Anna kaufte für sich und Emily Süßigkeiten und Wasser und schob ihre Tochter dann durch die Menge der Wartenden in den Innenraum des Tivolis hinein. Dort dirigierte sie Emily auf den ausgewiesenen Platz an einem der Tische nahe der Bühne. Anna hatte vor, sich nicht länger über Bendt zu ärgern. Er hatte sie mal wieder ganz kurzfristig versetzt. Trotz allem Verständnis, das sie für seine Tätigkeit als Kommissar bei der Mordkommission aufbrachte, gingen ihr seine Ausreden langsam auf die Nerven. Sie hatte sich darauf gefreut, gemeinsam mit ihm und Emily nach Hamburg zu fahren, sich die Vorstellung anzusehen und dann noch einen Bummel durch die Stadt zu unternehmen. Davon abgesehen fand sie es schade, dass seine Karte verfiel, weil sich am Tag vor Weihnachten keine andere Begleitung mehr gefunden hatte. Immerhin freute Emily sich, und Anna wollte versuchen, sich dieses Ereignis nicht verderben zu lassen. Sie liebte es, mit ihrer Tochter ins Theater zu gehen. Das Stück

»100 auf einen Streich« versprach ein unvergessliches Theatererlebnis zu werden.

Anna war gerade dabei, für Emily einen Müsliriegel auszupacken, als ihr jemand vorsichtig auf die Schulter tippte und eine ihr gut bekannte Stimme »Hallo, ihr zwei«, sagte. Es war Tom mit seiner Tochter Lena.

»Das ist aber ein Zufall«, bemerkte Anna lachend. Tom und sie umarmten einander zur Begrüßung, während die Mädchen sich kritisch beäugten.

»Erst sehen wir uns eine Ewigkeit nicht, und jetzt treffen wir uns so kurz vor Weihnachten schon das zweite Mal«, stellte Tom fest und deutete auf seine Tochter Lena, die sich schüchtern an seine Seite schmiegte. »Das ist Lena«, sagte er und lehnte sich zu Emily hinunter.

»Hallo, Lena«, begrüßte Anna das hübsche Mädchen. »Wo sitzt ihr denn?« Tom deutete hinter sich in Richtung der dort befindlichen Sitzreihen.

»Wir haben hier vorne an den Tischen leider keine Karten mehr gekriegt«, sagte er laut gegen das Stimmengewirr der hereinströmenden Besucher. »Wenn ihr wollt, bleibt doch mit uns hier vorne und nimm Lena auf deinen Schoß«, schlug Anna vor. »Wir haben eine Karte übrig, und sollte jemand meckern, weil ihr zu zweit seid, könnt ihr ja immer noch nach hinten gehen.«

»Wie wär's, Lena, wollen wir hier vorne bei Emily und Anna bleiben?«, fragte Tom. Er wartete aber eine Antwort gar nicht erst ab, sondern setzte sich neben Anna auf den freien Stuhl und hob Lena auf seine Knie.

Als das Stück losging, musterte Anna Tom und seine Tochter von der Seite. Anders als bei ihrem ersten Zusammentreffen mit Toms Tochter empfand sie es nicht als schmerzlich, dass Lena dem Bild so nahekam, das sie sich von ihrer verstorbenen Tochter Marie machte. Im Gegenteil: Sie fand es tröstlich und rührend, Tom im Umgang mit Lena zu beobachten. Es war offensichtlich, dass er unabhängig davon, dass er gerade eine Trennung hinter sich hatte, dankbar und glücklich war, ein Kind zu haben. Anna begriff noch etwas anderes: Sie hatte es sich lange nicht eingestehen wollen, aber jetzt wurde ihr bewusst, dass ihr mit Bendt etwas fehlte und dass diese Beziehung zwar unkompliziert, aber auch ein bisschen oberflächlich war. Bendt hatte sein Junggesellenleben nie ganz aufgegeben, und wenn sie ehrlich war, hatte sie das noch nicht einmal ernsthaft gestört. Anna hatte auch nie wirklich versucht, ihn dazu zu bewegen, bei ihr einzuziehen, geschweige denn Verantwortung für sie und Emily zu übernehmen.

Emily und Lena sangen und klatschten bei dem Stück begeistert mit. Ihre glänzenden Kinderaugen verrieten, dass sie sich ganz in der Welt der ebenso lustigen wie spannenden Geschichte verloren. Als die Darsteller ihre letzte Zugabe zum Besten gaben und Anna und Toms Blicke sich begegneten, musste Anna sich zusammenreißen, um ihre Befangenheit zu verbergen.

30

»Hier steckst du also«, sagte Teubert und trat in das Zimmer von Hanna Frombach.

Carla saß auf der Kante des Bettes ihrer Schwester und hielt ein Kinderfoto der Zwillinge in der Hand, das sie vom Nachtschrank genommen hatte.

Teubert setzte sich neben seine Frau und legte ihr seinen Arm um die Schulter. »Warum tust du dir das an?«, fragte er. Seine Stimme klang besorgt.

Carla legte das Bild zur Seite und rückte ein Stück von ihrem Mann ab. Seit sie aus der Haft entlassen worden war, hatte sie immer wieder das Bedürfnis, mit Hanna in Kontakt zu treten, um nach Antworten auf ihre Ängste zu suchen. Deshalb war sie auch einige Tage zuvor in der Wohnung in der Königstraße gewesen.

Sie hatte immer mehr das Gefühl, in Hannas Haut zu stecken, vertraute ihren eigenen Wahrnehmungen nicht mehr. Sie hinterfragte jeden Schritt, den sie tat, und glaubte oft, Dinge an einem anderen Platz abgelegt zu haben als dort, wo sie sie fand.

Konrad stand ihr bei und hatte für alles stets eine plausible Erklärung. Als er sofort die Polizei alarmiert hatte, nachdem sie nicht pünktlich nach Hause gekommen war, war sie sicher gewesen, dass sie ihm viel bedeutete. Sie hatte jedes Zeitgefühl verloren, während sie dort oben gestanden und in die Tiefe geblickt hatte. Am liebsten wäre sie ihrer Schwester gefolgt und hatte es dann doch nicht getan, sondern sich zusammengekauert und geweint, bis Konrad sie gefunden und in seine Arme geschlossen hatte.

In jener Nacht hatten sie zum ersten Mal seit Wochen wieder miteinander geschlafen. Sie blickte ihn für eine Weile an.

»Ich war heute bei dir in der Praxis«, sagte sie tonlos. »Ich wollte dich zum Mittagessen abholen. Du warst nicht da.«

Es entstand eine Pause.

»Das tut mir leid, warum hast du nicht vorher angerufen?«, fragte er. »Was für eine schöne Idee!«

Carla beantwortete seine Frage nicht: »Ich habe deine Mitarbeiterin, Frau Kiefer, getroffen«, sagte sie stattdessen ernst und registrierte sofort den alarmierten Ausdruck, der für den Bruchteil einer Sekunde in seinen Augen zu lesen war.

»Und, was hat sie gesagt?«, fragte er scheinbar beiläufig.

»Sie hat mir gar nichts gesagt«, antwortete Carla bitter. »Aber du hast es gerade getan.« Sie wandte sich von ihm ab und starrte vor sich auf den Boden.

»Es ist merkwürdig«, sagte sie nach einem Moment des Schweigens. »Ich kann nicht einmal weinen.«

Carla hatte es geahnt, aber nicht wahrhaben wollen, als sie der jungen Frau auf dem Weg zur Toilette in die Arme gelaufen war. Zwar war Carla daran gewöhnt, dass die Leute oft unbeholfen reagierten, weil sie nicht wussten, wie sie ihr Beileid ausdrücken sollten, aber die junge Frau hatte sich ungleich seltsamer verhalten als andere. Sie war spontan knallrot angelaufen, als sie Carla gegenübergestanden und an sich heruntergeschaut hatte. Die Art und Weise, in der sie dann ihren Pullover glattgestrichen hatte, war für Carla sofort ein Indiz dafür gewesen, dass die junge Frau schwanger war. Als Carla ganz unbedarft gratuliert und nach dem glücklichen Vater gefragt hatte, waren der Arzthelferin die Tränen in die Augen geschossen, und sie war schluchzend hinausgelaufen.

»Es war nur so ein spontanes Gefühl, das ich nicht wahrhaben wollte und auch absurd fand.« Carla blickte durch die Balkontür hinaus ins Freie. »Ich dachte, jetzt bilde ich mir auch schon ein, dass du mich betrügst, nur weil eine junge Frau unglücklich verliebt ist.« Sie lachte bitter auf und fuhr sich mit der Hand über die Stirn. »Jetzt weiß ich, dass es stimmt.«

Teubert packte seine Frau an den Schultern und zwang sie, ihm in die Augen zu sehen.

»Ich will es nicht leugnen«, erklärte er ernst. »Es ist passiert, Carla, und es gibt nichts daran zu beschönigen. Aber ich möchte, dass du eines weißt.« Er machte eine Pause. »Es ist vorbei, und sie bedeutet mir nichts.«

Er ließ seine Arme sinken und atmete einmal tief durch. Carla starrte ihn an und war nicht imstande, auch nur ein einziges Wort herauszubringen. Auf sonderbare Weise fühlte sie sich leer, ihr ganzer Körper war wie betäubt.

»Carla, ich wollte um keinen Preis, dass du es auf diese Weise erfährst«, fuhr er fort. »Ich kann es nicht entschuldigen, aber ich hätte nie gedacht, dass mir das jemals passieren würde.« Er stockte. »Sie hat mir in der Praxis schöne Augen gemacht, und es hat mir gefallen. Ich fühlte mich geschmeichelt und irgendwie jung ...« Er sah sie erneut an. »Ich war so dumm, Carla. Die Betriebsfeier, im Oktober.« Er atmete betont laut aus. »Wir haben getanzt und gelacht ... Es war so ein unbeschwerter Abend. Sie hat mich gefragt, ob ich sie nach Hause bringen kann und dann ...«

»Bitte erspare mir das«, unterbrach Carla ihn und schloss für einen Moment die Augen. »Ich will das nicht hören.« Seine Erklärung klang in ihren Ohren so klischeehaft und gewöhnlich, dass sie kaum fassen konnte, dass es tatsächlich ihr eigener Mann war, der das gerade von sich gab.

»Du musst es dir anhören«, beschwor Teubert sie. »Ich will, dass dir klar wird, wie es passiert ist, und dass es nichts mit uns zu tun hat.« Er verstummte für eine kurze Weile. »Es ging ein paar Wochen lang, in denen ich mich jedes Mal schäbiger gefühlt habe. Ich will dich nicht anlügen und sagen, dass es eine einmalige Verfehlung war. Das hättest du nicht verdient, aber es ist in den letzten Jahren so viel passiert, und du warst so mit Hanna beschäftigt ...«

»Jetzt gib bitte nicht mir die Schuld dafür, dass du mich betrogen hast«, fuhr Carla dazwischen. Die einzige Emotion, die sie für den Moment empfinden konnte, war Wut.

»Ich gebe dir nicht die Schuld. Es ist nur, dass ...«

»Dass was, Konrad?«

»Dass du mit Hanna immer mehr eine Einheit warst als wir beide. Es gab immer einen Menschen, der dir näher stand als ich.«

»Lass Hanna aus dem Spiel«, zischte Carla warnend. »Der Unterschied zwischen deiner Geliebten und Hanna ist, dass du immer von Hanna gewusst hast und ich im Gegensatz zu dir mit niemandem geschlafen habe.«

»Ich weiß, Carla, und ich kann das, was geschehen ist, nicht ungeschehen machen. Ich stand und stehe unter so großem Druck. Die Probleme mit Hanna, die Praxis ...« Er fuhr sich durchs Haar. »Plötzlich war da diese junge Frau, die so unbeschwert schien und mich ...«

»Und, was sagst du mir als Nächstes?«, unterbrach sie

ihn. »Dass sie es darauf angelegt hat, dich zu verführen und du auch nur ein ganz gewöhnlicher Mann bist?« Carla zwang sich, nicht aus der Haut zu fahren. »Gott, ist das schlecht, Konrad. Ich hätte dir mehr zugetraut.«

Beide sprachen für eine Weile nicht. Natürlich war Carla in der Lage, nachzuvollziehen, dass ihr Mann sich in den letzten Jahren zurückgesetzt gefühlt hatte. Eine Entschuldigung für sein Verhalten war das aber mit Sicherheit nicht.

»Du kannst es glauben oder nicht«, verteidigte Teubert sich weiter, »aber ich habe wirklich einige schlaflose Nächte verbracht, in denen ich nicht wusste, wie ich es dir sagen sollte.«

»Ich habe immer gedacht, dass du nicht zu den Männern gehörst, die mit einer Frau schlafen, weil sie angehimmelt werden.«

»Was wäre dir lieber gewesen?«, fragte Teubert. »Wäre es besser, wenn ich sagen würde, ich habe mich verliebt oder sie wäre für dich eine ernsthafte Konkurrenz?«

»Nein«, widersprach Carla. »Besser wäre, wenn wir dieses Gespräch nicht führen müssten, weil es nicht passiert wäre.«

»Das ist es aber nun einmal«, sagte Teubert ernst. »Es liegt an dir zu entscheiden, welche Konsequenzen wir daraus ziehen müssen. Wenn du willst, packe ich meine Koffer und gehe.«

Carla zögerte. Sie war ziemlich sicher, dass sie ihn noch vor Wochen vor die Tür gesetzt und Hanna ihr dazu applaudiert hätte. Heute war es anders. Die Vorstellung, in diesem Haus, das ihr ohnehin täglich unheimlicher wurde, ganz allein zu leben, war grässlich für sie. Ihr fehlte die Kraft, neben ihrer Schwester auch noch um den Partner zu trauern.

Carla konnte ihm ansehen, dass er wusste, wie ihre Entscheidung lauten würde.

»Ich will nicht, dass du gehst«, gestand sie, »aber ich werde eine Weile brauchen, um das zu verarbeiten.«

»Gut!« Teubert atmete auf. »Auch wenn ich wünschte, du hättest nicht so kurz nach Hannas Tod von Susan und mir erfahren, bin ich fast ein wenig erleichtert.«

»Dann geht es ja heute immerhin einem von uns ein bisschen besser«, sagte Carla zynisch.

»Ich glaube, wenn du es heute nicht selbst herausgefunden hättest, wäre Susan irgendwann hier aufgetaucht und hätte es dir gesagt.«

»Bitte?« Carla wusste nicht, was das bedeuten sollte.

»Sie hat versucht, mich unter Druck zu setzen, weil sie wollte, dass ich dich verlasse«, sagte er nüchtern.

»Was soll das heißen: dich unter Druck zu setzen?«

»Sie hat mir ein Ultimatum gestellt. Sie hat sich wohl eingebildet, dass ich mich für sie entscheiden würde, nur weil sie schwanger ist. Ich fürchte, es geht ihr auch um Geld.«

»Hat sie gewusst, dass ich an dem Tag, an dem Hanna starb, in Lübeck sein sollte?«, fragte Carla und fürchtete sich fast ein wenig vor seiner Antwort.

Teubert sah seine Frau wie vom Donner gerührt an. »Du glaubst doch nicht, dass ...«

»Vielleicht ging es nicht nur um Geld, Konrad«, sagte Carla bestürzt, »vielleicht wollte sie dich für sich allein, und das für immer ...«

31

Anna blickte auf die Uhr. Sie war erstaunlich gut in der Zeit. Der Truthahn garte schon im Ofen, der Kaffeetisch war gedeckt, und langsam sah auch die große Tanne im Wohnzimmer so aus, wie sie sich ihren Weihnachtsbaum vorstellte. Bendt stand auf der Leiter und platzierte die letzten Kugeln und Engel auf den oberen Zweigen.

»Die Kugel mit den Bäumchen einen Ast weiter nach rechts, das ist, glaube ich, schöner«, meinte Anna, die zwischen den Weihnachtskartons vor der Leiter stand und ihrem Freund genaue Anweisungen gab.

»Das ist doch total egal«, sagte Bendt sichtlich genervt und blickte am Baum hinunter, der vor Weihnachtsschmuck nur so überquoll.

»Das ist überhaupt nicht egal«, protestierte Anna. »Das ist eine meiner Lieblingskugeln aus Polen, handbemalt.«

»Na dann!« Bendt hängte vorsichtig die Kugel um, bevor er sie von allen Seiten betrachtete und dabei ein Gesicht machte, als sei er ein Kunstsachverständiger und habe gerade das Werk eines begnadeten Künstlers vor Augen. »Du hast recht, das sieht natürlich ganz anders aus«, sagte er mit deutlicher Ironie in der Stimme.

Anna kommentierte die Spitze nicht, sondern wühlte amüsiert ein paar weitere Kostbarkeiten ihres Weihnachtsbaumschmucks aus den Kartons hervor. »Die habe ich gesucht«, rief sie begeistert und streckte Bendt eine andere handbemalte Kugel entgegen. »Ist die nicht wunderschön?«

»Total schön«, bestätigte Bendt, der über Annas verzückten Gesichtsausdruck schmunzeln musste.

»Wo darf ich die denn hinhängen?« Er beugte sich hinunter, damit Anna ihm das Hängebändchen über den Zeigefinger streifen konnte.

Anna ließ sich Zeit mit einer Antwort und lugte zur anderen Seite des Baumes hinüber. »Ich sage dir nur, dass ich die Leiter nicht noch einmal umstelle«, knurrte Bendt und hängte die Kugel an einen Zweig. »Die bleibt jetzt genau hier.«

Anna seufzte. »Na gut, dann reicht das vielleicht auch jetzt langsam.«

Bendt blickte an dem Baum hinunter und tat so, als würde er durch das Licht der funkelnden Kugeln erblinden:

»Allerdings«, seufzte er, stieg von der Leiter und half Anna, die Schutzfolien und das Seidenpapier in den Weihnachtskartons zu verstauen.

»Wann kommen Georg und Emily zurück?«, fragte er.

»Wenn meine Eltern auch kommen, gegen drei«, sagte Anna, die wusste, dass Bendt verärgert war, weil sie Georg eingeladen hatte. Für Anna war allerdings das Wichtigste, das das Weihnachtsfest für Emily perfekt sein würde, und das bedeutete nun einmal, dass ihr Vater jedenfalls bei der Bescherung dabei war. Im Übrigen fand Anna, dass sie eine gute Lösung für alle gefunden hatte. Georg hatte Emily abgeholt, damit sie in Ruhe alles vorbereiten konnte, und Georg sollte dann nur zum Kaffee bleiben.

»Der Weihnachtsmann von der Agentur wird dann hoffentlich pünktlich um Viertel vor vier hier aufkreuzen. Dann machen wir die Bescherung und können gegen sechs essen«, sagte Anna. »Dienst hast du ja hoffentlich heute nicht, oder?«

»Nicht, dass ich wüsste«, antwortete Bendt. »Obwohl uns die Feiertage nicht so gut in den Kram passen. Braun wäre es lieber gewesen, wir hätten diesen Stallmeister noch vor den Feiertagen ein weiteres Mal vernommen.«

»Wieso?«, fragte Anna, die dabei war, Seidenpapier zusammenzufalten.

»Ach, das habe ich dir noch gar nicht erzählt«, fiel es Bendt ein. »Die Pistole, mit der Carla Frombach auf ihren Mann geschossen hat, ist auf diesen Hansen registriert.«

»Das ist ja 'n Ding«, rief Anna verblüfft.

»Woher hat der denn einen Waffenschein?«

»Er ist Jäger«, erläuterte Bendt, »und hat die Pistole legal erworben.«

»Mir war gar nicht bewusst, dass Jäger ganz normale Pistolen haben«, räumte Anna ein.

»Jeder Jäger darf, wenn er eine entsprechende Waffenbesitzkarte hat, eine Pistole oder einen Revolver besitzen. Jäger benutzen die für den sogenannten Fangschuss, also zum Beispiel bei lebend gefangenem Raubwild oder Unfallwild.«

Anna schüttelte sich. »Jäger sind mir generell suspekt. Ich könnte nie auf ein Tier schießen.« Sie überlegte kurz. »Dann hat dieser Hansen der selbstmordgefährdeten Hanna Frombach also eine Pistole überlassen? Das wirft doch gleich ein ganz anderes Licht auf ihn, oder nicht?«

Bendt zuckte mit den Schultern. »So einfach ist das auch wieder nicht. Die Waffe soll aus seiner Wohnung entwendet worden sein. Der Diebstahl wurde sofort gemeldet.«

»Hanna Frombach ist bei ihrem Stallmeister eingebrochen?«

»Wenn, dann eingestiegen«, korrigierte Bendt sie. Jemand soll über das im Erdgeschoss gelegene Balkongitter gestiegen und durch die offene Balkontür in seine Wohnung gelangt sein.«

»War denn der Waffenschrank aufgebrochen?«, erkundigte Anna sich. »So eine Pistole darf doch nicht ungesichert in einer Wohnung herumliegen.«

»Hat sie angeblich auch nicht. Aber du hast recht. Einen Waffenschrank muss man entweder aufschweißen oder wissen, wie die Zahlenkombination lautet oder wo der Schlüssel zu finden ist.«

»Und?«

»Angeblich soll der Täter den Schlüssel gefunden haben, der mit Klebeband unter dem Esstisch befestigt gewesen war. Vielleicht hat Hansen ihr die Waffe aber auch einfach nur gegeben und den Diebstahl fingiert, um keine Probleme zu bekommen, wenn sie die Waffe einsetzt.«

»Puhh«, schnaufte Anna, »das wird ja wirklich immer undurchsichtiger. Lass mich raten: In dieser Wohnung ist nur die Waffe gestohlen worden?«

Bendt lächelte. Natürlich war Anna gleich der richtige Gedanke in den Sinn gekommen. Denn es lag nahe, dass ein gewöhnlicher Dieb es neben der Waffe auch auf Wertgegenstände abgesehen gehabt hätte.

»Es wurde nur noch ein bisschen Bargeld gestohlen«, antwortete Bendt. »Das kann heißen, man wollte den Eindruck erwecken, als sei der Dieb bei der Tatausführung gestört worden …«

»… oder es war bei Hansen nichts zu holen«, ergänzte Anna. »Wenn die Tat fingiert gewesen sein sollte, wollte Hansen mit Sicherheit nicht noch mehr Gegenstände als gestohlen melden, um sich nicht neben der Vortäuschung einer Straftat auch noch wegen Versicherungsbetruges strafbar zu machen.«

»Wieso?«

»Na, hör mal«, tadelte Anna. »Wenn Hansen einerseits viele Gegenstände als gestohlen gemeldet, dann aber nicht seine Versicherung eingeschaltet hätte, wäre das doch verdächtig gewesen, oder nicht?«

»Vielleicht«, mutmaßte Bendt, »wenn Hanna Frombach sich damals mit der Waffe umgebracht hätte, wäre vielleicht nachermittelt worden.« Er zuckte mit den Schultern. »Fakt ist, dass wir einige Fragen an diesen Hansen haben.«

»Dann ist er also im Moment euer Hauptverdächtiger«, stellte Anna fest, konnte Bendt aber sofort ansehen, dass es offenbar noch weitere Neuigkeiten gab.

»Vielleicht, vielleicht aber auch nicht«, entgegnete er. »Wir haben Zeugen, die möglicherweise bestätigen können, dass dieser Keller doch an dem Tag, an dem Hanna Frombach zu Tode kam, in dem Haus war.«

Anna horchte auf: »Dann ist Keller also doch eventuell der Täter?«

»Keller, Susan Kiefer oder Carlas Ehemann.« Bendt rollte mit den Augen. »Alle sind nach wie vor im Boot.«

»Wem würdest du einen Mord am ehesten zutrauen?«

»Ganz ehrlich«, sagte Bendt und drehte einen Engel zwischen seinen Fingern hin und her, »ich habe keine Ahnung. Aber wo wir schon so ein weihnachtliches Thema angeschnitten haben: Gibt es denn in deiner Sache etwas Neues?«

»Nichts, das dich sonderlich interessieren könnte«, stellte Anna bedauernd fest. »Im Grunde ist es wie bei euch, je länger wir ermitteln, desto mehr Fragen stellen sich uns. Außerdem sind wohl Hinweise aufgetaucht, dass in diesen ganzen Skandal auch noch Mitarbeiter der Krankenkassen involviert sind und dass durch sie billige Kontrastmittel, die Teubert & Co. verwendet haben, in die Praxis gelangt sind. Wir haben aktuell neben den Telefonüberwachungen für die Anschlüsse von Röhrs und Teubert noch weitere Nummern geschaltet.«

»Na, dann wird's bei dir ja immerhin auch nicht leichter«, bemerkte Bendt. »Glaubt ihr ernsthaft, dass eine Telefonüberwachung noch einen Sinn hat, nachdem bereits durchsucht wurde und Röhrs und Teubert wissen, dass gegen sie ermittelt wird?«

»Hoffen wir«, sagte Anna, kam aber nicht dazu, weiter auszuholen, denn ihre Küchenuhr läutete, um sie daran zu erinnern, den Truthahn zu begießen.

32

Auch wenn kein Weihnachtsbaum im Esszimmer stand, vermochte Carla nicht zu ignorieren, dass Heiligabend war. Sie hatte das Gefühl, im Haus zu ersticken. Immer wenn sie an der Ecke des Esszimmers vorbeiging, in der seit ihrer Kindheit jedes Jahr die geschmückte Tanne gestanden hatte, stiegen ihr Tränen in die Augen. Solange sie denken konnte, hatte sie den Baum morgens gemeinsam mit Hanna geschmückt. Um vor ihren Gefühlen zu fliehen, hatte sie am frühen Nachmittag mit Konrad einen langen Ausritt unternommen. Wenn sie auf einem Pferderücken saß und durch den Wald oder über die schneebedeckten Felder galoppierte, gelang es ihr am ehesten, sich abzulenken. Das Schnauben der Pferde und der Klang der Hufe auf dem vereisten Boden beruhigten sie. Am liebsten wäre sie so lange durch die Natur geritten, bis sie vor Erschöpfung vom Pferd gefallen wäre, aber inzwischen war es draußen dunkel und für die Pferde zu gefährlich geworden.

Für eine Weile hatte sie mit Konrad vor dem Kamin gesessen und in das Feuer gestarrt, während er ihr Mut zugesprochen hatte, ihre Pläne umzusetzen und nach vorn zu schauen. Sie wollte eine Zeitlang allein sein und hatte sich deshalb unter dem Vorwand, noch einmal nach den Pferden zu sehen, aus dem Haus gestohlen. Sie hatte sich im Stall aufgehalten und die Pferde gestreichelt und war dann die Stiege des Heuschobers hinaufgeklettert, wo sie oft mit Hanna gesessen hatte. Jetzt saß sie bei den Katzen und hing ihren Gedanken nach. Konrad hatte recht. Sie musste in allererster Linie die Angst davor abschütteln, selbst psychotisch zu werden. Aber genau das fiel ihr von Tag zu Tag schwerer.

Als ihre Schwester erkrankt war, hatte sie sich stets an den Glauben geklammert, dass die Ursache für Hannas Psychose in dem unzureichend verarbeiteten Kindheitserlebnis lag. Sie mied es, sich damit auseinanderzusetzen, dass aus fachärztlicher Sicht eine entsprechende Kausalität nicht zwingend war. Denn Psychosen wurden anders als Neurosen eher nicht durch traumatische Erlebnisse ausgelöst. Genau wie bei der Schizophrenie wusste man, dass auch Psychosen bei eineiigen Zwillingen mit einem extrem hohen Risiko früher oder später beide Geschwisterteile treffen konnten. Umwelteinflüsse konnten, mussten dabei aber keine wesentliche Rolle spielen.

Die Katzen miauten, als die Tür des Heuschobers aufgeschoben wurde. Carla ahnte sogleich, dass es Hansen war, der zu ihr hinaufstieg. Als sie einander am oberen Treppenabsatz erblickten, lächelten beide, und er kam wortlos hinauf und setzte sich zu ihr.

Carla fragte nicht danach, was er am Heiligabend auf dem Hof zu suchen hatte. Der Stallmeister lebte seit vielen Jahren allein und hatte zu seinen Kindern, die schon vor Jahren nach Süddeutschland gezogen waren, nur wenig Kontakt. Am 24. Dezember hatte er mittags stets mit ihnen im Gutshaus Gans gegessen und Heiligabend dann allein in seiner Wohnung verbracht. Sicher hatte ihm in diesem Jahr das übliche Ritual gefehlt, aber Carla hatte nicht die Kraft besessen, ohne Hanna an diesem Weihnachtsbrauch festzuhalten.

»Ich werde das Gut verkaufen, Johannes«, sagte Carla unvermittelt. »Ich kann nicht hierbleiben. Diese Umgebung macht mich auf Dauer krank.« Sie blickte in das müde und blass wirkende Gesicht ihres väterlichen Freundes. Er erwiderte nichts und vermied es, ihr in die Augen zu sehen. Carla fuhr fort: »Konrad möchte, dass wir in die Stadt ziehen und alles hier verkaufen. Ich fühle mich hier ohne Hanna nicht zu Hause. Wir werden drei oder vier Pferde behalten und irgendwo auf einem schönen Hof unterstellen. Du musst dir keine Sorgen machen. Solange es mich gibt und du arbeiten möchtest, bleibst du mein Stallmeister, auch wenn die Aufgaben kleiner werden.«

Carla bemerkte, wie Hansens Hände zu zittern begannen. Erst jetzt fiel ihr auf, dass er eine Longierleine über der Schulter trug, die er nun auf seinen Schoß zog und um die sich seine Hände krampften. Er wandte sich ihr zu, und in seinen Augen flammten Wut und Verzweiflung auf. Er schien etwas sagen zu wollen, schüttelte dann aber nur den Kopf und fuhr sich mit einer Hand nervös über das Kinn.

»Es tut mir leid, dir das heute an Weihnachten zu sagen«, flüsterte Carla. »Ich weiß, dass das hier auch dein Zuhause ist, aber ...«

»Du wirst andernorts nicht glücklicher werden«, fiel er ihr mit bebender Stimme ins Wort. »Du kannst nicht davonlaufen, du ...« Er verstummte.

Carla strich ihm über den Arm. »Was wolltest du sagen?«

Hansen wandte sich ihr zu, ihm standen Tränen in den Augen, aber er erwiderte nichts.

»Wenn ich hierbleibe, werde ich vielleicht auch verrückt«, sagte Carla. »Ich spüre, dass Konrad denkt, dass ich Hanna immer ähnlicher werde. Ihr alle hier denkt das.«

»Ich werde nicht zulassen, dass dir das passiert, was ihr passiert ist«, sagte er. Sein Gesicht wirkte in dem schwach beleuchteten Stall plötzlich grau und aschfahl. Dann begann er Schlaufe für Schlaufe die Longierleine um seine rechte Hand zu wickeln. »Mein Gott«, flüsterte sie tonlos, »was ist mit dir?«

33

Als Susan den Summer betätigte und gleichzeitig die Wohnungstür öffnete, hatte sie nicht erwartet, dass Konrad vor ihr stehen würde. Ihr Geliebter sah sie so giftig an, dass sie zusammenzuckte. Ohne ein Grußwort schob er sie zurück in den Wohnungsflur und ließ die Tür geräuschvoll hinter sich ins Schloss fallen.

»Bist du eigentlich von allen guten Geistern verlassen?«, fuhr er sie an und öffnete seine Winterjacke, ohne sie dann jedoch auszuziehen. »Musstest du alles kaputt machen?« Er bebte vor Wut.

Susan wich unwillkürlich einen Schritt zurück.

»Es tut mir leid«, stammelte sie. »Deine Frau ist mir in der Praxis direkt in die Arme gelaufen. Ich war nicht vorbereitet.«

»Nicht vorbereitet?« Teubert maß ihren ganzen Körper mit einem abschätzigen Blick. »Du hattest nichts Besseres zu tun, als ihr deine Schwangerschaft auf die Nase zu binden. Du ahnst nicht, wie wütend ich auf dich bin.«

Er hatte sich an den Feiertagen nicht ein einziges Mal bei ihr gemeldet. Es war das schrecklichste Weihnachtsfest gewesen, das sie je erlebt hatte. Anders als geplant, war sie nicht zu ihren Eltern nach Hannover gefahren, sondern hatte sich damit entschuldigt, mit einem fiebrigen Infekt im Bett zu liegen. Der Gedanke, die Feiertage mit ihren Eltern und ihrer glücklichen Schwester zu verbringen, die obendrein einen Mann und zwei Kinder hatte, war für sie nicht zu ertragen gewesen. Sie hatte die meiste Zeit weinend im Bett gelegen und in der Hoffnung, Teubert würde sich wenigstens bei ihr melden und ihr frohe Weihnachten wünschen, ihr Handy angestarrt.

»Ich habe dich Weihnachten so sehr vermisst«, gestand sie und streckte vorsichtig ihre Hand nach seinem Arm aus, aber er entzog sich ihr.

»Du hast Nerven«, gab er bitter zurück. »Da meine Frau nun von uns weiß, kann ich es mir wohl kaum erlauben, mich Weihnachten davonzustehlen.«

»Du hättest wenigstens anrufen und fragen können, wie es mir geht«, sagte Susan leise und sah ihm in die Augen.

»Susan«, schnaubte Teubert, »du weißt, weshalb ich heute hier bin?«

Sie schluckte, ihr Kinn begann zu zittern. Sie wollte weder aussprechen noch denken, was er gleich darauf sagen würde.

»Es ist vorbei«, stellte er kurz und bündig fest.

Ihr Blick wanderte zu dem kleinen Tisch im Flur, auf dem ihr Weihnachtspaket für Teubert lag. Sie hatte einen Babybody und ein leeres Fotoalbum darin verpackt. Außerdem hatte sie ihm einen langen Brief geschrieben.

»Wir bekommen ein Kind«, sagte Susan flehend.

Teubert tat so, als hätte er die Äußerung überhört.

»Ich möchte, dass du dich krankschreiben lässt und vorläufig nicht in der Praxis auftauchst.« Teubert griff in seine Hosentasche und zog seine Geldbörse daraus hervor. Dann klappte er sie auf und zog ein Bündel Geldscheine heraus. »Das ist für die Babyausstattung«, erklärte er nüchtern und warf das Geld achtlos auf den kleinen Tisch. »Du wirst von mir monatlich regelmäßig mehr erhalten, als es gesetzlich vorgeschrieben ist. Das gilt jedenfalls, solange du dich von meiner Frau fernhältst. Außerdem möchte ich, dass in der Praxis niemand erfährt, dass du ein Kind von mir erwartest.«

Susan fühlte sich wie betäubt.

»Es ist, wie es ist«, resümierte er kühl, schlug den Kragen seiner Jacke hoch und ging. Susan blickte ihm im Hausflur nach, aber er schaute nicht ein einziges Mal zurück.

34

»Frohes neues Jahr, Herr Keller. So schnell sieht man sich wieder«, sagte Braun, der diesem Mann nun das zweite Mal im Vernehmungszimmer gegenübersaß.

»Sie können sich wahrscheinlich denken, weshalb ich Sie erneut hierher gebeten habe.« Der Hauptkommissar schlug seine Akte auf. Er blätterte darin herum und ließ sein Gegenüber ein wenig schmoren, während er so tat, als würde er lesen.

»Gibt es etwas, das Sie mir bei unserem letzten Zusammentreffen vielleicht besser hätten gestehen sollen?«, fragte Braun herausfordernd.

»Nein«, antwortete Keller, doch der Ausdruck in seinen Augen verriet deutlich, dass er log und überaus nervös war.

»Sagt Ihnen eventuell der Name Schröder etwas?«, wollte Braun wissen.

»Derer gibt es ja bekanntlich viele«, antwortete Keller. Er klang weit weniger souverän, als er es vermutlich bezweckte.

»Dann will ich Ihnen mal auf die Sprünge helfen«, sagte Braun übertrieben freundlich. »Schröders sind reizende Eheleute, die eine Wohnung in der Königstraße bewohnen. Klingelt da bei Ihnen etwas?«

Keller sagte nichts. Seine Hände, die wie zum Gebet gefaltet auf dem Tisch ruhten, krampften sich allerdings sofort zusammen.

»Schröders bewohnen eine Wohnung«, erläuterte Braun

weiter, »die, wie der Zufall es will, direkt unter jener liegt, von deren Balkon Hanna Frombach gestürzt ist. Herr Schröder war leider zu der Zeit, als dieses schreckliche Unglück passiert ist, nicht zu Hause, wohl aber zwei Stunden zuvor. Und eben zu dieser Zeit soll ein gutaussehender Mann an seine Tür geklopft und ihn gefragt haben, ob er zufällig wisse, wann die Besichtigung im oberen Stockwerk stattfinden werde. Jetzt raten Sie mal, Herr Keller, wem dieser Mann verdächtig ähnlich gesehen haben soll …«

35

Carla konnte nicht anders, sie musste mit dem Hauptkommissar über ihren Verdacht sprechen. Sie hatte über Wochen schlecht geschlafen, obwohl sie jeden Abend Beruhigungsmittel einnahm. Die unbewältigte Trauer um ihre Schwester wurde inzwischen von einem weiteren Gefühl überlagert. Carla war wütend, unbeschreiblich wütend, denn sie war von Tag zu Tag mehr davon überzeugt, dass ihre Schwester umgebracht worden war und nicht Hanna, sondern ihr der Anschlag gegolten hatte. Sie glaubte, dass sogar Hansen darüber Bescheid wusste. Seit sie am Weihnachtsabend mit ihm auf dem Heuschober gesessen hatte, war sie sicher, dass er ihr etwas verheimlichte. Er war ihr an jenem Abend so fremd vorgekommen. Als sie immer wieder nachgebohrt und endlich gehofft hatte, er würde mit der Sprache herausrücken, war ihr Mann aufgetaucht, und Hansen hatte sich wieder vollends verschlossen und war gegangen.

»Ich muss dringend mit Hauptkommissar Braun sprechen«, sagte sie atemlos, als sie die Anmeldung des Präsidiums erreicht hatte.

Der Mann hinter dem Tresen schaute müde von seiner Zeitung auf und sah Carla missmutig an. »Sind Sie mit dem Hauptkommissar verabredet?«

»Nein«, antwortete Carla nervös, »aber ich muss ihn sprechen. Es geht um den Mord an meiner Schwester.«

Der Mann sah Carla misstrauisch an. »Herr Braun hat gesagt, ich könne mich jederzeit an ihn wenden«, fügte Carla hinzu. »Meine Schwester war die Tote vom Weihnachtsmarkt.«

Der Mann griff wortlos nach dem Telefonhörer. »Wie ist Ihr Name?«, fragte er.

»Carla Frombach«, antwortete sie und hoffte inständig, dass der Hauptkommissar tatsächlich im Büro anzutreffen war.

Der Pförtner sprach kurz mit Braun und sagte dann: »Es ist in Ordnung, Sie dürfen hochgehen.«

Carla ließ sich den Weg durch das Gebäude beschreiben und begab sich, nachdem sie die Sicherheitsschleuse passiert hatte, mit klopfendem Herzen zum Fahrstuhl. Als sie oben angekommen, Brauns Büro erreicht hatte, klopfte sie an.

»Herein«, rief der Hauptkommissar und erhob sich von seinem Schreibtischstuhl, als Carla den Kopf durch die Tür steckte. Er bemerkte sofort, wie dürr und abgespannt sie aussah. »Frau Frombach«, sagte er lächelnd und streckte ihr die rechte Hand entgegen. »Was führt sie zu mir?« Er nahm einige Akten von einem der Besucherstühle und bat sie, Platz zu nehmen. »Kann ich Ihnen ein Glas Wasser anbieten?«

»Nein, danke«, erwiderte Carla. Ihre Augen wirkten trübe und matt, und die schwarzen Ringe darunter zeugten deutlich von Schlafmangel. Sie war ungeschminkt, und ihr Zopf hatte sich gelöst, so dass ihr einige Haarsträhnen auf die Schultern fielen.

»Nun, was kann ich für Sie tun?«, fragte Braun.

»Es geht um den Mord an meiner Schwester«, platzte es aus Carla heraus.

»Meine Schwester wurde ermordet. Ich bin mir inzwischen ganz sicher, und ich glaube, sie wird mich auch umbringen.«

»Sie?«, wiederholte Braun gedehnt.

»Ja«, bestätigte Carla mit zitternder Stimme. »Susan Kiefer. Sie ist die Täterin.«

Braun sah Carla eine Weile schweigend an: »Wie kommen Sie darauf?«

»Sie hatte ein Verhältnis mit meinem Mann«, antwortete Carla. »Ich bin ihr in der Praxis meines Mannes begegnet. Mein Mann hat mir gestanden, dass sie ein Kind von ihm erwartet.«

»Frau Frombach«, sagte Braun in sehr ruhigem Tonfall. »Wir wissen von der Affäre ihres Mannes, und ich kann gut verstehen, dass Sie ein Motiv bei Frau Kiefer vermuten ...«

»Ich weiß es«, unterbrach sie ihn, doch Braun ließ sich nicht beirren und fuhr fort: »Unsere Ermittlungen weisen absolut nicht darauf hin, dass diese Frau etwas mit dem Tod Ihrer Schwester zu tun hat.«

»Wieso?«, fauchte Carla. Sie schien wütend darüber zu sein, dass Braun ihren Verdacht zerstreuen wollte.

»Frau Frombach«, erklärte Braun nachsichtig, »wir haben inzwischen mit dem Neurologen gesprochen, der Ihre Schwester in den letzten Jahren betreut hat. Dank der Tatsache, dass Ihre Schwester Ihnen eine umfassende ärztliche Schweigepflichtentbindung erteilt hatte und Sie uns ermächtigt haben, weitere Auskünfte einzuholen, haben wir neue Erkenntnisse gewonnen. Dr. Pfeiffer hat, wie Ihnen sicher bekannt ist, regelmäßig sogenannte Spiegelkontrollen durchgeführt, um den Wirkstoffgehalt der von Ihrer Schwester eingenommenen Psychopharmaka zu überprüfen. Wir haben die Werte mit den Blutwerten abgeglichen, die wir nach ihrem Tod aus der Rechtsmedizin angefordert haben.«

»Ja und?«, fragte Carla und sah Braun misstrauisch an.

»Es spricht im Moment vieles dafür, dass Ihre Schwester am Tag ihres Todes und möglicherweise auch schon zuvor Fehler bei der Einnahme ihrer Medikamente gemacht hat.«

»Das ist völlig unmöglich«, widersprach Carla und schüttelte energisch den Kopf.

»Frau Frombach, ist Ihnen bekannt, ob Ihre Schwester ihre Medikamente eventuell eigenmächtig zu stark herunterdosiert hat? Herr Dr. Pfeiffer hat auch inzwischen noch eine andere Vermutung geäußert. Ihre Schwester hatte den nachvollziehbaren Wunsch, ihre Erkrankung mittelfristig nur noch mit homöopathischen Mitteln zu behandeln. Kann es sein, dass sie unter Missachtung des medizinischen Rats ihres Arztes Johanniskraut eingenommen hat?«

»Nein!«, schrie Carla ihn an. »Und wenn, das wäre doch völlig harmlos.«

»Ganz und gar nicht«, widersprach Braun. »Johanniskraut neutralisiert die Wirkung des Medikaments, das Ihrer Schwester verordnet wurde, und könnte neben der Fehldosierung ihres Medikaments dazu geführt haben, dass Ihre Schwester am besagten Nachmittag einen psychotischen Schub erlitten hat.«

»Das glaube ich Ihnen nicht«, zischte Carla. »Meine Schwester hat sich nicht umgebracht. Das würde Ihnen wohl gut in den Kram passen, was?«

Braun war etwas irritiert, welchen Sinneswandel Carla Frombach durchgemacht zu haben schien. »Sie selbst waren doch zu Beginn unserer Ermittlungen davon überzeugt, dass Ihre Schwester sich das Leben genommen haben könnte«, sagte er mit sanfter Stimme. »Wir sind mit unseren Ermittlungen noch nicht am Ende, aber im Moment sieht es für uns nicht so aus, als ob es am besagten Nachmittag eine Verwechslung zwischen Ihnen und Ihrer Schwester gegeben hat. Bitte verrennen Sie sich nicht in eine fixe Idee. Vertrauen Sie uns.«

Carla starrte den Hauptkommissar an. Tränen liefen über ihre Wangen.

»Wie soll ich das, wenn Sie auf der falschen Fährte sind«, sagte sie trotzig. »Diese Frau wollte mich beseitigen, um sich meinen Mann zu schnappen.«

»Was sagt Ihr Mann zu Ihrer Theorie?«, fragte der Hauptkommissar freundlich.

»Er hält es für eine fixe Idee«, gestand Carla verzweifelt. »Aber ich sage Ihnen, dass es wahr ist. Ich kann es fühlen. Seit ich von dieser Affäre weiß und dieser kranken Person gegenübergestanden habe, weiß ich es einfach.«

»Weiß Ihr Mann, dass Sie heute zu mir gekommen sind?«

»Er hat gesagt, dass er nicht verhindern könne, dass ich Sie aufsuche, wenn ich unbedingt wolle. Er hielt es aber für keine gute Idee.« Sie biss sich auf die Unterlippe. Sie war plötzlich so blass, dass Braun Sorge hatte, sie könne jeden Moment kollabieren.

»Darf ich vielleicht Ihren Mann anrufen?«, erkundigte er sich besorgt. »Ich habe den Eindruck, Sie sollten besser in Begleitung nach Hause fahren.«

»Ich brauche niemanden, der mich abholt«, zischte sie wütend. »Außerdem ist mein Mann heute im Altersheim und besucht seinen Vater, der schwer an Parkinson erkrankt ist.«

»Frau Frombach«, entgegnete Braun. »Sie stehen unter erheblichem psychischem Druck. Vielleicht sollten Sie sich auch zu Dr. Pfeiffer begeben und Hilfe suchen, um die Ereignisse der letzten Wochen zu verarbeiten.«

»Ich bin nicht krank«, fuhr Carla ihn an. »Sie machen es sich zu einfach und glauben wohl, meine Schwester und ich seien beide verrückt, was?«

»Das denke ich ganz und gar nicht, Frau Frombach«, widersprach Braun. »Ich bin der Meinung, dass jeder von uns in einer vergleichbaren Situation, wie Sie sie gerade erleben, Hilfe nötig hätte.«

Carla sprang auf. Sie bebte vor Wut. »Ich brauche keine Hilfe. Mein Mann hatte recht. Es war ein Fehler, hierherzukommen. Sie wollen mir doch gar nicht helfen. Sie machen es sich einfach und klappen Ihre Akte zu.« Noch bevor Braun etwas entgegnen konnte, rannte sie auf den Flur hinaus und schlug die Tür hinter sich zu.

36

»Was war das denn?«, fragte Bendt, der an seinem Schreibtisch saß und durch die offene Bürotür zu seinem Chef hinüberblickte. »Das war Frau Frombach«, sagte Braun konsterniert und ging in Bendts Büro hinein, wo er sich erschöpft auf einen Stuhl fallen ließ.

»Was wollte sie?«, fragte Bendt. »Und weshalb rauscht die hier wie eine Furie über den Flur?«

»Frau Frombach hat mir gerade mitgeteilt, dass Susan Kiefer ihre Schwester umgebracht hat«, erklärte der Hauptkommissar gequält. »Offenbar hat Herr Teubert seine Affäre doch nicht so lange geheimhalten können, wie ihm lieb war. Sie ist total fertig.«

»Wundert einen das?«, fragte Bendt. »Ich schätze, wenn ich das zu verdauen hätte, was sie im Moment verarbeiten muss, ginge es mir auch nicht besonders.«

»Natürlich nicht«, räumte Braun ein. »Aber sie wirkte heute regelrecht verändert, fast so, als sei sie ihre eigene Schwester, die sich im Wahn fixen Ideen hingibt.«

»Du hast ihr nicht gesagt, dass wir Keller inzwischen ein weiteres Mal vernommen haben, oder?«

»Bist du verrückt?« Braun tippte sich mit dem Zeigefinger gegen die Schläfe. »In der Verfassung, in der die Frau sich befindet, kommt sie noch auf dumme Ideen und bringt ihn um.«

»Du hast, was Keller betrifft, mal wieder den richtigen Riecher gehabt«, lobte Bendt anerkennend.

Braun nickte. »Ich wusste, dass der Kerl uns etwas verheimlicht. So einem Urgestein wie mir kann man eben nichts vormachen.«

»Du hast dem Kerl aber auch gewaltig eingeheizt.«

»Auch wenn wir jetzt Kellers Rolle in der Sache kennen«, sagte Braun, »zermartere ich mir nun schon seit Tagen das Hirn, wie wir weiter vorgehen sollen.« Er wusste, dass er die Todesermittlungssache vermutlich in Kürze ohne Ergebnis abschließen und die Staatsanwaltschaft das Verfahren dann mangels Beweisen einstellen müsste. Das Ergebnis gefiel ihm ganz und gar nicht. Sein Instinkt sagte ihm, dass er etwas übersehen hatte und mehr an der Sache dran war, als er im Moment durchschaute. Keller hatte eingeräumt, dass er am Tag von Hanna Frombachs Tod in die Königstraße gefahren war, um dort, wie er glaubte, Carla treffen und zu einer finanziellen Vereinbarung überreden zu können. Er war in der Vernehmung schließlich eingebrochen und hatte dann detailliert geschildert, dass er an dem Tag schon am frühen Nachmittag Nachbarn wegen der Besichtigung befragt hatte. Weil ihm niemand etwas Verbindliches habe sagen können, habe er in der Stadt einige Erledigungen gemacht und sei dann gegen halb drei auf gut Glück zum Haus zurückgekehrt. Wenn man seiner Schilderung glauben durfte, hatte Hanna Frombach ihm geöffnet und sofort überaus verängstigt reagiert. Sie war zurückgewichen und hatte ihn angefleht zu gehen, was er angeblich auch getan habe.

»Glaubst du, Keller hat uns angelogen?«, fragte Bendt.

Braun zuckte mit den Schultern. Er hielt es jedenfalls nicht für abwegig, dass Keller der Polizei später nur deshalb nicht hatte sagen wollen, dass er in der Königstraße gewesen war, weil er fürchtete, in Verdacht zu geraten.

»Was mich im Moment mehr als Keller beunruhigt, ist Carla Frombachs Verfassung. Hoffentlich dreht sie nicht komplett durch.«

»Meinst du, sie bringt sich auch noch um?«, fragte Bendt.

»Oder jemand anderen«, seufzte Braun nachdenklich. »Immerhin hat sie auf ihren Mann geschossen. Im Moment sollten wir zunächst einmal in dem Verfahren gegen Carla Frombach weiterermitteln, wo es ja immer noch Vernehmungsbedarf wegen der Herkunft der Waffe gibt.« Er schob seinen Stuhl zurück und stand auf.

»Außerdem kommt mir da gerade eine Idee in den Sinn. Ich muss unbedingt noch einmal mit Fischer sprechen.«

Carla Frombach stand an der Wand vor Bendts Büro und lauschte angespannt der Unterhaltung. Sie hatte Braun erneut sprechen wollen, um ihn von ihrer Theorie zu überzeugen. Aber offenbar war das zwecklos, weil er sie ohnehin für verrückt hielt. Er schien nicht begreifen zu wollen, was für sie so offensichtlich schien. Das, was der Hauptkommissar ihr gesagt hatte, dröhnte dumpf in ihrem Kopf. »Wir gehen im Moment nicht davon aus, dass es eine Verwechslung zwischen Ihnen und Ihrer Schwester gegeben hat.« Konnte das, da sie nun wusste, dass Keller offenbar am Tatort gewesen war, nicht nur bedeuten, dass Keller Hanna ermordet hatte? Aber warum war Keller dann auf freiem Fuß, und warum kamen die Beamten in der Sache nicht weiter?

Die Kommissare hatten den Fall längst aufgegeben. Carla war schwindelig, sie hatte Schwierigkeiten, einen klaren Gedanken zu fassen. Aber ihr blieb jetzt auch keine Zeit dazu, denn Braun sagte: »Du sorgst dafür, dass wir wegen der Waffe weiterkommen.«

Carla vernahm Schritte im Büro des jungen Kommissars und schlich auf leisen Sohlen zurück zum Fahrstuhl. Sie hatte Glück, dass Braun sie nicht auf dem Flur entdeckte, denn Bendt hielt ihn mit einer Frage auf.

37

»Hier stecken Sie also.« Die Kommissare traten in den Heuschober des Guts der Frombachs ein, in dem der Stallmeister gerade dabei war, einen Strohballen vom Stapel zu hieven. Er unterbrach seine Arbeit und ging auf die Kommissare zu. »Guten Tag«, grüßte Hansen. »Ich hätte nicht gedacht, dass ich Sie so schnell wiedersehe.«

»Man wird uns nicht so schnell los«, sagte Braun. »Wir haben noch ein paar Fragen an Sie. Wird nicht lange dauern.«

»Na dann, fragen Sie.« Hansen klang wenig begeistert. »Ich habe nicht viel Zeit.«

»Sie haben uns neulich gar nicht erzählt, dass Sie einen Waffenschein besitzen«, begann der Hauptkommissar ohne Umschweife.

»Ich habe Ihnen auch nicht erzählt, dass ich geschieden bin und meine Exfrau Blumenhändlerin war«, gab der Stallmeister schlagfertig zurück.

Braun schenkte seinem Gegenüber ein süffisantes Lächeln. »Das hätte mich vermutlich interessiert, wenn Carla Frombach ihren Mann mit einem Blumentopf erschlagen hätte«, sagte er ironisch. »Wie wir indes wissen, hat sie ihn niedergeschossen, und nach allem, was wir herausfinden konnten, scheint die Pistole, mit der sie das getan hat, einmal Ihnen gehört zu haben. Hatten Sie nicht mal eine Webley & Scott vom Kaliber 7,65 mm.«

Hansen wirkte für einen Moment sprachlos.

»Lassen Sie mich raten«, sagte der Stallmeister dann. »Die Pistole, mit der Carla geschossen hat, ist tatsächlich die, vor Jahren aus meiner Wohnung gestohlen wurde?«

»Der Kandidat hat 99 Punkte«, entgegnete Braun trocken und versuchte zu erraten, ob der Stallmeister tatsächlich so schockiert über diese Nachricht war, wie er aussah. »Überrascht Sie das wirklich?«

»Ich habe damals geahnt, dass Hanna mich bestohlen hat«, erwiderte Hansen. »Einige Wochen bevor bei mir eingebrochen wurde, hat sie mich gefragt, wie man an einen Waffenschein herankommt. Sie besaß allen Ernstes die Vorstellung, sie könne eine Pistole erwerben. Ich habe ihr damals sofort gesagt, dass sie sich diese Idee aus dem Kopf schlagen könne.«

»Wie war denn das mit dem sogenannten Einbruch damals?«, wollte Bendt wissen.

»Der Täter sollte über die offene Terrassentür in die Wohnung gelangt sein und dort den Schlüssel für den Waffenschrank gefunden haben. Ich habe damals vermutet, dass Hanna sich heimlich meinen Haustürschlüssel geborgt hat. Dann hat sie offenbar den Schlüssel für den Waffenschrank gesucht und gefunden und am Ende die Terrassentür aufgemacht, damit es heißt, ich hätte versäumt, sie zu verschließen.«

»Das haben Sie aber nicht, wenn ich das richtig verstehe?«, fragte Braun.

Hansen schüttelte den Kopf. »Da wir jetzt wissen, wo die Pistole aufgetaucht ist, offenbar nicht.«

»Hat Hanna Frombach gewusst, wo Sie den Schlüssel für den Schrank verwahrt haben, in dem sich die Pistole befand?«, fragte Bendt.

»Nein, nicht direkt. Sie hatte irgendwann mal mein Schlüsselbund in der Hand und dann gefragt, ob von den vielen Schlüsseln der für meinen Waffenschrank dabei sei. Das war allerdings schon sehr lange vor dem Diebstahl. Ich habe ihr damals erzählt, dass man den nicht einfach so mit sich herumtragen darf, sondern verstecken muss. Wahrscheinlich hat sie dann einige Zeit danach gesucht – vermutlich während ich hier gearbeitet habe.«

»Haben Sie Ihren Verdacht gegen Hanna damals gegenüber der Polizei geäußert?«, forschte Braun weiter.

»Nein«, erwiderte Hansen. »Wie hätte ich denn dagestanden, wenn aufgrund meiner Aussage hier womöglich eine Durchsuchung stattgefunden hätte? Sie wissen doch, die Schwestern sind meine Familie.«

»Das vielleicht«, gab Braun zu bedenken. »Mit einer Pistole in der Hand von Hanna Frombach bestand allerdings damals die Gefahr, dass sich Ihre Familie relativ rasch um ein Familienmitglied verkleinern könnte, denn Hanna Frombach war akut suizidgefährdet, wie Sie genau wussten.«

Der Stallmeister sah zu Boden. »Das war schwierig damals.« Er klang gekränkt.

»Wenn Sie schon nicht die Polizei eingeweiht haben«, fragte Braun nach, »haben Sie Hanna Frombach denn wenigstens damals mit Ihrem Verdacht konfrontiert?«

»Ja, natürlich«, antwortete Hansen und wirkte ehrlich dabei. »Ich habe tausendmal nachgefragt und gesagt, dass sie keine Dummheiten machen soll. Mehrfach habe ich ihr ins Gewissen geredet. Es war furchtbar. Sie hat geweint und mir vorgeworfen, dass ich sie zu Unrecht verdächtige. Ich habe ihr schließlich geglaubt, weil ich ihr glauben wollte.«

»Wäre es nicht naheliegend gewesen, jedenfalls zur Vorsicht Carla Frombach einzuweihen und ihr von Ihrem Verdacht zu berichten, damit sie nach der Pistole sucht?«, fragte Braun.

»Ich habe damals darüber nachgedacht, mit Carla zu sprechen«, antwortete der Stallmeister. »Ich habe mich schließlich dagegen entschieden, weil Carla ohnehin immer in so großer Sorge um Hanna war. Ich habe befürchtet, dass ich mich vielleicht doch irre und Carla dann ständig mit dem Gefühl leben müsse, Hanna hätte irgendwo eine Waffe versteckt. Das hätte Carla nicht ausgehalten.«

»Mmm«, brummte Braun. So richtig wollte ihn diese Erklärung nicht zufriedenstellen. Doch er wollte es zunächst dabei belassen. Denn er hatte noch einige weitere Fragen zu klären.

38

Carla war sehr nervös, als sie vor dem Haus in der Königstraße parkte. Als sie dann oben die Wohnungstür nur angelehnt vorfand, lief ihr ein kalter Schauer den Rücken hinunter. Sie öffnete die Tür einen Spalt breit und lugte hinein.

»Hallo«, flüsterte sie zaghaft, »wer ist da?«

Niemand antwortete. Der Flur war dunkel, aber an dessen Ende fiel Licht durch die offenstehende Tür zum Wohnzimmer. Carlas Herz klopfte ihr bis zum Hals. Sie war sicher, dass Keller ihrer Einladung gefolgt war. Es ging nicht anders: Sie musste sich Gewissheit verschaffen und ihm Auge in Auge gegenübertreten. Aber wie war er schon vor ihr hier reingekommen?

Sie trat ein und ging ganz langsam auf die links gelegene Tür zum Wohnzimmer zu. Die Absätze ihrer Stiefel hallten dumpf auf dem Laminatfußboden wider. Die Wohnung war völlig ausgekühlt. Zitternd vor Angst und Kälte betrat sie den leeren und nur schwach beleuchteten Wohnraum. Draußen war es finster, die Balkontür stand sperrangelweit offen. Der Wind pfiff hinein und wirbelte ein paar Wollmäuse auf, die durch den Raum schwebten.

Plötzlich hörte sie sakral klingende Musik und spürte Kellers heißen Atem in ihrem Nacken. Er war wie aus dem Nichts plötzlich hinter ihr aufgetaucht, und sie schrie auf, als sie sich umwandte und er direkt vor ihr stand. Er trug eine Reituniform und baute sich breitbeinig vor ihr auf. Sie fühlte sich nicht imstande, sich auch nur einen Millimeter vom Fleck zu bewegen. Er hob die Gerte, die er in seiner Rechten hielt, blickte sie aus kaltherzigen Augen an und peitschte sich auf seine von einem schwarzen Lederhandschuh geschützte Handinnenfläche.

»Da bist du ja, Hanna«, sagte er. »Ich habe auf dich gewartet.« Carlas Kehle fühlte sich plötzlich ganz trocken an.

»Ich bin nicht Hanna«, flüsterte sie angsterfüllt.

»Natürlich bist du das«, sagte er ganz ruhig und leise. Sein Mund verzog sich zu einem bizarren Grinsen.

»Wie ähnlich ihr einander seht«, zischte er und begann zu kichern. »Ich habe euch verwechselt.«

Er deutete hinaus auf den Balkon, auf dem jetzt eine Frau in einem weißen flatternden Gewand aus Taft auftauchte und sie zu sich heranwinkte. Das Gesicht der Gestalt war verhüllt, und dennoch war Carla sicher, dass es Hanna war.

»Hanna«, rief sie und lief auf sie zu, »Hanna.«

Sie trat hinaus und erstarrte, als sie hinter dem durchsichtigen Stoff das Gesicht von Susan Kiefer erkannte. Sie schrie auf und wollte fliehen, aber es war zu spät. Kellers mächtige Pranken klammerten sich bereits fest um ihre beiden Schultern.

»Spring«, forderte er sie schroff auf und stieß sie brutal gegen das Geländer.

Carla begann zu schreien. »Lass mich!«, brüllte sie immer wieder. »Lass mich!«

»Carla, komm zu dir, verdammt«, schrie Teubert und schüttelte seine Frau, die in ihrem Nachthemd vor der offenen Terrassentür des Wintergartens stand und um Hilfe schrie.

Es war drei Uhr morgens. Carla saß in ihren dicken Morgenmantel gehüllt am Küchentisch und drehte die Tasse Tee zwischen ihren Händen hin und her. Sie konnte noch immer nicht fassen, dass das, was sie erlebt hatte, nur ein Traum gewesen sein sollte. Immer wieder starrte sie auf den Eimer, in dem ihr Mann den geschmolzenen Schnee vor der Tür der Veranda aufgewischt hatte. Teubert saß ihr gegenüber und fuhr sich mit der Hand über die Augen. Auch er hatte sich inzwischen einen Bademantel übergezogen und Tee gekocht, nachdem ihr Anfall vorüber gewesen war.

»Es tut mir so leid«, sagte Carla immer wieder. Sie blickte schuldbewusst auf die aufgekratzten Arme ihres Mannes, gegen dessen Hilfeversuche sie sich in dem Glauben, er sei Keller, so unerbittlich gewehrt hatte.

»Du hast dich oft genug bei mir entschuldigt«, entgegnete Teubert müde. Auch er hatte offenbar eine Weile gebraucht, um den nächtlichen Schock zu verarbeiten. Carla war nur froh, dass sie diesmal keine Waffe in der Hand gehabt hatte. Teubert heftete seinen Blick auf das Schälchen, in dem ein Schlafmittel lag, und forderte seine Frau abermals auf, noch eine Tablette einzunehmen.

»Nimm das bitte, Carla«, sagte er in einem Tonfall, als sei sie ein kleines Kind. »Ich möchte, dass du dich ganz und gar beruhigst und entspannst. Du musst endlich einmal wieder richtig zur Ruhe kommen. So geht es wahrlich nicht weiter. Ich kann nicht mehr.«

Carla griff nach der ovalen Kapsel und spülte sie mit ihrem Tee hinunter. Sie verzog das Gesicht, als müsse sie würgen.

»So ist es gut«, lobte Teubert. »Es dauert nicht lange, und du wirst hervorragend schlafen.«

»Wie soll ich schlafen, Konrad?«, fragte Carla und stand auf. Es gelang ihr nicht, stillzusitzen. »Ich traue mir selbst nicht mehr über den Weg. Ich habe Angst, dir irgendwann wieder etwas anzutun.« Carla blieb an der Spüle vor dem Küchenfenster stehen und lehnte sich auf die Arbeitsplatte, während sie nach draußen blickte. Sie spürte, dass die Augen ihres Mannes auf ihr ruhten. Er sprach nicht aus, dass er Angst vor ihr hatte, aber sie konnte sich gut vorstellen, dass es so war.

»Du musst dich behandeln lassen«, stellte er lediglich fest. »Du musst zu Pfeiffer.«

»Ja«, räumte Carla ein, »das muss ich vielleicht. Aber ich muss vor allem herausfinden, weshalb Hanna sterben musste.« Sie löste sich wieder von ihrem Platz und schritt ziellos durch die Küche. Gebetsmühlenartig wiederholte sie dabei wieder und wieder, was sie vom Gespräch der Kommissare aufgeschnappt hatte. »Ich habe es genau gehört, Konrad«, beharrte sie. »Die haben gesagt, dass Keller an Hannas Todestag in der Königstraße war.«

Teubert seufzte. »Carla, bitte setz dich«, forderte er sie auf und sprach erst weiter, als sie an den Tisch zurückgekehrt war. Dann blickte er sie so lange an, bis sie aufhörte, auf ihrem Stuhl herumzuwippen. »Du weißt doch gar nicht, ob du das alles richtig verstanden hast. Ich kann mir nicht vorstellen, dass Keller Hanna etwas antun wollte.«

»Doch«, widersprach Carla und ballte ihre Hände zu Fäusten. »Vielleicht steckt er mit Susan Kiefer unter einer Decke. Auch wenn ich vorhin nur geträumt habe, hat dieser Traum mir vielleicht genau das sagen sollen.«

Bei dem Gedanken, Keller und die ehemalige Geliebte ihres Mannes könnten unter einer Decke stecken, wurde

Carla ganz schlecht. Sie lehnte sich vor und begann zu flüstern, als fürchte sie, man könne sie womöglich hören. »Wer weiß, vielleicht hat sie ihm Geld versprochen, wenn er mich umbringt.« Diese Möglichkeit schien ihr plötzlich derart naheliegend, dass sie verblüfft war, dass ihr der Gedanke nicht schon viel eher in den Sinn gekommen war.

Teubert verdrehte die Augen.

»Carla, du redest wirres Zeug.« Er schien Mühe zu haben, nicht aus der Haut zu fahren. »Keller kennt doch Susan gar nicht. Und du hast doch selbst gesagt, dass der Hauptkommissar nicht von einer Verwechslung ausgeht.«

»Aber das hat er doch nur mir gesagt!«, rief sie störrisch. »Verstehst du denn nicht, er hat mich angelogen.«

Teubert streckte seine Arme über den Tisch und ergriff Carlas Hände. »Hör zu«, bat er, »du steigerst dich da in etwas hinein. Niemand will dich umbringen, und auch Susan Kiefer hat nichts mit dem Tod deiner Schwester zu tun oder trachtet dir gar nach dem Leben.«

Carla war wütend. »Du verteidigst sie«, presste sie hervor, und dann kam ihr noch ein anderer Gedanke: »Warum bist du eigentlich heute Abend so spät nach Hause gekommen?«

Teubert stöhnte auf, entzog ihr seine Hände und lehnte sich auf seinem Stuhl zurück. »Jetzt geht das wieder los. Ich schwöre dir, dass es vorbei ist.«

Carla hatte im Moment nicht die Zeit, um darüber nachzudenken, was ein Schwur von ihm wert war. Sie war früher nie eifersüchtig gewesen, weil sie gemeint hatte, keinen Anlass dazu zu haben. Seit sie von seiner Affäre wusste, fielen ihr immer wieder Ereignisse aus den vergangenen Jahren ein, die sie vorher nicht ernst genommen hatte. Vor allem sah sie jetzt das Gerücht, das vor einigen Jahren im Stall die Runde gemacht hatte und eine mögliche Affäre ihres Mannes mit einer jungen Pferdewirtin betraf, in einem anderen Licht. Aber jetzt war nicht die Zeit, um sich darüber den Kopf zu zerbrechen. Sie war sicher, dass es ein Mordkomplott gegeben hatte, dem statt ihrer irrtümlich ihre Schwester zum Opfer gefallen war.

»Du bist einfach völlig fertig«, meinte Teubert. »Erinnere dich, auch der Hauptkommissar hat dir geraten, dir professionelle Hilfe zu suchen.«

»Die Kommissare haben darüber gesprochen, dass ich mich auch umbringen könnte oder jemand anderen«, sagte Carla wütend. »Stattdessen müssten sie lieber der Frage nachgehen, wer mir auf den Fersen ist. Die wollen einfach nicht begreifen, in welcher Gefahr ich schwebe. Ich muss wissen, was an jenem Tag in der Wohnung passiert ist. Wenn ich Gewissheit habe, kann ich vielleicht mit allem abschließen.«

Teubert machte ein Gesicht, als berühre ihn Carlas Angst überhaupt nicht.

»Welchen Grund könnte Keller gehabt haben, an Hannas Todestag in der Königstraße aufzutauchen?«, fragte Carla.

Teubert überlegte einen Moment, bevor er antwortete: »Hör zu, ich sage dir das jetzt nur, damit du aufhörst, dir irgendwelche abstrusen Geschichten auszudenken. Keller hatte vor, sich mit uns zu treffen, weil er eine Insolvenzabsprache treffen wollte.«

»Bitte was?«, rief Carla aus. Es verschlug ihr fast die Sprache. Teubert erzählte ihr von seinem Telefonat mit Keller. »Ich habe dir damals gar nicht davon erzählt, damit du dich nicht aufregst. Der einzige Grund, den ich mir vorstellen kann, weshalb Keller damals zu der Wohnung gefahren sein könnte, ist, um dich zu einem anteiligen Forderungsverzicht zu überreden. Wer weiß, vielleicht ist er auf Hanna gestoßen, und sie ist deshalb in den Tod gesprungen.«

»Warum hast du mir das nicht schon viel früher erzählt?«, fuhr sie ihn an.

Teubert zuckte mit den Schultern. »Mir schien das Gespräch mit Keller nicht wichtig.«

»Nicht wichtig?«, schrie Carla. »Wahrscheinlich hat er sie über das Geländer gestoßen, und du findest das nicht wichtig?«

Teuberts Miene sah so gequält aus, dass Carla jede Hoffnung verlor, er würde sie je verstehen. »Ich konnte doch gar nicht wissen, dass Keller am Tag der Besichtigung dorthin gefahren ist«, sagte er leise.

»Ich will mich mit Keller treffen«, entschied Carla. »Ich muss mich dieser Situation stellen. Vielleicht spüre ich dann, was Hanna passiert ist.«

Teubert stöhnte auf. »Und am besten soll dieses Treffen noch in der Königstraße stattfinden«, schnaubte er ironisch.

»Ja«, bestätigte Carla, »genau das möchte ich. Bitte hilf mir dabei, auch wenn es verrückt klingt.«

»Carla, wenn Keller der Mörder deiner Schwester wäre, würde er jetzt bestimmt nicht ein weiteres Mal in dieser Wohnung auftauchen.«

»Mir ist egal, warum er auftaucht«, sagte Carla, »ich muss ihn sehen, und zwar dort.«

Über Teuberts Gesicht glitt jetzt derselbe Gesichtsausdruck, den sie so oft wahrgenommen hatte, wenn Hanna fantasiert hatte.

»Pass auf, Carla«, sagte er. »Ich kann nicht verantworten, dass du irgendetwas im Alleingang unternimmst. Ich werde mit Keller reden und ihn bitten, sich morgen Nachmittag mit uns zu treffen. Ich werde mir schon irgendetwas ausdenken, damit er auch kommt. Ich will nur, dass du mir versprichst, keine Dummheiten zu machen und nichts im Alleingang zu tun. Außerdem musst du einwilligen, hinterher zu Pfeiffer zu gehen.«

39

Carla hatte sich an diesem Morgen nicht bei den Pferden blicken lassen. Sie schämte sich furchtbar für die Geschehnisse der vergangenen Nacht und hatte sich noch immer nicht davon erholt. Als Konrad angerufen und das Treffen mit Keller bestätigt hatte, war ihr ein Stein vom Herzen gefallen. Carla hatte versucht, sich auszuruhen, und lief mittags noch im Bademantel herum, als Hansen zum Gutshaus herüberkam und klingelte.

»Bist du krank«, fragte er und blickte an ihrem für diese Zeit ungewöhnlichen Aufzug hinunter, bevor er sich Smilla widmete, die ihn schwanzwedelnd begrüßte.

»Nein«, antwortete sie schwach. »Ich hatte nur eine ganz fürchterlich schlechte Nacht und habe mich ausgeruht.«

Hansen blieb auf der Schwelle stehen. Sie konnte ihm anmerken, dass er gern hineingebeten worden wäre, aber sie tat es nicht.

»Konntest du wieder nicht schlafen?«, erkundigte er sich.

»Ich … ich habe fürchterlich geträumt und …« Carla wurde gegen ihren Willen rot. »Ich bin im Moment nicht ich selbst«, brachte sie dann hervor und ärgerte sich gleichzeitig über diese Äußerung. Sie wusste, dass Hansen sie beobachtete, so wie er es früher bei Hanna getan hatte. Carla fühlte sich auf dem Hof von Tag zu Tag weniger sicher. Immer wieder fand sie Dinge an einem anderen Platz als dort, wo sie meinte sie kurz zuvor abgelegt zu haben. An einem Tag hatte sie den ganzen Stall zusammengeschrien, weil die Satteldecke ihres Pferdes ausgetauscht worden war. Sie wusste, was Hansen und die anderen gedacht hatten: Sie meinten, Carla wäre es selbst gewesen.

»Hast du vergessen, dass wir heute Morgen ausreiten wollten?«, fragte Hansen.

Carla schlug sich mit der Hand vor die Stirn. »Entschuldige, daran habe ich überhaupt nicht mehr gedacht.«

»Kein Problem«, erwiderte er. »Wir können das heute Nachmittag nachholen.«

»Nein, ich … muss in die Stadt«, stammelte sie.

»Ich kann dich fahren, wenn es dir nicht gutgeht«, bot Hansen an.

»Nein«, sagte sie etwas zu forsch. »Ich treffe mich mit … jemandem.«

Sie konnte nicht ahnen, dass er am Nachmittag genau wie sie die Fahrt nach Lübeck antreten würde – er hatte zuvor ein Jagdgewehr im Kofferraum verstaut.

40

Carla drehte den Schlüssel im Türschloss herum und trat in den dunklen Flur. Es war noch viel zu früh, aber sie hatte nicht unten auf Konrad warten wollen, sondern war allein hinaufgegangen. Den Schlüssel ließ sie außen stecken. Als sie das Licht einschaltete und eintrat, fröstelte sie bei der Erinnerung an die vergangene Nacht. Schnell lief sie über den Flur und ging sogleich in das Wohnzimmer hinein, um die Glühbirne anzuknipsen. Auf alberne Weise war sie erleichtert darüber, dass die Balkontür anders als in ihrem nächtlichen Alptraum verschlossen war. Auch Musik war nicht zu hören. Nur das Surren der Glühlampe durchbrach die Stille. Sie ließ ihren Blick über die nackten Wände streifen und atmete tief durch. Ihr war leicht schwindelig, wie oft in letzter Zeit. Wieder ging ihr die Frage durch den Sinn, in welcher Verfassung Hanna sich befunden haben mochte, als sie an jenem Samstag an diesem verlassenen Ort gewesen war.

Die Konturen, die die einst hier aufgehängten Bilder an der kahlen Wand hinterlassen hatten, wirkten auf sie eher trostlos und traurig als unheimlich. Es war kalt, und es lag ein modrig-feuchter Geruch in der Luft, da die Renovierungsarbeiten nun schon längere Zeit ruhten. Carla war nervös. Natürlich erwartete sie nicht, dass Keller ihr gegenüber offen aussprechen würde, was sich hier oben an jenem Samstag abgespielt hatte, und dennoch wünschte sie sich, in seinen Augen irgendeine Gefühlsregung ablesen zu können, die ihr eine Antwort auf die Frage nach seiner Schuld liefern könnte.

Carla öffnete die Balkontür und trat hinaus. Der Wind blies ihr entgegen, und nachdem die Temperaturen zwischenzeitlich fast frühlingshaft gewesen waren, fiel jetzt noch einmal Schnee. Die beleuchtete Straße, auf die sie hinunterschaute, wurde genau wie der Gehweg von Schnee bedeckt, die immer dichter wurde. Nur wenige Autos und Fußgänger waren unterwegs und hinterließen ihre Spuren. Carla lehnte sich über die Brüstung, ließ sich den Wind ins Gesicht wehen und schloss einen Moment die Augen. Ihr war, als spüre sie ihre Schwester neben sich. »Wolltest du sterben, Hanna?«, fragte sie laut.

Seit auch ihr Leben von Angst dominiert wurde, konnte sie verstehen, welche Verlockung darin lag, das eigene Leben zu beenden und für immer Ruhe zu finden. Ihr war vor Aufregung ein wenig übel, und sie fuhr sich mit der Hand über die Stirn, die sich im Vergleich zu ihren Händen ganz heiß anfühlte. Sie drehte sich um, als sie meinte, weniger hören als spüren zu können, dass jemand in die Wohnung getreten war und zu ihr hinausschaute.

Carla fuhr herum und fasste sich an die Brust. »Hast du mich erschreckt«, sagte sie atemlos, als sie ihren Mann erkannte. Als sie hastig zu ihm hineingehen wollte, übersah sie die Türschwelle und wäre um ein Haar gestürzt, hätte er sie nicht aufgefangen. »Ich hab schon befürchtet, es sei Keller«, sagte sie.

Teubert lächelte, doch er wirkte sehr angespannt.

41

»Das ist ja wirklich merkwürdig«, sagte Bendt und hämmerte gleichzeitig genervt auf das Armaturenbrett. Anna, die in ihrem Büro saß und ihn auf seinem Mobiltelefon im Auto erreicht hatte, sah ihn förmlich vor sich. Sie verkniff das Gesicht, als sie die von Bendt betätigte Hupe durch den Lautsprecher des Telefons deutlich hören konnte.

»Ich muss hier an der Ampel halten«, fluchte Bendt.

Anna schüttelte den Kopf, als das Motorengeräusch seines Wagens deutlich anzeigte, dass er losbrauste.

»Ich bin in höchstens zwei Minuten in der Königstraße«, sagte er.

»Das hört man«, entgegnete Anna spöttisch.

Vor einer halben Stunde war sie aus der Sitzung gekommen und hatte die Protokolle der Telefonüberwachung auf ihrem Schreibtisch vorgefunden. Sie hatte sie nur kurz überflogen und war dabei über einen Anruf gestolpert, der zwar für ihr Verfahren ohne Belang war, von dem sie aber glaubte, dass er Braun und Bendt interessieren würde. Teubert hatte von seinem Mobiltelefon aus seine Frau angerufen und ihr ein Treffen mit Keller um 17:00 Uhr in der Königstraße bestätigt.

»Hat Braun eine Ahnung, warum die sich treffen wollen?«, fragte Bendt, dem Anna gesagt hatte, dass sie soeben bereits mit Braun telefoniert hatte.

»Braun war auch erstaunt über dieses Treffen«, meinte Anna und berichtete weiter aus dem Protokoll. »Carla Frombach hat etwas sehr Merkwürdiges von sich gegeben.« Anna schlug die Niederschrift des Telefonats auf. »›Weiß Keller, dass wir über ihn Bescheid wissen?‹, hat sie ihren Mann gefragt.«

»Was soll das denn heißen?«, fragte Bendt. »Die wissen doch gar nicht, dass Keller auf Hanna Frombach getroffen ist. Ich kann mir kaum vorstellen, dass die mit Keller seit unserer Vernehmung Kontakt hatten.«

»Offenbar doch, oder sie haben eine andere Quelle.«

»Mich interessiert, ob dieser Keller wirklich dort auftaucht.« Bendt steuerte den Wagen an den Straßenrand, und Anna hörte, dass der Motor abgestellt wurde.

»Bist du schon da?«, erkundigte sich Anna.

»Ja, ich war ganz in der …« Er stockte. »… in der Nähe.«

»Ist etwas?«, fragte Anna verdutzt.

»Ja«, murmelte Bendt. »Dieser Hansen hat gerade das Gebäude betreten.«

»Was hat der denn da zu suchen?« Anna war verblüfft.

»Gute Frage«, entgegnete Bendt, »vor allem, da er eine Jagdtasche bei sich hat.«

»Du denkst hoffentlich nicht darüber nach, da allein reinzugehen?«, fragte Anna besorgt.

»Nein«, sagte Bendt in einem Tonfall, der Anna erahnen ließ, dass er sie nur beruhigen wollte. »Wir sollten jetzt Schluss machen.«

Anna hörte, wie Bendt sich abschnallte. »Du hast nicht einmal eine Dienstwaffe dabei«, sagte sie aufgeregt. »Du hast frei, erinnerst du dich?«

Bendt öffnete die Autotür. »Ruf Braun an und sag ihm, dass Hansen eventuell bewaffnet ist und wir uns vielleicht doch geirrt haben«, bat Bendt.

In Annas Kopf schwirrte es. »Wieso der Stallmeister?« »Bitte warte auf Braun«, flehte sie.

»Mach dir keine Sorgen«, entgegnete Bendt. Anna hätte ihn nur zu gern zurückgehalten, aber die Leitung war schon tot.

Bendt sprang aus dem Wagen und lief auf den Eingang des Hauses in der Königstraße zu. Ein Blick von der Straße zu den Fenstern im zweiten Stock hinauf verriet ihm, dass dort oben Licht brannte.

42

»Danke, dass du das für mich tust«, sagte Carla. Sie war sicher, dass ihr Mann das Treffen wahrscheinlich nicht arrangiert hätte, wenn er ihr nicht etwas schuldig gewesen wäre.

»Schon in Ordnung«, gab Teubert zurück. »Ich habe mir gedacht, dass du viel zu früh hier sein würdest.«

Carla fror und bebte vor Erregung.

»Wie willst du das hier nur durchstehen?« Teubert schaute auf die Uhr. »Keller soll erst in einer halben Stunde hier aufkreuzen, und du siehst jetzt schon aus, als würdest du jeden Moment in Ohnmacht fallen.«

»Ich weiß«, seufzte Carla, die das Gefühl hatte, dass die Zeit dahinschlich. »Hoffentlich werde ich nicht enttäuscht, und er wird kommen.«

»Mir ist nicht klar, was du dir von dieser ganzen Sache versprichst, aber ich glaube, dass du heute auf jeden Fall etwas anderes erwartest, als passieren wird.« Teubert griff in seine rechte Jackentasche. Er beförderte ein Päckchen Tabletten daraus hervor.

»Hier! Nimm das bitte. Das wird dich beruhigen.«

Carla sah ihn fragend an.

Er lächelte, als habe er ihre Gedanken gelesen und zog diesmal etwas aus seiner linken Jackentasche. »Du kennst mich, ich bin vorbereitet und weiß, dass du diese Tablette nicht ohne einen Schluck Wasser herunterkriegst«, sagte er und schwenkte gleichzeitig einen Plastikbecher vor ihren Augen hin und her. »Ich gehe und fülle das eben mit Wasser.«

Teubert lief zur Küche und kehrte kurz darauf mit dem gefüllten Becher zurück. Carla spülte die Tablette hinunter.

»So ist es gut«, lobte Teubert, »so wirst du das alles weit besser überstehen.«

Carla war irritiert, dass er sie so merkwürdig ansah. Aber sie kam nicht dazu, ihn zu fragen, weshalb er das tat, denn sie hatte die Tablette kaum zu sich genommen, als sie meinte zu halluzinieren. Sie blickte erstarrt an ihm vorbei zur Flurtür.

»Was ist?«, fragte Teubert. Dann wandte er sich um und sah, dass der Lauf einer Jagdwaffe direkt auf sie beide gerichtet war.

43

»Johannes?«, rief Carla erschüttert und blickte ihren väterlichen Freund ungläubig an. »Was, um Himmels willen, machst du hier?«

Hansen richtete den Lauf der Waffe auf Teuberts Kopf aus, der Anstalten machte, auf ihn zuzugehen.

»Keinen Schritt weiter!«, forderte Hansen laut und legte zur Bekräftigung seiner Warnung den Finger auf den Abzug des Jagdgewehrs.

Carla schlug die Hände vor den Mund. »Johannes, was um Himmels willen soll das?«

»Was das soll?«, fragte Hansen. In seiner Stimme schwangen Hass und Verzweiflung mit.

»Was willst du hier, Konrad?«, fragte er dann Teubert in warnendem Ton.

»Wir sind hier mit Keller verabredet«, antwortete Carla für ihren Mann.

Hansen lachte verächtlich auf. »Keller wird nicht auftauchen, da gehe ich jede Wette ein.«

Carla starrte ihn an.

»Johannes, was redest du denn da?«, flüsterte sie. »Nimm verdammt noch mal die Waffe runter.«

»Das werde ich mit Sicherheit nicht tun«, widersprach Hansen und klang dabei so kühl und entschlossen, dass Carla das Blut in den Adern gefror. Ihr wurde schwindelig vor Angst. Jetzt erinnerte sie sich wieder daran, wie Hansen mit der Longierleine in der Hand auf dem Heuschober neben ihr gesessen und wie hasserfüllt er Teubert angesehen hatte, als der dort oben aufgetaucht war.

»Geht es um Geld?«, wollte Carla wissen. »Du hättest doch alles von mir haben können.«

Hansen lachte bitter auf. »Du irrst dich, Carla.«

»Ich verstehe nicht, was du da tust«, sagte Carla.

»Du wirst mich gleich verstehen.« Der Stallmeister fixierte Teubert mit seinem Blick: »Was hast du Carla da gerade gegeben? Irgendetwas, das es dir leichter machen soll, sie über den Balkon zu stoßen? Gib zu, dass du sie umbringen willst!« Sein Zeigefinger zuckte verdächtig am Abzug.

Carla schaute ungläubig zu ihrem Mann hinüber, der die Arme in die Höhe streckte.

»Ich glaube, du fantasierst«, sagte Teubert zu Hansen. Seine Stimme klang fest. »Glaub diesem Verrückten kein Wort«, beschwor er Carla mit einem flüchtigen Seitenblick und starrte dann wieder auf die Waffe.

»Carla wird mir glauben«, sagte Hansen und lächelte überlegen. »Am Anfang habe ich auch gedacht, dass du dir Dinge einbildest, Carla, weil dein Nervenkostüm so dünn ist. Aber dann hast du begonnen, dich immer ängstlicher und merkwürdiger zu verhalten. Ich habe von Anfang an nicht daran geglaubt, dass du verrückt wirst. Und dann habe ich angefangen, deinen Mann zu beobachten.« Hansen schloss ein Auge und zielte auf Teuberts Stirn. »Du hast dafür gesorgt, dass Carla sich nicht mehr sicher fühlt. Du hast Dinge verlegt: ihre Kappe, Zaumzeug. Wenn ich konnte, habe ich es geradegerückt.«

»Ich habe nicht die geringste Ahnung, wovon du redest«, leugnete Teubert.

Carla versuchte zu begreifen, ob das, was sie gerade erlebte, real war. Offenbar fantasierte sie wieder und verlor jetzt vollends den Verstand.

Hansen sah den Mediziner aus hasserfüllten Augen an. »Es war schwer für mich, Carla so lange über meinen Verdacht im Unklaren zu lassen, aber ich hatte keine Beweise.«

»Das ist doch alles Unsinn«, flüsterte Carla und blickte hilfesuchend zu ihrem Mann hinüber. Offenbar begann das Medikament zu wirken, und sie fühlte sich gleichzeitig aufgewühlt und dennoch müde.

»Du irrst dich, Johannes«, sagte sie und ging mit ausgebreiteten Armen auf ihn zu, »du machst einen Riesenfehler. Bitte leg die Waffe weg.«

44

Verdammter Mist, dachte Bendt, der Carlas letzte Worte von der Türschwelle aus hatte hören können. Ganz offenbar schwebte Carla Frombach in Lebensgefahr. Er hoffte inständig, dass Braun endlich aufkreuzen würde. Sie hatten sich bitter getäuscht. Er musste blitzschnell handeln und trat in die Wohnung. Im Durchgang zum Wohnzimmer konnte er von der Seite sehen, dass Stiefelabsätze nur Millimeter in den Flur hineinragten. Er schob sich hastig an der Wand entlang und hoffte, Hansen durch einen gezielten Nackenschlag unschädlich machen zu können, aber es war zu spät. Noch bevor er den Raum erreichte, stolperten Teubert, Carla und Hansen um die Waffe rangelnd auf den Flur, und in dem Handgemenge löste sich ein Schuss, der dumpf durch den Raum hallte. Hansen riss gleich darauf die Augen auf und fiel dann wie ein Baum zu Boden. Carla Frombach hielt die Waffe in der Hand und starrte für einen Moment lang regungslos auf den am Boden liegenden Mann, der sich vor Schmerzen krümmte und röchelte.

»Mein Gott«, stammelte Carla. Sie glaubte, jeden Moment ohnmächtig zu werden.

»Es ist alles gut«, säuselte Teubert. »Es war Notwehr, er wollte dich umbringen.«

Carla konnte nichts sagen und begriff auch nicht, weshalb ihr Mann von Notwehr sprach. Teubert schloss sie in seine Arme, löste die Waffe aus ihren Händen und lehnte sie an die Wand. Ihre Beine fühlten sich butterweich an, und sie glaubte, alles wie durch einen Schleier wahrzunehmen.

»Das war knapp«, hörte sie ihren Mann wie aus weiter Ferne sagen. »Gut, dass Sie da sind. Wo sind Ihre Kollegen?«

Bendt ging neben Hansen zu Boden, um Erste Hilfe zu leisten. Gleichzeitig fingerte er in seiner Jackentasche nach seinem Handy.

»Die müssen jeden Moment hier sein«, erklärte er und wählte den Notruf an, um einen Rettungswagen zu verständigen. Gleichzeitgig versuchte er herauszufinden, wie schwer Hansen verletzt war. Er kam nicht dazu, denn fast im gleichen Moment fuhr der Knauf eines Jagdgewehrs auf seinen Hinterkopf nieder, und es wurde Nacht vor seinen Augen.

45

Carla blickte auf die beiden Männer am Boden. Überall war Blut, und auch Hansen rührte sich plötzlich nicht mehr. Sie sah Teubert an.

»Warum hast du das getan?«, flüsterte sie und beobachtete ihn dabei, wie er das Jagdgewehr zurück an die Wand stellte.

»Wieso ich?«, fragte er. »Du brauchst frische Luft.« Er fasste seine Frau bei den Schultern. Sie ließ sich wie in Trance in Richtung Balkontür dirigieren.

»Es dauert nur noch ein paar Sekunden, Carla«, beteuerte er und schaute sich, noch während er die Balkontür öffnete, gehetzt um. Carla klammerte sich am Innenrahmen der Tür fest. Eine innere Stimme sagte ihr, dass sie Hansen helfen musste und nicht hinausgehen sollte, aber ihre Beine versagten ihr den Dienst.

»Mir ist so schwindelig«, brachte sie nur mit Mühe heraus. »Sag mir bitte, dass ich das alles nur träume.«

»Du träumst nicht«, sagte Teubert. Seine Stimme klang hart. Gleichzeitig ergriff er unsanft ihren Arm.

»Was hast du vor?«, fragte sie, doch statt ihr zu antworten, schob Teubert sie hinaus. Carla klammerte sich draußen mit letzter Kraft an die Brüstung. Sie war ganz benommen. Das Medikament?, dachte sie und spürte, dass ihr Mann sich herunterbeugte und nach ihren Beinen griff.

»In wenigen Sekunden bist du bei Hanna«, sagte er.

Carla war nicht in der Lage, sich zur Wehr zu setzen. Sie starrte einfach nur in die Tiefe.

46

Braun hatte sich zusammenreißen müssen, um nicht mit quietschenden Reifen vor dem Haus in der Königstraße anzuhalten, nachdem Anna Lorenz ihn über ihr Telefonat mit Bendt informiert hatte. Es blieb ihm weder Zeit, wütend darüber zu werden, dass sich sein junger Kollege gegen jede Dienstvorschrift bereits in dieser Wohnung befand, noch konnte er darüber nachdenken, wieso der Stallmeister hier aufgekreuzt war. Erst vor einer Stunde hatte er mit Fischer telefoniert und die neuen Ergebnisse aus der toxikologischen Abteilung erhalten. Er hatte richtig gelegen. Der Groschen war bei ihm gefallen, als er Carla Frombach auf dem Präsidium erlebt hatte und von der Parkinson-Erkrankung ihres Schwiegervaters die Rede gewesen war. Denn er selbst hatte einen Freund, der an dieser Krankheit litt, und wusste, dass es Medikamente gegen diese Erkrankung gab, die falsch dosiert zu psychotischen Reaktionen führen konnten. Die Persönlichkeitsveränderung bei Carla hatte ihm einfach nicht einleuchten wollen, und er hatte deshalb einen Untersuchungsauftrag an die Toxikologie erteilt, der routinemäßig nicht abgeprüft wurde. Die Blutproben der Schwestern waren daraufhin noch einmal gezielt auf einige Wirkstoffe untersucht worden. Die Proben waren positiv. Braun konnte von Glück sagen, dass man Carla Frombach in jener unheilvollen Nacht, in der sie auf ihren Mann geschossen hatte, Blut abgenommen hatte. Beide Schwestern hatten Midopan eingenommen, und Braun war bereit, jeden Eid darauf zu schwören, dass Teubert und nicht Hansen die Frauen manipuliert hatte.

Braun ignorierte seine Körperfülle und rannte seinen Kollegen voraus die Treppe in den zweiten Stock hinauf. Er fand die Tür nur angelehnt vor, stieß sie auf und stürzte seine Dienstwaffe im Anschlag hinein. Als er Bendt auf dem Boden liegend neben dem Stallmeister erblickte, blieb ihm fast das Herz stehen. Der junge Kommissar blutete am Hinterkopf und rührte sich nicht. Braun widerstand dem Drang, sofort selbst nach der Halsschlagader des jungen Kollegen zu tasten, um sich Gewissheit darüber zu verschaffen, dass er noch am Leben war. Aber es blieb ihm keine Gelegenheit dazu. Er winkte seine Kollegen hinter sich hinein und hastete ins Wohnzimmer. Er sah durch die Terrassentür, dass Carla Frombach sich gefährlich weit über das Geländer lehnte und jeden Moment in die Tiefe zu stürzen drohte.

47

Teubert fuhr herum, als Braun hinter ihm auftauchte.

»Gut, dass Sie kommen«, sagte der Mediziner sichtlich erschreckt und ließ sofort seine Frau los.

Braun blickte auf Carla Frombach, die das Geländer fest umklammert hielt und vollends verstört aussah. Sie zitterte.

»Was ist hier los?«, fragte Braun zu Teubert gewandt.

»Bitte rufen Sie den psychiatrischen Notdienst«, bat Teubert, »meine Frau braucht dringend Hilfe.«

»Was ist hier vorgefallen?«, fragte Braun misstrauisch.

»Hansen ist hier aufgetaucht«, erklärte Teubert. »Er hat plötzlich eine Waffe auf uns gerichtet. Es ging alles sehr schnell. Meine Frau wollte ihn davon abhalten, Dummheiten zu machen. Dann hat sich ein Schuss gelöst und ihn getroffen. Ihr Kollege ist etwa zeitgleich dazugekommen. Meine Frau hat halluziniert und gemeint, dass er Hansen etwas antun will und ihn niedergeschlagen. Ich musste ihr auf den Balkon folgen, weil ich fürchtete, sie stürzt sich in den Tod.«

»War das so, Frau Frombach?«, fragte Braun.

Carla Frombach sah Braun an, als schaue sie durch ihn hindurch. »Ich weiß es nicht«, antwortete sie verstört.

»Ich werde dich in der Klinik besuchen, Liebling«, versprach Teubert. »Man wird dir helfen.«

»Ich will in keine Klinik«, wisperte Carla kraftlos. Entweder stimmte das, was ihr Mann sagte, und sie war total verrückt, oder er hatte sie tatsächlich umbringen wollen.

Carla zögerte nicht, noch ehe Braun eingreifen konnte, schwang sie ein Bein über die Brüstung und drohte, sich hinabzustürzen. Als Braun einen Schritt auf sie zumachte, schrie sie ihn an: »Kommen Sie mir nicht näher, sonst springe ich.«

Braun hielt inne und bedeutete auch seinen Kollegen in der Wohnung, nicht auf den Balkon zu treten.

»Ich habe Johannes erschossen«, rief sie verzweifelt und Tränen rannen über ihre Wangen. »Ich will nicht in die Psychiatrie.«

Braun durchschaute zwar nicht genau, was sich vor seinem Eintreffen tatsächlich hier ereignet hatte, sein Instinkt sagte ihm aber, dass Teubert nicht daran gelegen war, dass er es herausfinden würde.

»Niemand bringt Sie in die Psychiatrie«, sagte Braun ruhig. »Sie sind nicht krank.«

Wieder blickte sie zu Teubert, dessen Ausdruck eine andere Botschaft zu vermitteln schien und der gleichzeitig einen Schritt auf seine Frau zumachte.

»Das Spiel ist vorbei, Teubert«, fuhr Braun ihn an und richtete seine Dienstwaffe auf ihn aus.

»Was reden Sie da?«, erwiderte der und verzog das Gesicht zu einer Unschuldsmiene. »Ich will meiner Frau helfen.«

»Ihr dabei helfen, hinunterzustürzen, und es so aussehen zu lassen, als hätten Sie versucht, sie festzuhalten?«, fragte Braun feindselig. »Sie bewegen sich keinen Millimeter«, warnte er.

»Ich möchte sterben«, flüsterte Carla. »Ich möchte, dass dieser Alptraum vorbei ist. Ich ertrage es nicht, verrückt zu werden.«

»Sie werden nicht verrückt«, sagte Braun bestimmt. »Sie

werden manipuliert. Ihnen werden Medikamente untergeschoben, die Sie krank machen und glauben lassen, Sie seien psychotisch. Und auf gleiche Weise hat man versucht zu verhindern, dass Ihre Schwester, die tatsächlich erkrankt war, wieder gesund werden kann. Wir haben die Blutprobe untersuchen lassen, die wir in der Nacht von Ihnen genommen haben, in der Sie auf Ihren Mann geschossen hatten. Sie haben Midopan genommen.« Braun entging nicht, dass Teubert fast unmerklich zusammenzuckte, als er das Medikament erwähnte.

»Das verstehe ich nicht«, sagte Carla und sah ihren Mann an. »Das ist das Medikament ...« Sie verstummte.

»Das Ihr Schwiegervater einnimmt, der an Parkinson erkrankt ist«, ergänzte Braun.

Wieder starrte Carla in die Tiefe. Der Hauptkommissar nutzte die Gelegenheit, sich unbemerkt einen halben Schritt in ihre Richtung vorzutasten.

»Hansen wollte wissen, was du mir gegeben hast«, sagte sie ungläubig und schien eine Weile zu brauchen, bevor Brauns Worte vollends in ihr Bewusstsein vordrangen.

»Wenn ich jetzt in meine Tasche greifen dürfte, würde ich dir zeigen, dass es ein stinknormales Beruhigungsmittel war, das ich dir vorhin gegeben habe.«

»Lassen Sie Ihre Hände dort, wo Sie sind«, rief Braun drohend. Zu Carla gewandt, fügte er hinzu: »Ich gehe davon aus, dass Ihr Mann Ihnen ein Beruhigungsmittel gegeben hat, das es ihm erleichtern soll, sie widerstandslos hinunterzustürzen und es wie einen Selbstmord aussehen zu lassen.« Braun hatte den Eindruck, dass Carla kaum zu begreifen schien, was er ihr sagte. »Wahrscheinlich hat Ihr Mann Ihnen vorher immer mal wieder Midopan gegeben, damit andere, aber vor allem Sie selbst glauben, Sie seien verrückt, und diese Botschaft möglichst auch verbreiten. Ihr Mann wollte, dass man keinen Zweifel hegt, Sie seien Ihrer Schwester freiwillig in den Tod gefolgt.«

»Ist das wahr?« Carla war sprachlos.

»Natürlich nicht«, zischte Teubert. »Glaubt der Herr Kommissar vielleicht auch, ich wollte von meiner Frau niedergeschossen werden?«, fragte er spöttisch.

»Nein«, erwiderte Braun. »Sie haben ja auch nicht damit gerechnet, dass Sie in jener Nacht überhaupt nach Hause zurückkehren würden, geschweige denn, dass Ihre Frau eine Waffe besitzt. Sie wollten nur, dass sie Angst bekommt.«

»Ich kann das nicht glauben«, flüsterte Carla, die noch immer keine Anstalten machte, aus ihrer gefährlichen Position zurückzuweichen.

»Ihr Mann hatte als Arzt die Möglichkeit, Rezepte auszustellen, und er wusste, wie dieses Medikament wirkt«, erläuterte Braun.

»Und wenn schon«, verteidigte Teubert sich, »eine absurde Idee und nichts als eine wilde Theorie, die Sie da aufstellen. Glaub ihm nicht, Carla.«

»Was ist hier wirklich passiert, Frau Frombach?«, fragte der Hauptkommissar.

»Johannes wollte mich warnen. Er wollte verhindern, dass mir etwas passiert.« Carla starrte in das Wohnzimmer hinein, als würde sie das, was sich dort abgespielt hatte, noch einmal erleben. »Konrad und ich haben versucht, ihm die Waffe zu entreißen. Ich bin schuld daran, dass er tot ist.«

»Sie sind an gar nichts schuld«, widersprach Braun, der darauf vorbereitet war, jede Sekunde nach ihrem Arm zu greifen.

»Wer hat meinen Kollegen niedergeschlagen?«

Carla antwortete nicht, sondern machte Anstalten, sich fallenzulassen.

»Tun Sie das nicht«, beschwor Braun sie. »Sie müssen leben. Nur Sie können dafür sorgen, dass Ihr Mann für den Mord an Ihrer Schwester bezahlen muss und hinter Gitter kommt.«

Sie schien zu zögern. Braun sprach weiter. Er musste sie davon überzeugen, dass sie nicht verrückt war. »Ihr Mann hat Sie beide manipuliert. Er ging davon aus, dass Keller an jenem Samstag hier auftauchen würde, um mit Ihnen zu sprechen. Vermutlich hat er Ihnen ein Brechmittel verabreicht, damit Sie den Termin nicht wahrnehmen konnten und dann Ihre Schwester hierherkam. Dann lief alles wie geplant. Keller tauchte auf, und Ihre Schwester reagierte verängstigt auf ihn. Ihr Mann hat geahnt, dass wir über kurz oder lang auf Keller stoßen und ihn vernehmen würden.«

»Hat meine Schwester auch Midopan genommen?«, fragte Carla, ohne sich auch nur einen Millimeter zu bewegen.

Braun nickte. »Nachdem wir von Keller erfahren hatten, wie Ihre Schwester reagiert hat, haben wir versucht, uns die Intensität einer möglichen psychotischen Panikreaktion zu erklären und herausgefunden, dass der Nanogrammgehalt des Wirkstoffs ihres Medikaments im Blut nicht mit der üblicherweise eingenommenen Dosis übereinstimmte. Wir haben deshalb zunächst die Vermutung gehabt, Ihre Schwester hätte eigenmächtig ihr Medikament heruntergesetzt dosiert und sei dann nach dem Erlebnis mit Keller so paralysiert gewesen, dass sie freiwillig sprang. Wir waren eigentlich drauf und dran, die Ermittlungen einzustellen, da diese Variante im Zusammenhang mit Kellers Aussage plausibel

schien. Aber dann sind Sie auf dem Präsidium aufgetaucht.«
Carla tat Braun leid, aber es schien ihm so, als würde seine Sachlichkeit ihr Zutrauen geben und sie von ihrem Vorhaben abbringen können. »Wir vermuten, dass Ihr Mann die Wechselwirkungen des Medikaments Midopan mit dem Psychopharmakon Ihrer Schwester erprobt hat. Das ist auch der Grund, dass Hannas Arzt sich oft nicht erklären konnte, weshalb es in einzelnen Phasen so drastische Rückschläge gegeben hatte, obwohl alle zuvor dachten, sie sei auf einem guten Weg. Vermutlich hat Ihr Mann immer wieder den Genesungsprozess gestört und gehofft, Ihre Schwester würde sich irgendwann umbringen.«

»Das ist Blödsinn«, widersprach Teubert, aber Braun fuhr unbeirrt fort: »Sie haben Carlas Zwillingsschwester durch eigenmächtige Medikation für Angstsituationen besonders sensibilisiert. Vielleicht haben Sie gehofft, sie würde sich umbringen, wenn Keller auftaucht. Wahrscheinlich haben Sie nachgeholfen, wie Sie es auch heute bei Ihrer Frau tun wollten.«

Teubert lachte verächtlich auf: »Sie haben gar nichts gegen mich in der Hand.«

»Bitte, Frau Frombach, machen Sie keinen Fehler. Entscheiden Sie sich für das Leben«, bat Braun inständig.

»Was ist das Leben wert, wenn man alles verloren hat?«, schluchzte Carla. »Ich habe niemanden mehr.«

»Sie dürfen nicht aufgeben«, sagte Braun. »Woher wollen Sie außerdem wissen, dass Johannes Hansen tot ist? Wenn Sie sich heute etwas antun, war sein Einsatz für Sie völlig umsonst.«

Braun streckte seine Hand nach ihr aus und hoffte, sie würde sie ergreifen.

48

»Ich habe noch immer solche Kopfschmerzen«, stöhnte Bendt, als Anna an das Sofa herantrat, auf dem er lag. Er deutete mit nach Mitleid heischender Miene auf das große Pflaster, das seinen Hinterkopf zierte.

»Ich hätte auch Kopfschmerzen, wenn ich mittags um zwölf schon zwei James-Bond-Filme angeguckt hätte«, gab Anna trocken zurück und stellte ein Tablett mit geschnittenen Früchten und Mineralwasser auf dem Wohnzimmertisch ab. Bendt richtete sich auf, als Anna ihm sein Glas reichte.

Sie setzte sich neben ihn.

»Braun hat angerufen. Ich soll dir ausrichten, dass du dich gefälligst erst umbringen lassen sollst, wenn er in Pension ist. Er hätte in seinem Alter keine Lust mehr, sich noch einmal auf einen anderen Volltrottel einstellen zu müssen.«

»Wie nett.« Bendt schmunzelte. »Ich schätze, das ist seine Art, mir zu sagen, dass er mich mag.«

»Und dass er noch immer sauer auf dich ist, weil du dich in eine so brenzlige Situation begeben hast. Ich komme vor allem nicht darüber hinweg, dass du dieses Jagdgewehr nicht an dich genommen hast. Du kannst von Glück sagen, dass Teubert dich nur niedergeschlagen und nicht erschossen hat.«

Bendt stöhnte auf. »Wie oft muss ich mir das eigentlich noch anhören? Ich habe dir doch gesagt, wie schnell das alles ging. In dem Moment habe ich überhaupt nicht damit gerechnet, dass mir irgendwas passieren könnte. Als Carla Frombach sagte, dass Hansen die Waffe weglegen soll, war für mich klar, dass …«

»Ja, ja«, unterbrach Anna ihn. »Das habe ich mir jetzt auch schon tausendmal angehört. Ich bin jedenfalls heilfroh, dass du lebst.«

»Meinst du, dass man Teubert den Mord an Hanna Frombach nachweisen kann?«

Anna schüttelte den Kopf. »Wie denn? Es gibt nicht einmal einen handfesten Beweis dafür, dass Teubert die Strippen gezogen hat, damit Hanna auf Keller trifft, geschweige denn, dass man ihm nachweisen könnte, dass er am Tatort war.«

»Dabei bin ich inzwischen sicher, dass es so war«, beteuerte Bendt. »Erinnerst du dich daran, dass ich dir von dem Telefon erzählt habe, auf dem Hanna Frombach offenbar kurz vor ihrem Tod eine Nummer angewählt hatte?«

»Ja«, antwortete Anna, »und ich weiß, was du meinst. Ich glaube auch, dass Hanna wahrscheinlich gar nicht springen wollte, sondern ihre Schwester oder ihren Arzt angerufen hat, um sich Hilfe zu rufen, nachdem sie Keller begegnet war. Wahrscheinlich war Teubert da längst in der Wohnung und hat nachgeholfen, weil sie nicht freiwillig gesprungen ist.«

»Immerhin haben wir den Mordversuch an Carla und die Tatsache, dass er Hansen angeschossen und mir die Jagdwaffe über den Schädel gezogen hat«, tröstete sich Bendt.

»Ja, und das alles nur des Geldes wegen«, ergänzte Anna, die in ihrem Verfahren einiges in Erfahrung gebracht hatte. »Teubert hat sich offenbar zu viel mit seiner Geliebten und zu wenig mit seinem Praxispartner beschäftigt. Der hat nicht nur mit Teuberts Einverständnis die Kassen mit Falschabrechnungen betrogen, sondern vor allem Geld an der Praxis vorbeigeschleust. Teubert stand vor dem finanziellen Aus und fürchtete wahrscheinlich schon lange, dass er irgendwann den Regressansprüchen der Kassen ausgesetzt sein würde.«

»Zu dumm, dass er wegen des bestehenden Testaments nur an das Vermögen seiner Frau kommen konnte, wenn er zuerst ihre Schwester umbringt«, sagte Bendt.

»Teubert hat sich wahrscheinlich zu sicher gefühlt«, mutmaßte Anna. »Er muss innerlich gejubelt haben, als seine Frau ihm von ihrem Besuch bei euch auf dem Präsidium erzählt hat. Seine Frau hat ihm nicht nur gesagt, dass ihr sie für selbstmordgefährdet haltet, sondern auch, dass ihr die Todesermittlungsakte ihrer Schwester zuklappen wollt. Er dachte, euch würde ein weiterer Selbstmord nicht überraschen.«

»Ich schätze, Teubert hätte die Beziehung zu Susan Kiefer wieder aufgewärmt, sobald seine Frau unter der Erde gewesen wäre«, meinte Bendt. »Vielleicht hat er nur Schluss gemacht, damit man hinter der Beziehung kein Motiv wittert.«

»Auf jeden Fall ist er ein Schwein«, stellte Anna fest.

»Apropos Schweine«, fiel Bendt ein. »Habe ich dir irgendwas getan? Du bist so merkwürdig in letzter Zeit. Oder belastet dich etwas?« Die Frage traf Anna so überraschend, dass sie gegen ihren Willen errötete.

»Natürlich gibt es etwas, das mich belastet.« Sie wich seinem prüfenden Blick aus. »Immerhin wurde mein Freund fast umgebracht.« Sie hatte nicht damit gerechnet, dass Bendt eine Veränderung an ihr bemerkt hatte. Aber offenbar spürte er doch, dass sie über ihre Beziehung nachdachte. Seit sie Tom im Theater wiedergetroffen hatte, ging er ihr nicht mehr aus dem Kopf.

»Möchtest du ein bisschen Obst?«, wechselte sie schnell das Thema und griff nach dem Teller.

»Gern«, antwortete Bendt.

Anna entging auch aus dem Augenwinkel nicht, dass er sie kritisch beäugte.

49

»Guck dir das an«, rief Carla, die neben Hansen an den Feldern entlangritt, »die ersten Krokusse blühen.«

»Wird auch Zeit, dass es Frühling wird«, stellte der Stallmeister fest. »Es war ein ungewöhnlich harter Winter.«

Carla lächelte, denn sie konnte Hansen ansehen, dass ihm die Doppeldeutigkeit seiner Äußerung gerade erst bewusst wurde.

»Du schaffst das, Carla«, sagte Hansen nach einer Weile und spielte damit auf den bevorstehenden Prozess gegen Teubert an.

»Ich hoffe, dass ich das durchstehe«, gab sie zurück.

»Du bist sehr viel stärker, als du glaubst, und das warst du immer.«

Carla blickte über die weiten Felder und atmete die frische Morgenluft ein, die nach Frühling duftete und auch ihr einen Neuanfang zu verheißen schien. Mit jedem Tag kehrte ein wenig mehr ihrer verloren geglaubten Kraft zurück.

»Ich bin froh, dass ich mir wieder trauen kann und weiß, was um mich herum geschieht«, sagte Carla. Inzwischen hatte sie das nötige Selbstvertrauen zurückgewonnen, um zu wissen, dass es tatsächlich nur die Medikamente waren, die ihre Wahrnehmung getrübt hatten. »Konrads Anwälte werden versuchen, die Glaubwürdigkeit meiner Angaben anzuzweifeln, und behaupten, ich hätte den Kommissar und dich im Wahn angegriffen und mir dann Konrads Mordversuch eingebildet.«

»Damit werden sie nicht durchkommen, man wird dir glauben.«

Carla hoffte, dass er recht behielt. Denn immerhin hatte sie am Vorabend des Geschehens tatsächlich fantasiert und ihren Mann sogar im Glauben, er sei Keller, an den Armen verletzt. Ihr Anwalt, der sie als Nebenklägerin vertrat, war sicher, dass Konrads Anwälte diesen Umstand ins Feld führen würden.

»Zermartere dir nicht den Kopf, Carla«, bat Hansen. »Du bist gesund, und wir alle können bezeugen, dass du dich wieder ganz normal verhältst, seit Konrad keinen Einfluss mehr auf dich nehmen kann. Er wird seine Strafe bekommen.« Für eine Weile ritten sie schweigend nebeneinander her und sprachen nicht.

Dann blickte Carla zu ihrem väterlichen Freund hinüber.

»Was meinst du, Johannes?« Sie deutete auf den Stall, der einige hundert Meter entfernt am Horizont auftauchte. »Sollten wir in diesem Jahr ein paar neue Pferde kaufen?«

Hansen lächelte.

»Keine schlechte Idee«, antwortete er augenzwinkernd und preschte vor Carla in Richtung des Gutshauses davon.

50

Anna kam gerade vom Einkaufen zurück, als sie dem Postboten an der Pforte zum Haus direkt in die Arme lief. Der griff sofort in seine Fahrradtasche und überreichte ihr ihre Briefe.

»Hoffentlich nicht nur Rechnungen«, seufzte Anna, während sie die Umschläge durchblätterte.

Sie griff sofort nach einem hellgrauen Umschlag, als sie Toms schön geschwungene Handschrift darauf erkannte. Als sie ihn öffnete, fielen ihr zwei Theaterkarten für eine Lübecker Kinderaufführung am 5. Mai in die Hände. »Wie am ersten Tag«, hieß das Stück.

»Vielen Dank noch einmal für den guten Sitzplatz im St. Pauli Theater«, schrieb er. »Ich wollte mich gern bei Euch revanchieren und hoffe, Ihr habt Zeit.«

Anna starrte eine Weile sprachlos auf den Brief und die Karten. Sie war sicher, dass Tom und Lena auch dort sein würden. Endlich hob sie ihre Einkaufstüte vom Boden auf, schloss die Haustür auf und trat in den Flur.

»Hallo«, rief sie Bendt zu, der ihr gerade aus dem Wohnzimmer entgegenkam.

»Hallo«, grüßte er lächelnd zurück.

»Und?«, fragte er mit Blick auf die Post in ihren Händen. »Etwas Besonderes?«

»Nein«, antwortete Anna und wusste gleichzeitig, dass sie eine Entscheidung zu fällen hatte.

DANKSAGUNG

Meiner wunderbaren Freundin Barbara Gereke danke ich von Herzen dafür, dass sie mit diesem Roman nun schon das dritte Buch für mich redigiert, kritisiert und besser gemacht hat. Ich danke Aline und Maani Ohlsen sowie Tina Wendt für wertvolle Korrekturen, viele weise Ratschläge in Lebensfragen und ihre Freundschaft. Die Tatsache, dass mein Freund und Kollege Björn Jönsson das Manuskript spannend fand, lässt mich in Erwartung der »Kantinengespräche« bei Gericht wesentlich ruhiger schlafen. Dr. med. Nadine Wilke, Fachärztin für Rechtsmedizin, verdanke ich wertvolle Erkenntnisse zur toxikologischen Nachweisbarkeit von Wirkstoffen und gewinnbringende Einblicke in ihren Berufsalltag am Tatort und Seziertisch. Den Vorschlägen von Dr. med. Sita v. Richthofen verdanke ich eine tolle Idee im Zusammenhang mit der Wirkungsweise des Dopamins und sehr interessante Erkenntnisse zur Behandlung von Psychoseerkrankungen. Dem passionierten Jäger Jürgen Hormann vielen Dank für Informationen zum Gebrauch und Verschluss von Jagdwaffen. Jobst Schlennstedt, Autorenkollege und Lübeck-Kenner, hat mir die Wahl des Tatorts in der Lübecker Innenstadt erleichtert und mir wunderbare Restauranttipps geliefert, die nicht nur literarisch nützlich waren. Meinem Agenten, Dirk Meynecke, herzlichen Dank für das stets richtige Händchen bei der Auswahl des Verlages und seine Unterstützung.

In Liebe und Dankbarkeit für einen stets »freien Rücken«

bin ich meiner Familie und natürlich allen voran meinem Mann Kai verbunden. Meiner geliebten Zwillingsschwester Nicola verdanke ich zudem, dass es mir nicht schwergefallen ist, die innige Geschwisterliebe zwischen Carla und Hanna Frombach darzustellen. Mein Schwiegervater, Heinz P. Lohfeldt, hatte leider keine Möglichkeit mehr, auch diesen dritten Krimi für mich zu redigieren. »Lieber Heinz, Du hast mir mit Deinen guten Ratschlägen trotzdem oft im Ohr gelegen.«

Zuletzt sei darauf hingewiesen, dass die Geschichte und alle Personen dieses Romans frei erfunden sind. Die Autorin und Anna Lorenz verbindet allein der berufliche Alltag.

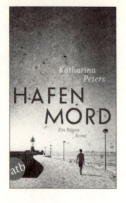

KATHARINA PETERS
Hafenmord
Ein Rügen-Krimi
316 Seiten
ISBN 978-3-7466-2815-8
Auch als E-Book erhältlich

Rügen sehen und sterben

Romy Becarre glaubt auf Rügen, ein wenig zur Ruhe zu kommen. Doch kaum hat sie sich auf ihrer neuen Dienststelle eingerichtet, hat sie ihren ersten Fall. Nach einem anonymen Anruf findet die Polizei auf dem Gelände einer Fischfabrik im Sassnitzer Hafen die Leiche des seit anderthalb Tagen vermissten Kai Richardt. Der 45-jährige Geschäftsmann, Familienvater und Triathlet aus Bergen, verlor im Keller eines Lagerhauses sein Leben. Bei der Durchsuchung des Lagerhauses stößt Romy auf eine zweite Leiche. Das Skelett einer Frau wird gefunden, die im Jahr 2000 spurlos verschwand, als sie auf der Insel merkwürdigen Geschäften des toten Richardts nachging. Doch wo ist der Zusammenhang zwischen den beiden Mordfällen?

Mehr Informationen erhalten Sie unter www.aufbau-verlag.de
oder in Ihrer Buchhandlung

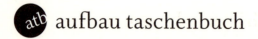

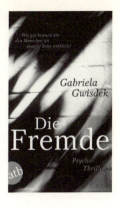

GABRIELA GWISDEK
Die Fremde
Thriller
259 Seiten
ISBN 978-3-7466-2624-6
Als E-Book erhältlich

Sag mir, wer ich bin

Ein geheimnisvoller Unfall, die Jagd nach einem Mörder und die Suche nach der eigenen Vergangenheit. Gabriela Gwisdek erzählt von einer Frau, die nicht weiß, wer sie ist – und der ihr eigener Mann alles zutraut: Betrug, Lüge und sogar einen Mord. Ein abgründiger Psychothriller – packend bis zur letzten Seite!

Mehr Informationen erhalten Sie unter www.aufbau-verlag.de
oder in Ihrer Buchhandlung

aufbau taschenbuch

ANN ROSMAN
Die Tochter des Leuchtturmmeisters
Kriminalroman
Aus dem Schwedischen
von Gisela Kosubek
352 Seiten
ISBN 978-3-7466-2795-3
Auch als E-Book erhältlich

Ein tödliches Sommerparadies

»*Die Insel war klein und karg, und die Buchten waren gefüllt mit rundgeschliffenen Steinen*« – das Auftauchen einer eingemauerten Leiche bringt das Idyll der Insel Marstrand gehörig durcheinander. Als schließlich noch ein Taucher ermordet wird, ist die glänzende Oberfläche der Kurortgesellschaft endgültig zerstört. Karin Adler von der Kripo Göteborg soll den Fall lösen – mit ihrem Charme und unkonventionellen Blick bringt sie so manchen Inselbewohner in Verlegenheit – doch erst das Auftauchen zweier alter Damen führt zur Klarheit in einem sich immer weiter zuspitzenden Drama ...
Eine Ermittlerin, die auf dem Segelboot lebt, ein vermeintliches Inselidyll und ein mörderischer Betrug: Ann Rosman, der neue Stern am skandinavischen Krimihimmel, liefert einen tiefen Blick in die Seele Schwedens.

»*Karin Adler – Ann Rosmans weiblicher Wallander – zieht den Leser in eine düstere Welt voller Leidenschaft und Magie.*« JOLIE

Mehr Informationen erhalten Sie unter www.aufbau-verlag.de
oder in Ihrer Buchhandlung

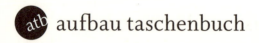

ELSEBETH EGHOLM
Der Menschensammler
Dicte Svendsen ermittelt
Kriminalroman
Aus dem Dänischen
von Kerstin Schöps
441 Seiten
ISBN 978-3-7466-2662-8
Auch als E-Book erhältlich

Nordisch, charmant, mörderisch gut!

Dicte Svendsen ist sofort zur Stelle, als die grausam entstellte Leiche einer jungen Frau vor dem Stadion in Århus gefunden wird. Zunächst scheint die einzige Spur ein Springerstiefel zu sein, den ein kleines Mädchen zufällig mit der Handykamera festgehalten hat. Ist der Mann mit den Stiefeln derselbe, der Frauen für perverse Sexspiele in Kneipen aufgabelt? Oder ist der Mord ein weiterer Akt einer internationalen Serie politisch motivierter Gewaltverbrechen? Egholms Tempo und unbarmherzige Spannung halten den Leser bis zur letzten Seite in Atem.

»*Dänemarks ungekrönte Krimikönigin*« JYDSKE VESTKYSTEN

Mehr Informationen erhalten Sie unter www.aufbau-verlag.de
oder in Ihrer Buchhandlung

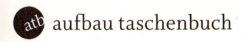